中文社会科学引文索引（CSSCI）来源集刊

制度经济学研究

总第七十五辑（2022年第1期）

黄少安　主编

中国财经出版传媒集团
经济科学出版社
Economic Science Press

图书在版编目（CIP）数据

制度经济学研究. 2022 年. 第 1 期：总第七十五辑/
黄少安主编. --北京：经济科学出版社，2022.3
ISBN 978-7-5218-3529-8

Ⅰ. ①制… Ⅱ. ①黄… Ⅲ. ①制度经济学-文集
Ⅳ. ①F091.349-53

中国版本图书馆 CIP 数据核字（2022）第 049462 号

责任编辑：于　源　李　林
责任校对：王苗苗
责任印制：范　艳

制度经济学研究
总第七十五辑（2022 年第 1 期）
黄少安　主编
经济科学出版社出版、发行　新华书店经销
社址：北京市海淀区阜成路甲 28 号　邮编：100142
总编部电话：010-88191217　发行部电话：010-88191522
网址：www.esp.com.cn
电子邮箱：esp@esp.com.cn
天猫网店：经济科学出版社旗舰店
网址：http：//jjkxcbs.tmall.com
北京季蜂印刷有限公司印装
787×1092　16 开　18.75 印张　360000 字
2022 年 3 月第 1 版　2022 年 3 月第 1 次印刷
ISBN 978-7-5218-3529-8　定价：76.00 元
（图书出现印装问题，本社负责调换。电话：010-88191510）

制 度 经 济 学 研 究

Research of Institutional Economics

目　　录

CONTENTS

合作秩序之谜：多层级选择框架下的偏好与制度共同演化

刘业进　徐利萍*

【摘　要】偏好和制度都属于人类进化适应的产物，它们共同指导和制约个体行为以维持复杂的人际间合作。偏好主要源自文化本能同时又在边际上被制度塑造和修改；与偏好深刻冲突的制度则难以得到遵循，但任何文化适应都在群体选择水平上接受生存检验。人类个体是本能、情感和理性三重适应的产物。对应于三个不同时间尺度，本能属于生物学适应，情感属于生物学和文化双重适应，而理性则属于典型文化适应。在文化进化适应光谱上，偏好靠近生物学本能一端而制度则更靠近理性一端。偏好与制度共生演化。在强群体选择压力下偏好能够发生改变，而在弱势群体选择压力下偏好具有显著稳定特征。只考虑个体层级的自然选择下，纯粹自利偏好个体倾向于留下更多后代；然而考虑群体和个体双重层级选择框架，选择的净效果是制约个体的多重因素作用结果，据此提出如下理论假说：那些奉行亲社会偏好和道德准则的个体所在群体在生存竞争中能更好存活下来。我们发现，在多层级选择理论中，标准模型是行为经济学模型的退化特例，而行为经济学的假设又是“文化演化”的结论，一个具有更强包容性的演化经济学范式正在发展和形成中。

【关键词】**偏好　多层级选择　文化演化**

中图分类号：**F063**　文献标识码：**A**

---

* 刘业进，首都经济贸易大学城市经济与公共管理学院教授、博士生导师；地址：（100070）北京市丰台区新村街道 121 号首都经济贸易大学；E-mail：hayeking@ 163. com。徐利萍，首都经济贸易大学城市经济与公共管理学院行政管理专业硕士研究生；地址：（100070）北京市丰台区新村街道 121 号首都经济贸易大学；E-mail：13256410620@ 163. com。

毫无疑问，一个其成员拥有如下特质的部落将击败其他部落，这些特质是：更大程度的群体主义、忠诚与尽责、服从、勇敢、同情心、热心助人、为了共同体的福祉牺牲自我，这就是（操作在人类文化群体上的）自然选择。

——达尔文

主流经济学“经济人”假设屡遭诟病，维护和批判的声音从无间断。本文无意于介入参加双方争议，而是另辟蹊径从行为经济学、进化心理学、演化经济学视角，用多层级选择框架来剖析人类偏好和制度共生演化。因为争论的症结不在于假设的真实性与否，而在于中心议题设定、方法论选择、只考虑近因还是同时考虑近因与远因的区别。主流经济学是静态均衡和近因分析，而任何演化理论则是作为驱动力理论（evolutionary theory as a theory of forces，Elliott Sober，1993），需要同时考虑近因和远因的。主流经济学的经济人自利和奥地利学派的企业家精神不足以构成一个完整的驱动力理论。本文不在论述一个完整演化理论框架，而是指出在多层级选择的生物—文化共同演化框架下所谓“经济人”假设与“真利他主义”假设都只是局部或特定层级的观察结论，二者并无冲突。

一、演化经济学意义上的“偏好”

新古典主流对偏好的一次重大修正和扩展体现在所谓“内生偏好”理论。贝克尔（Becker，2015）把内生偏好定义为“将个人的习惯和迷恋、同辈压力、父母对孩子口味的影响、广告、爱与同情和其他常被忽略的行为”纳入个人偏好范畴的同时，保留了“个人的行为是为了获取最大效用”。通过引入个人资本和社会资本，贝克尔修正的效用函数为：

$$u = u(x_t,\ y_t,\ z_t,\ P_t,\ S_t) \tag{1}$$

其中，P 表示个人资本，即一个人过去的消费和其他经历影响到当期的效用满足。比如过去一直抽烟，现在不被允许抽烟，他的效用就没有得到最大化。S 表示社会资本，它包括个人社交网络和控制体系中的同辈人和其他人以往活动的影响。通过引入个人资本和社会资本，贝克尔对偏好“内生化”，即“社交网络和控制体系中的同辈和其他人”构成他的效用函数影响因素。

当前流行的微观经济学教科书这样委婉地为新古典主流偏好假设辩护，“经济学家并不把优化视为理所当然，……存在优化失灵”（阿西莫格鲁，2016）。当个体存在过去的成瘾行为和在做某事上是“生手”时，就存在非最优化行为。显然，阿西莫格鲁的辩护只是阐明了贝克尔意义上的“个体人力资本”对效用的影响，他的总结性描述仍然没有触及作为内生偏好的社会资本的影响（更不用说在演化经济学意义上定义偏好），“用两种方法使用优化概念：它是对经验丰富的决策者的行为的一个很好的描述，它也是为改进尚未达到最优的决策提供了一个很好的工具箱”（阿西莫格鲁，2016）。

就人类在地球上生存繁衍而言，理解“文化演化”是一件最重要挑战和必不可少的科学任务（Mesoudi A，Whiten A，Laland K N，2006）。演化经济学认为，偏好是一种文化适应（cultural adaptation）。人类在捕食、繁衍、规避危险等活动中所拥有的技巧、偏好、信念、实践经验、动机和组织形式都是文化适应，这些文化适应对于人类生活的重要性比我们感知到和认识到的更大（Joseph Henrich，2016）。达尔文生物演化与文化演化共享基本演化逻辑和演化结构，在此前提预设下，有关微观文化演化的一系列实验仿真、田野研究和理论研究已经取得重要进展，作为生物分子基因学的文化演化对应物的“社会认知神经科学”已经诞生（Alex Mesoudi，Andrew Whiten and Kevin N. Laland，2006）。在莫苏蒂等（Mesoudi et al.，2006）有关生物演化和文化演化的比较研究中，“偏好”的研究属于文化演化下微观演化范畴，并在“基因—文化协同演化”“演化心理学和经济学”以及“文化人类学”领域内得到广泛研究。

偏好通常通过人的情绪反应得到支持。而人的情绪反应则有其生物学价值，这得到神经科学和神经经济学研究的支持。从基因总是倾向于复制自身这一原始假设出发，为了保持代际连续性，基因网络需要创造成功的有机体来作为进化载体，即我们下文所说的互动者，“同时，为了让有机体表现出成功的行为，基因必须通过许多重要指令来指导这些有机体的设计”“这些基本指令最终构建了一系列能力，包括一般生命调节、分配奖赏、使用惩罚……广义地说，这些‘执行能力’会引发情绪反应，这些能力首先出现在没有思维或意识实际上也没有大脑的有机体中，但这些执行能力的对应器官确实在同时拥有大脑、思维和意识的有机体中获得了最高的复杂性……被赋予控制能力的基因指令是早期进化的重要动力，在今天依然有用，对于我们的新陈代谢调节到社会政治经济领域表现出的人类行为”（达马西奥，2014）。这里所阐述的偏好的作用机制并不是一种基于极端还原主义的人的行为“基因决定说”，我们充分意识到作为“幼态持续的”人类个体在成长为一个健全成人过程中所接受到的“文化传统”对偏好形成的影响，而文化传统则完全是一个社会科学事实，一个共同体或群体性质的事件。

演化经济学意义上的偏好是非意图的涌现产物，例如一个人的“口音”，我们将其视为语言表达形式的地区偏好，它不是人们有意识地习得和使用的。具有学习能力的心智之间相互交流，一个人沉浸在特定的文化传统背景下，就会习得一整套“偏好”。当然，前面口音的例子没有显著口音之间的进化适应含义——它可能只是文化演化中的文化基因漂变的结果，我们关注的是那些具有进化适应含义的偏好——口音偏好的一些特征有利于我们理解其他我们将要讨论的偏好。我们说新古典主流过于狭窄地处理偏好问题，是因为在如下意义上理解偏好：偏好是作为基因演化的心理适应机制而被选择的，这种心理机制有利于人类个体执行文化学习行为。这一理解大大拓展了偏好的种类和范围，也更深入地发现了人类偏好的功能和进化适应含义。人类的适应形式有文化适应（见表 1）和非文化适应，非文化适应包括那些几乎不进入我们的意识进程中的反应能力，通常用“本能”来称呼，而文化适应是一个适应器集合，新古典主流所定义的偏好只是这个集合中的一部分——尽管是非常重要的一部分——它不是文化适应集的全部。我们可以把文化适应中的偏好固化为“文化本能”，而诸如法律和政府制定的公共政策等“正式制度”则是文化适应中的有意识部分，分布在文化适应的另一端。

表 1　　文化适应的形式

“文化适应”清单	
1	食物偏好与定时定量取食
2	择偶选择偏好
3	经济策略（投资策略）
4	工具制造与使用工具
5	自杀（决定与方法）
6	技术采用
7	词语意义与口音
8	危险动物分类
9	信念
10	社会习俗（禁忌、美德和给小费）
11	奖惩准则
12	社会动机（利他主义和公平偏好）
13	自我规制和自我约束
14	启发式判断
15	宗教信仰行为
16	普通法、成文法、公共政策

资料来源：Joseph Henrich，2016. *The secret of our success*. Princeton：Princeton University Press. p36. 有改动.

需要特别指明的是：第一，偏好和其他文化适应构成全部文化适应，这些其他文化适应如实践经验（practices）、信念（belifes）、理念（ideas）。第二，存在许许多多有差异的人类文化群体，不同文化群体所秉持（搭载）的一整套文化适应之间存在差异——尽管不同文化群体所搭载的大部分文化适应是一致甚至相同的。第三，自然选择给人类“装配”了一套心智能力（mental abilities），使人类从其他人那里获得信息，使得有用信息的双重继承系统得以可能，这种心智能力就是在婴儿和青少年时期就已经明显表现出来的“学习本能”和“文化学习机制”。亨里齐（Joseph Henrich，2016）指出，在人类行为中，面对生存环境的问题解决，人类秉持有依赖文化学习的习性比得到正确答案更重要。对于这一论断，早在 20 世纪 80 年代哈耶克（Hayek，2000b）曾经从发生学和相对重要性判断上作出了如下陈述：“因此绝不能认为，我们的理性是处在一个更高的检验者的位置上，只有那些得到理性认可的道德规则才是正确的”。这也是为什么哈耶克一再引用休谟（Hume，2010）——“道德不是理性的结果”的原因。在哈耶克（2000b）看来，相反，是受着我们的道德支配的人类交往，使得理性的成长以及同它结合在一起的各种能力成为可能。

以人类出现理性能力前后作为分界点，那么可以合理地假设到目前地球上所有的人类文化群体在生物本能上是完全相同的，没有区别；差异发生在偏好、非正式制度和正式制度这些文化适应上（见图 1）。

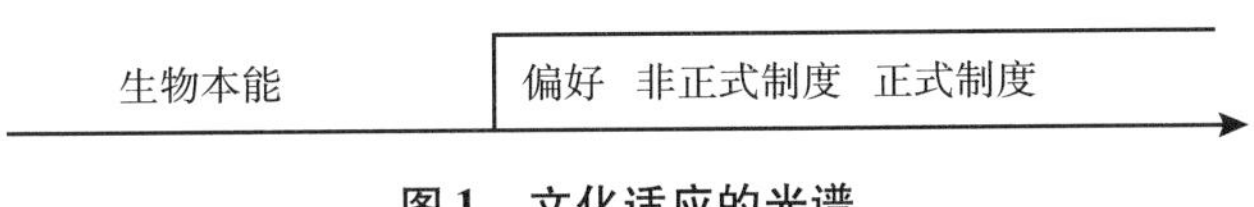

图 1 文化适应的光谱

据此，我们用如下规则程序模型化文化适应，并称它为“复制者”：

$$R_i: \text{IF}(\#)\text{THEN}(\#) \tag{2}$$

R 代表不同的人类文化群体所秉持的行为规则系统，行为规则系统施加于不同人类文化群体的个体身上，体现为两种行为：第一，个体行为净效应；第二，群体行为净效应。我们不需要对个体的行为倾向进行类似于主流经济学假设，而是通过复制者—互动者框架，在自然选择的演化竞争中观察规则 R_i 在规则池塘 R 中的频率变动来进行预测经济社会行为。“自然选择”（natural selection）操作既发生在个体层级，也发生在不同范围的群体层级，如企业、企业集团、产业、地区、民族国家和区域合作组织（如 OECD、东盟等）。

对于人类文化群体而言，式（2）的核心集合内包括两大类：第一类是“我可以……”，相当于罗尔斯第一正义原则——群体中等度的个人基本权利和自由绝对优先，这些在人际间等度被执行的权利和自由可以一般化为“我可以……”而不受到外力的胁迫和干涉，这个范围是有限的，这个限制就在于等度自由的演化博弈均衡。长期的历史进程已经造就出一些任何当代人默认的此类规则。表现为 IF(#)THEN（我可以……），其中“#”代表那些各种“可以为的”情景类型。第二类是“我必须……”，是指人类社会中的任何人总是生活在组织和网络之中所必须执行的义务，例如夫妻双方恪守忠诚，子代抚养年老的亲代，在高速公路驾驶时遵守限速规定等等，表现为 IF（如果#）THEN（我必须#）。其中#代表那些约束人的行为“不可为的”的情景类型。

“所有人的主要动机都是物质上的自我满足”的主流经济学简单假设虽然在许多领域是一个强有力的假设，但是在“战略互动”领域，关心其他人的福利，或者“社会偏好”必须被引入，否则无法形成对人的行为的正确预测，或者更一般地，对“合作秩序”无法做出解释。该领域文献“社会偏好”的形式化模型一般表述如下：

$$U_i = x_i + \sum_j v_i^j \cdot x_j \tag{3}$$

式（3）说明，个体的效用不仅是由自身的物质利益决定，也同时受到所有相关其他人的收益对自己的价值的影响，于是寻求效用最大化的个体会付出代价增加第二项的值，当其他人的收益对自己而言具有正值时；或试图减少第二项值，当其他人的收益对自己而言具有负值时。从式（3）可以看出，所谓“社会偏好”，就是个体的行为和动机特征是有考虑他人的，个体的福利函数中包括了一定权重的他人福利。

社会偏好的一个典型例子是罗尔斯偏好（Lawlsian Preference），见式（4）。

$$U_i = x_i + \gamma[\delta \cdot \min\{x_1, x_2, \cdots, x_n\} + (1-\delta) \cdot \sum x_j] \tag{4}$$

式（4）说明，罗尔斯偏好将包括自己和他人在内的“总群体的物质收益”和“罗尔斯差别原则”结合起来，所谓罗尔斯差别原则即“不平等厌恶”——社会中的最少受惠者的收益最大化，也就是说，在罗尔斯不平等厌恶中，博弈方只在意最差的那名博弈者的收益。式（4）中 γ 代表个体考虑共同体收益和处境最差者收益之和的权重，而 δ 代表社会中处境最差者的收益所具有的权重，$1-\delta$ 代表群体总收益的权重。式（4）是罗尔斯所谓“词典式排列的正义原则”部分思想的数学描述。

经济学家已经找到许多得出社会偏好的理论工具，如独裁者博弈、最后通牒博弈、第三方惩罚博弈、信任博弈和公共品博弈。这些理论工具解释人类个体大都具有如下跨文化的社会偏好：捐赠意愿、不公平厌恶、回报信任、惩罚违反公平规则者等（恩斯特·费尔，2014）。

二、人类的独特性状

支持从生物学本能到包括偏好在内的文化适应光谱需要一套特殊心理机

制，对此我们有必要考察“人类的独特性状”。人类的独特性状在多个学科中得到深入研究，主要体现在社会生物学、社会哲学（The Philosophy of Society，不是传统的Social Philosophy）、演化心理学、演化经济学中。只有充分理解和把握人类的独特性状，我们才能理解多层级选择框架，才能理解群体选择下的人类行为。当前的人类到底有哪些与其他动物特别是其他灵长类动物相区别的独特性状（traits）呢？

定义1. 文化。文化是大脑中的信息，大脑总是处于人际联系网络中（以及人类整个历史进程的某个时间点上）的大脑。这些信息表现为“知识、价值和其他影响人类行为的因素，它们在代际间通过教育和模仿传递”（Robert Boyd and Peter J. Richerson，1985：2）。纯粹自然科学知识也是文化，但它相对较弱影响人际交互行为，因此不予关注。从个体看，文化是人从其他人那里习得的内容。人类社会正是一个大脑之间的互联网世界。从进化生物学来看，有文化的猿就是人。顿巴（Dunbar，2011）把文化的内容分为三大类：行为规则、人工制品、文学与艺术。本文关注第一类即行为规则。因为主要是行为规则在群体选择中对改变互动者频率分布至关重要，其他两类则可能是第一类的副产品，它们在群体选择动力学中起着相次要的作用。根据下文的复制者—互动者概念，行为规则就是搭载在群体上的复制者。

定义2. 人类文化群体。文化是人类行为的终极原因（Peter Richerson and Robert Boyd，2005），因此关系到描述和解释人类独特性状，必须先定义“人类文化群体”。“人类文化群体”是指携带着特定复制者（文化基因）的群体（互动者）。

在考虑文化因素进来以后，必须看到自然选择操作在多个层级上起作用，而不仅仅如道金斯所说的唯一地作用在有机体个体的基因型上。因为有了语言能力从而有了理性能力及其经验代际累积，人类相对于其他灵长类动物具备独特性状（见表2）。

表2　　　　人类文化群体的独特性状

特征	其他灵长类动物性状	人类性状
（1）符号能力特别是语言能力，其他象征与思维能力	无	有，显著
（2）雌性月经和性活动	无	有月经周期和持续的性活动
（3）乱伦禁忌和婚配规则	无	有乱伦禁忌，异系婚配制，一般实行一夫一妻制度
（4）性别分工	无	有，但不绝对
（5）玩耍和游戏	有，不可靠	有，很可靠

续表

特征	其他灵长类动物性状	人类性状
(6) 密切的亲子关系特别是母子关系，延长的亲子关照	有，不可靠	有，显著
(7) 年轻者明显的社会化	有，不可靠	有，显著
(8) 通过语言实现的行为模式、经验与文化累积	极少数有，且不可靠	有，显著
(9) 宗教信仰	无	大部分有
(10) 认知、文化与合作（D. S. 威尔逊，2012：104）	无	有，显著
(11) 共享意图（D. S. 威尔逊，2012：114）、共享心智、意向性、集体意向性	无	有，显著
(12) 基于决策的伦理行为（an ethics based on decision making，Ernst Mayr，1988：77）	无	有，显著
(13) 联合注意（9个月婴儿期）与意向性（托马塞洛，2011：56）		有，显著
(14) 空间、物体、种类、数量、社会关系、交往的认知技能（托马塞洛，2011：54）	无	有，显著
(15) 集体意向性（塞尔）	无	有，显著

资料来源：E. O. 威尔逊：《社会生物学——新的综合》，北京理工大学出版社2008年版，第517页，533页。顿巴、巴利特和李塞特：《进化心理学：从猿到人的心灵演化之路》，中国轻工业出版社2011年版，第139～153页。D. S. 威尔逊：《每个人的演化：达尔文理论怎样改变我们思考自己生存的方式》，中国人民大学出版社2012年版。Ernst Mayr，1988. *Toward A New Philosophy of Biology*：*Observations of an Evolutionist.* Cambridge，Massachusetts，and London：Harvard University Press.

三、双重继承系统视角下的基因—复制者VS. 表型—互动者划分

任何演化框架都至少包含复制、变异和选择三大机制。首先我们描述复制机制中的复制者。不失一般性，我们用复制者—互动者来定义演化的选择单位及其表达形式。复制者见定义3；互动者见定义4，此二者的关系见图2。

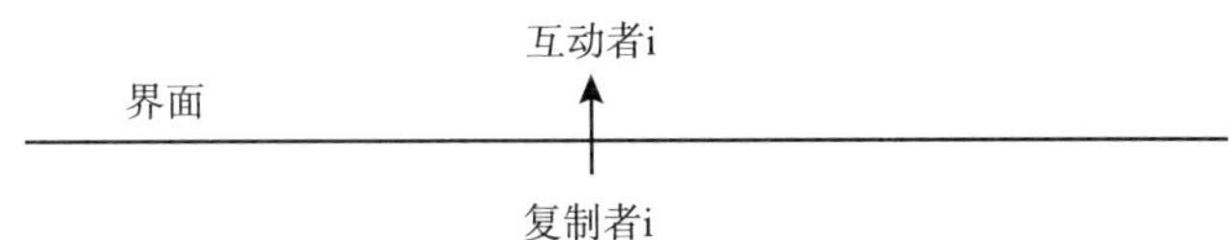

图2　复制者和互动者（复制者可以是基因型或文化基因；互动者可以是有机体个体也可以是企业、企业集团、产业联盟、区域、民族国家、国际区域合作组织。复制者—互动者框架是多层级选择中的一个组成构件，见图3。）

我们把“人类文化”与生物学意义上建构人类个体的基因视为两种不同的信息继承系统——双重继承传递系统。“个体的人拥有生物遗传得来的能力过有文化的生活”（迈克尔·托马塞洛，2011）。通过基因，人有饥饿、口渴、性欲等自然本能处理与生存必备的“问题”；而非基因继承下来却同样指导和约束人的行为的规则系统，包括文化本能、社会规范、普通法和成文法、公共政策等，它们通过另一途径得到继承和传递，这里的继承和传递物，就是“复制者”（见图3），或者文化基因（culturgens，又有Meme之名）。此二者构成所谓双重—信息继承传递系统（Dual Inheritance System，Robert Boyd and Peter J. Richerson，1985；H. Durham，1991；Charls Perreault，2012）。此二者的主要区别是随着胎儿出生到生命终结期间的“可教性和可学性”（probability of teaching and learning，Willam H. Durham，1991）。

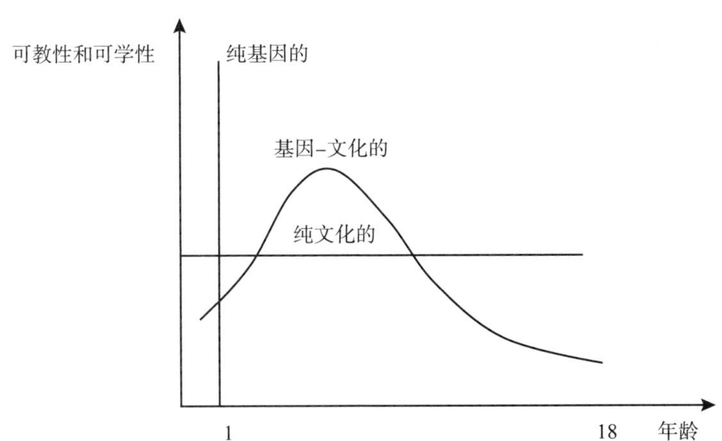

图3　人类的双重继承传递系统中的复制者

资料来源：Willam H. Durham（1991），Coevolution：Genes，Culture and Human Diversity，CA：Stanford University Press. pp. 172. 双重继承模型的早期提出者是彼得·J. 理查森和罗伯特·博伊德（Robert Boyed and Peter J Richerson，1988）. Culture and Evolutionary Process. pp38. 以及 Peter J Richerson and Robert Boyed（2005）*Not By Genes Alone*：*How Cuture Transformed Human Evolution*. Chicago：The University of Chicago Press. pp. 66.

定义3. 复制者。一个自然选择单位，它可以是纯生物学意义上的基因型，也可以是文化演化意义上的文化基因，是用于建构互动者的信息集，但不是在任何层级上下一层级复制者构成上一层级互动者的充要条件，因此互动者的最终行为和结构特征可能接受单一复制者、双重复制者或多重复制者影响。演化的实质是复制者分布频率历时变化过程。

定义4. 互动者。自然选择机制操作直接作用的对象，在生物学意义上就是表现型，它是复制者的搭载者；它也可以是文化演化意义上的个体、组织、组织联合。

我们另外撰文详尽讨论文化基因意义上的复制者，例如带着某种特定口音的语言，习俗，交通规则，宪法等，以及互动者如个人、企业、企业集团、民族国家、地区合作组织等。下面我们主要阐述多层级选择框架以及多层级选择框架下，下一层级表型—互动者与上一层级基因—复制者共生演化。

四、多层级选择下的群体选择及偏好与制度共生演化逻辑

自然选择是演化进程的核心机制。当我们论及自然选择时不可避免先要明白选择单位。所谓“选择单位”，是“任何这样的实体类型，对这种实体类型来说，系统内所有该层级实体之间存在适应度F的某具体成分变异的一个叠加成分，它并不作为F变异的叠加成分出现在较低层级上的所有实体上”(Lloyd，1988)。自然选择就是选择单位的差异化生存及其适应生成过程。

定义5. 自然选择。是指保留有利变异、淘汰有害变异的演化机制。换言之，演化进程中的一种机制，在亲代产生的子代中，某些个体恰好具有一连串性状有利于在其生存期应付遇到的各种环境条件。自然选择可以用两个步骤来说明。第一步，在每一个世代中产生变异，也就是可以作为选择材料的复制者或互动者变异体；第二步，这些材料经受选择过程（迈尔，1992）。

定义6. “自然选择”的数学定义（Price，1995）：自然选择是一组先前与其环境互动的实体集合，以某种方式转变以后的实体集合，后来的实体集合的实体成员与其先前存在的十分相似，作为结果的后代实体的分布频率，与其所在环境的适应能力存在正向因果关系。普赖斯的定义特点在于具有抽象性，因此可以很好地作为探索一般演化逻辑的自然选择定义。也因此，演化经济学家霍奇逊（Hodgson）在他的《达尔文猜想》一书中采用了普赖斯的定义。在这个定义中，实体就是指的互动者，频率分布的改变意味着相对于环境条件而言的优胜劣汰过程。但是这里用抽象的频率变动来表述，说明“优胜劣汰”是实体频率分布变动的一个特例。这一点对理解演化特别是文

化演化特别重要，这样可以避免决定论、目的论等错误演化观。

在演化的一般逻辑应用于人类社会或者说有理性能力和文化因素引入演化进程以后情况如何呢？这需要用“多层级选择”来处理，否则就会出现简单套用达尔文进化理论的“社会达尔文主义”谬误。

定义 7. 霍奇逊 - 两层级选择模型。低层级的生物复制者基因涉及作为互动者的人类有机体个体（个体按照基因蓝图成长），又涉及群体。如果我们从经验层面的基因选择（genic selection）转向方法论上的基因视角（gene's eye viewpoint）（Okasha，2006），那么，低层级的文化复制者（个体偏好和习惯）涉及作为复制者的个体和物体。因此，个体和群体是两种复制者的载体。当文化和基因的群体选择相结合时，结果是互动者分两个层级（个体和群体），复制者也分两个层级（基因，偏好和习惯）——这就是多层级选择图景（霍奇逊，2013）。

定义 8. 社会性生物的群体选择（group selection）。之所以加上“社会性生物”的前缀，是因为在信息的双重遗传继承系统视野下，社会性生物尤其是人类的演化具有典型的群体选择特征。首先看权威生物学家给出的“群体选择”定义，然后看在一般演化逻辑下的群体选择定义。“以谱系类群中多个成员为单位而发生的选择，包括亲选择（Kin-selection）和同类群间选择（interdemic selection）”（爱德华·O. 威尔逊，2008）。在群体选择图示下方的说明中威尔逊指出，同类群体间选择是指某个群体的个体同时消亡或以不同速度消亡。当某些现象不是个体选择的结果而具有群体特征时必须诉诸群体选择解释，但“群体选择究竟是否发生以及达到什么程度，……一般看法是，绝大多数现象个体选择可以解释，也许只有社会性动物例外”（恩斯特·迈尔，2010）。我们认为恰恰是迈尔说的整个例外，构成人类社会演化的核心动力。人类文化群体间的群体选择——是指秉持不同复制者（文化基因，即文化本能、非正式制度和正式制度）的互动者（人类文化群体）因其差异化生存，在历时动态中发生的自然选择过程。

群体选择概念在生物学中受到较大争议，争议的一方认为群体选择都可以还原为个体选择，个体选择和群体选择的数学描述是等价的，以 R. 道金斯（R. Dawkins，2016）、乔治·威廉斯（George C. Williams，2001）等为代表；争议的另一方认为存在群体选择，群体存在某些不还原为个体性状的群体性状，也就是个体间互动涌现出了任何单独的个体所没有的性状，也是群体当然可以作为一个选择单位构成一个新的选择层级，这一方以 D. S. 威尔逊和 E. 索伯（Wilson and Sober，1994）为代表。威尔逊和索伯坚持存在群体选择，并未否定个体选择；群体选择不是对个体选择的替代，而是用多层级视角考察自然选择操作在哪种选择单位上，当自然选择操作在个体上，表现为个体选择；当自然选择操作在群体（企业组织、民族国家等“文化群体”上）时表现为群体选择。考虑两个相邻层级，上一级是群体选择，下一级是个体选择，联系下一级选择合上一级选择的是涌现过程，尽管两种选择是以叠加方式同时运行的（见图4）。

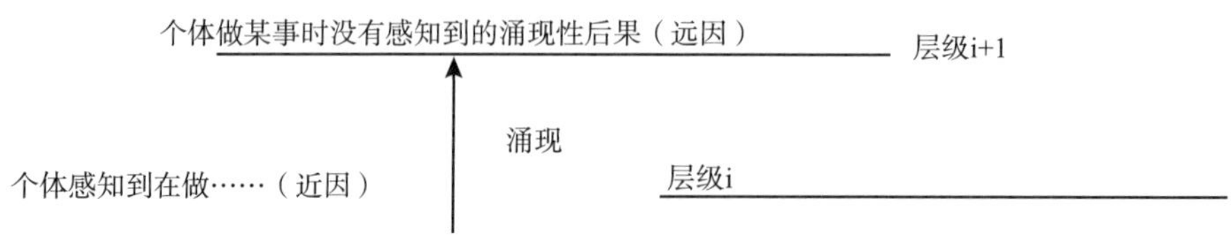

图4　个体选择、涌现性与群体选择

我们认为，群体选择的存在与否，判断标准是否存在无法还原的“群体性状”，这种群体性状不为任何单独的个体性状所拥有，即个体虽然以物理个体独立存在，但其任何个体性状与个体间联合导致的群体性状存在“断裂”。用演化专业术语来说，就是群体的预期后代数量代表（或者更一般地，群体竞争优势，例如美国拥有当今世界一流科技、军事、经济竞争力，其原因不是哪一个具体美国人比哪一个具体中国人更智慧、更强大）的群体适应度，无法还原为个体选择层级的适应度（fitness）——个体的平均繁殖率。

我们需要特别指出的是，表2所示的“人类文化群体独特性状”恰恰严格否定了对群体选择的批评。至少从约20万年前从东部非洲走出的现代智人以来，符号和语言能力就出现了，联合注意和意向性能力，以及集体意向性出现了——导致一个跟以前时代的演化具有极大差异的文化演化——累积性文化的棘轮效应出现了。恰恰是累积性文化进化使得个体之间的联合互动产生了群体上的涌现性群体性状，由此导致群体选择成为人类演化的主导力量。那些否定群体选择的生物学家恰恰没有看到符号能力、语言能力、意向性和集体意向性出现的巨大后果，于是得出了“群体选择不成立”的错误结论。

偏好和制度在群体选择中扮演什么角色？它们共同扮演了群体间联合和合作的执行角色——从自动执行、半自动执行到第三方强制执行的光谱。偏好更靠近自动执行联合和合作（或阻止背叛），而制度特别是正式制度更靠近第三方强制执行联合和合作（或阻止背叛）。在长期的人类演化中，群体选择塑造和发展出“社会环境”，自然选择过程“青睐”那些具有互惠心理（reciprocal psychology）的个体（Peter J. Richerson and Robert Boyed，2005b：85）。偏好和制度都作为文化适应的特例而出现，偏好促进制度，制度影响和修改偏好，偏好和制度共生演化，任何特定群体的偏好和制度在群体选择层级上受到选择的修改或删除压力。

以下两段权威生物学家的敏锐观察，如果放在我们上述的理论假说中考察，群体选择存在性和它在有文化累积进化的社会性生物中的极端重要性就昭然若揭了。

“最近40 000～50 000年的时间里以来人类没有发生什么生物学改变，我们称之为‘文化’和‘文明’的东西，是用同样砖块建设起来的，这些相同的砖块就是我们的同样的身体和大脑”（Stephen Jay Gould，2000）。古尔德道出的事实是，最近40 000～50 000年里人类中再没有发生生物学改变，而演化速率又极大提高了，那么究竟最近40 000～50 000年以来人类中发生的是一种什么性质的演化？

恩斯特·迈尔的推测，“一定发生某种事情戏剧性地极大弱化了选择压力。我们无法逃避如下结论：在人类中朝向‘作为生物学意义上的人’的演化进程突然停止了”（Enst Myre，1984）。迈尔的推测与古尔德的如出一辙，就是在人类出现了某种突然事件，这一事件极大弱化了纯粹生物学演化上的进化改变，甚至可以说——生物进化压力对人类个体的改变已经停止，一种新的演化驱动力诞生了。这种新的演化驱动力就是累积性文化演化——简称“文化演化”主导了人类演化进程。

推论1. 群体选择与多层级选择（Multilevel Selection，MLS，David. S. Wilson，1998；鲍尔斯和金迪斯，2015）。自然选择同时作用在复杂系统的n个层级，某一层级上互动者的适应度（fitness）是群体内选择压力和群体间选择压力的净效应。某一层级的互动者相互作用涌现出上一层级的复制者（见图5）。上一层级的复制者通过下向因果作用塑造和影响下一层级的互动者。

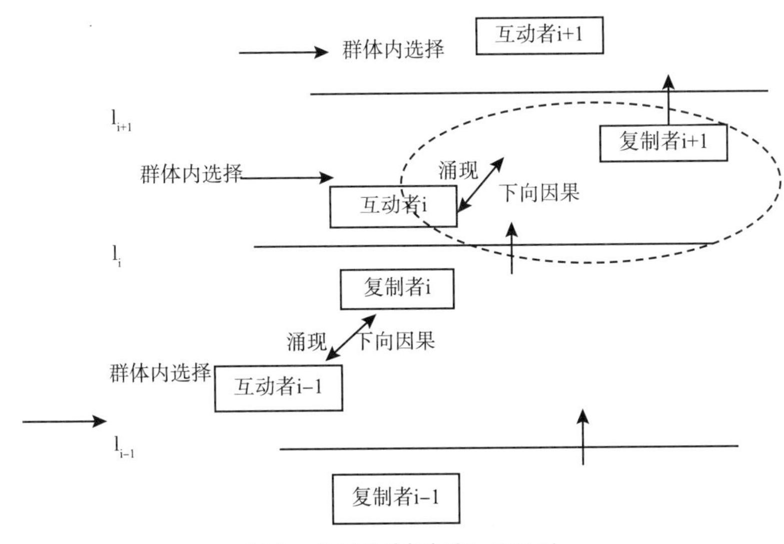

图5　多层级选择框架（MLS）

说明：复制者—互动者框架是多层级选择框架的构件。在虚框圈中，描述了下级互动者群向上一层级的涌现性过程，以及上级复制者通过下向因果机制影响下级复制者的情形。L，代表选择层级，可以是物种、属、科间选择，也可以是种下的个体间、基因型间选择。群体层级的选择是一个创新过程，例如著名的古尔德的“间断均衡”理论就是说明地理隔离、随机漂变导致的新种形成的例子。

某一层级的互动者接受者双重影响：上一层级复制者的下向因果作用和互动者自身的复制者的上向因果作用。多层级选择框架适用于人类个体有机体基因层级—人类个体层级，也适用于人类个体层级—人类文化群体层级的分析。不仅如此，多层级选择适用于所有带着层级间涌现性现象的复制者—互动者复杂系统，人类个体基因、个体有机体、人类组织的层级只是多层级选择的特例。

哈耶克明确地提出了文化群体选择理论，尽管他没有使用“群体选择”这样的概念。哈耶克的群体选择理论刻画了一个层级上的自然选择作用机制。“这些新的规则得以传播，并不是因为人们认识到它们更为有效，或能够估计到它们会得到扩展，而是因为它们使遵守规则的群体能够更成功地繁衍生息，并且能够把外人也吸收进来”（Hayek，1988）。哈耶克显然明确地意识到操作在人类文化群体上的自然选择过程，他引用 A. M. Carr – Saunders 对扩展秩序的自然选择理论解释（Hayek，1988），“人和群体是依照他们遵守的习惯得到自然选择，正像他们也根据心智和生理特征得到选择一样。遵行最有利的习惯方式的群体，在相邻群体之间不断的斗争中，会比那些行为方式不利的群体占有优势”（man and groups are naturally selected on account of the customs they practice just as they are selected on account of their mental and physical characters. Those groups practising the most advantageous customs will have an advantage in the constant struggle between adjacent groups over those that practise less advantageous customs）。在这一段简短的自然选择模型思想表述中，哈耶克同时使用自然选择、自然选择的选择单位——习俗和实践、相对适应度优势——生存竞争中的优势。安德自（L. Andreozzi，2005）将哈耶克的群体选择模型进行了简要的数学化处理：假设该博弈是由一对来自单一人口的随机抽取的个人反复进行的。令 $x=(x_1, x_2, x_3)$ 为总体状态，其中 x_i 表示使用策略 $i(T_i x_i = 1)$ 的参与人比例。这里的“策略”就是哈耶克使用的“习俗和经验”。假设 x_i 根据标准复制者动态变化：

$$\frac{dx_i}{dt} = x_i(\pi_i(x) - \pi(x)) \tag{5}$$

其中 $\pi_i(x)$ 是总体状态为 x 时的回报策略 i，而 $\pi(x)$ 是平均回报。这等于假设收益高于平均水平的策略将趋于增长，而使用收益低于平均水平的策略的主体所占比例会缩小。这个过程可能反映出各种不同的现象，从学习个人经验到模仿大多数成功人士。

对应于哈耶克群体选择模型的数学表达，我们可以用图 6 来直观表达这种群体选择思想。

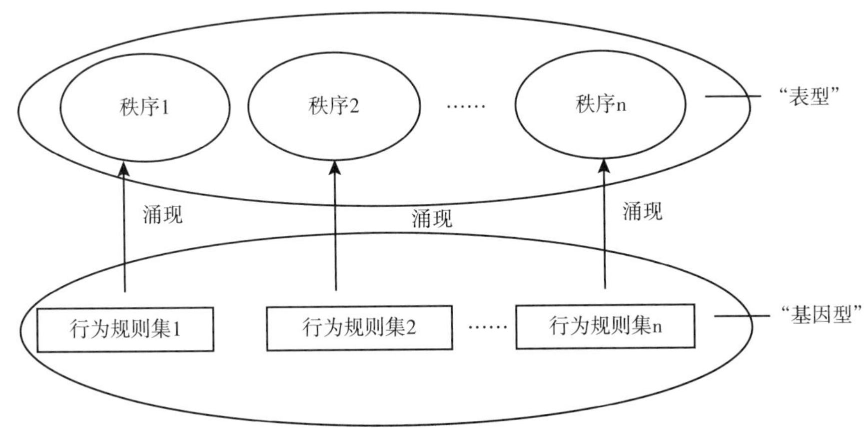

图6　哈耶克的群体选择模型

哈耶克认为文化演变导致“行为规则分层”。第一层包括与生俱来的，继承的动力，在这种动力下，旧的本能反应（例如休戚与共和利他主义）继续保持重要性。第二层由人类没有选择的抽象规则组成，但是这些抽象规则是在组级别上选择的，因为它们导致采用它们的组的成长和扩展，而那些没有采用这些规则的组则会受到损害。最后，最薄的第三层包括为特定目的而有意识采用的规则（Hayek，1979）。

更完整、更一般地，霍奇逊综合了从基因到科学技术组织的多层级选择理论中的复制者和互动者。霍奇逊分析人类个体和人类文化群体两层级选择模型我们称为“霍奇逊－两层级选择模型”。在两层级模型的理论建构之后，霍奇逊描述了多层级特征性事实（见表3）。霍奇逊－两层级选择模型是本文多层级选择模型的特例或具体化表述。

表3　霍奇逊－多层级选择模型

分类	层级水平	基因演化	语言文化的演化	习俗性组织的演化	象征符号的演化	法律和习俗的演化	科学技术革命
互动者	科学技术组织	N	N	N	N	N	科学机构
互动者	国家	N	N	N	N	国际区域组织、国家、民族	国际区域组织、国家、民族
	组织	群体	群体	群体	家庭、部落、宗教团体和其他组织	家庭、部落、宗教团体和其他组织	公司和其他组织
	个体	个体	个体	个体	个体	个体	个体

续表

分类	层级水平	基因演化	语言文化的演化	习俗性组织的演化	象征符号的演化	法律和习俗的演化	科学技术革命
复制者	科学技术	N	N	N	N	N	科学技术知识
	法律	N	N	N	N	法律	法律
	符号	N	N	N	语音和书写系统	语音和书写系统	语音和书写系统
	组织	N	N	习俗、惯例、教义	习俗、惯例、经文	习俗、惯例	习俗、惯例
	个体	N	N	语言习惯、行为	语言习惯、行为习惯	语言习惯、行为习惯	语言习惯、行为习惯
	基因	基因	基因	基因	基因	基因	基因

资料来源：霍奇逊：《达尔文猜想——社会与经济演化的一般原理》，科学出版社 2013 年版，第 192 页。有改动。

推论 2. 基因—文化共同演化。有符号和语言能力因而“文化”介入的人类个体的表型，是基因型和文化传递共同塑造的，这一点根本上不同于没有累积文化传递的其他物种。文化通过下向因果作用塑造个体的适应度。个体净适应度是遗传适应度、群体内竞争选择和群体间竞争选择共同作用的结果。基因和文化共生演化意味着，人类个体接受着双重继承系统：基因的和文化的。任何一个个体既有基因上的生物学父母，又有文化上的“文化父母”，个体表型因此是两套继承系统共同塑造的。其中，基因上的父母在受精卵的那一刻已经决定，而文化继承过程则伴随个体整个生命过程。很难说基因继承和文化继承哪一个更重要，因为在早期人类演化过程中，文化演化特别是交换行为激发了脑容量激增的自激式进化过程，二者交互前进，彼此强化，形成当前的人类个体特征。相对生物演化而言在极短观察时期内（基因没有足够时间改变的观察时期内），假定个体生物学特征统计学上无显著差异，文化继承和制度对个体行为的塑造起着决定性作用。

文化演化及其产物也极大地塑造了基因演化（Joseph Henrich，2016），即基因演化响应文化演化的选择压力，某种生物学改变仅当适应了文化演化导致的选择性压力才“有意义”，因此才被选择。例如，累积文化传递要求更大的大脑；食物处理和饮食塑造了我们的消化系统样式；文化传统吸收要求“幼态持续”；道德和社会习俗的习得和遵从要求相应的心理倾向和情感反应；种族群体与相应的群内群外心理区分；语言能力要求相应发音系统的生物学改变；与社会学习/教学相适应的生物学改变，如通过更丰富的面部表情交流信息。

基因和文化总是被具体的个体所表达和传递，基因与文化协同演化如图 7 所示，其中 F 代表基因和文化共同塑造的表型，G 代表基因型。

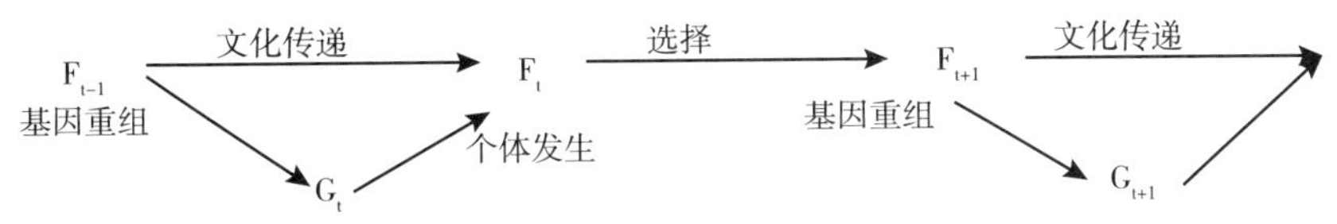

图7　基因和文化共同演化

人的行为通过基因—文化传递而学到，心智的发育受到基因的制约。基因—文化传递代表发育中的人类心智的部分自动选择的，使得一些文化选择胜过其他选择。这样的典型例子至少有以下7个（拉姆斯登、威尔逊，1990）：（1）乱伦禁忌。在生命最初流年中密切生活在一起的儿童，等到长大成人以后相互之间几乎没有性吸引力。（2）学习有关颜色的词汇也有强有力的先天倾向，红、黄、蓝、绿四种基本颜色是任何文化中的幼儿和成年人共同感知的颜色。（3）婴儿喜欢看有特殊形状和特殊排列的物体，随着时间推移，他们的选择会发生可以预见的变化。（4）世界各地的人都有一套共同的表情表示恐惧、厌恶、愤怒、惊讶和高兴。（5）新生婴儿都更喜欢糖水而不是白开水，其偏好的顺序是：蔗糖、果糖、乳糖、葡萄糖。这种选择性持续到儿童期。（6）全世界各种文化中15周左右婴儿持续到儿童期直至成年期，看见陌生人都会感到不安。（7）所有文化中的人都有对早期人类环境中的危险事物如封闭场所、高地、雷暴、奔流的水、蛇和蜘蛛等具有恐惧症，而对现代技术社会中的危险事物，如枪支、刀、汽车、爆炸物和电线插头则没有恐惧症。

推论3. 偏好和制度共同演化。要解释人类行为只需要解释人类行为据以产生的约束、偏好和信念。如果拉长时间尺度，从演化论视角看，偏好不是外生给定，而是由技术、社会结构及其制度（从而人们的谋生方式，是否强烈依赖于合作还是单干）和外生气候变化等因素内生的。最后通牒博弈实验和公共品博弈实验已经确凿地证伪了主流经济学所描述的“人的偏好只是自利的”假设，而是兼具自利的和“他虑的”两个方面。人类的偏好来自基因遗传和文化继承。来自基因遗传的偏好差异在人类文化群体之间的并不显著，显著的偏好差异主要来自文化继承，换言之，人类行为偏好主要来自后天教育和教化的影响。

制度塑造偏好。特定的谋生方式决定了特定的社会制度和关于公正的规范，而特定社会制度和关于公正的规范影响特定人群的偏好。刻画社会制度的两个维度“合作”和“市场整合”能够很好预测人们的社会偏好，那些合作和市场整合程度高的社会，人们更倾向于“分享”（鲍尔斯、爱德华兹、罗斯福，2010）。制度塑造偏好，部分是因为制度决定了什么类型的人才会成功，而人们总是试图在偏好上复制成功人士，于是占优的偏好就在人群中扩展开来。

人类的独特性状是在非亲缘关系基础上的大规模合作。仅仅靠“经济人”即单纯自利偏好的个体间无法作为一个整体成功运作。具有理性能力、语言能力和道德情感的现代智人的最终胜出依靠了自利和互惠利他偏好，而不仅仅是前者。

特定偏好通过群体间竞争导致制度扩散。与那些只有自利偏好的个体不同，具有一定数量的“强互惠”偏好个体组成的群体其群体合作收益如此巨大，以至于足以抵消持有强互惠偏好个体的行动成本，于是在群体竞争中处于优势地位。当个体模仿成功的邻居时，个体的行为特征得以在群体中稳固和强化。通过不成功群体成员对成功群体成员行为的模仿（或者成功群体对不成功群体的征服），众多的合作收益分配规范、语言规范以及支撑治理模式的财产权系统的个体行为将扩散或消失（鲍尔斯，2006）。不同于基因遗传主导的生物演化，在人类的演化中，人类文化群体完全可能作为一个独立的选择单位而存在，群体选择是一个特别重要的力量（Elliot Sober and David Sloan Wilson，1998）。群体选择是摆脱利他主义演化困境（利他主义个体因为其强互惠行为支付成本而降低其自身适应度）的方法（鲍尔斯，2006）。根据多层级选择理论，选择压力既作用在个体层级又作用在群体层级，群体选择使得具有群体竞争优势的群内个体的强互惠行为得到稳固和强化，相应地，其制度得到扩散，例如从采集社会向农业社会转变中私有产权制度得到扩散（鲍尔斯称之为“第一次财产权革命”）。

五、刻画群体选择：普赖斯方程及其经济学含义

普赖斯方程（Price Equation）（Price，G. R.，1972）对各种类型选择过程给出了一个优美而简洁的一般数学描述。普赖斯方程描述了自然选择前一个大群体中各个类群体的基因（也适用于文化基因）频率分布，选择后各个类群体的基因频率分布，某个群体 i 的基因频率分布的选择前后之差可以描述为群内选择导致的频率变动与群间选择导致的频率变动之和。普赖斯方程的贡献在于清晰地区分了群内选择和群间选择二者各自导致的基因频率变动。某个群体中持有利他偏好个体在群体内选择中将导致其频率降低，而在群间选择中将导致其频率提高。

令：n 为群体规模；p 为群体基因在整个基因池的频率；$s_i=\frac{n_i'}{n_i}$为选择前后比率，测度“群体利益”

$$\text{选择前：}P=\frac{\sum n_i p_i}{\sum n_i}=p+\mathrm{cov}(n,p)/n \tag{6}$$

$$\text{选择后：}P'=\frac{\sum n_i' p_i'}{\sum n_i'}=p'+\mathrm{cov}(n',p')/n' \tag{7}$$

令 $\Delta P = P' - P$

那么，$\Delta P = ave_{n'}(\Delta p) + cov_n(s,\ p)/ave_n s$ (8)

普赖斯方程清晰呈现了某个群体的复制者在复制者池中的频率变动由两部分组成：a. 群体内的个体选择导致的复制者频率变化，此处，利他偏好倾向的个体的频率将降低；b. 群体间选择导致的复制者频率变化，此处，利他偏好倾向的个体的频率将高于其他行为倾向者。特别是后者，表明群体性状与群体适应度之间的协变关系，提升利他偏好的适应度。更为直观地，我们用下式来表达群体适应度是群体内选择和群体间选择加总后的净效应（F 为群体适应度，T 为群体性状，f 为群体内选择的个体适应度，可用个体适应度的均适应度来表达），

$$cov(F,\ T) = \beta_1 var(T) + \beta_2 cov(f,\ T) \tag{9}$$

普赖斯方程呈现了偏好与制度共生演化，式（9）中，群体适应度和群体性状的协变由两部分构成，第一部分是自然选择直接作用在群体性状上的适应度变化，其系数大于 0；第二部分自然选择作用在群内个体之间的适应度与群体性状的协变，系数正负未定；某一复制者频率变化，仅当群体选择导致其增加抵消群体内个体选择导致其减少时，这种复制者得到进化。我们根据普莱斯方程做的演化仿真直观呈现了特定复制者频率在群体内下降而在种群层级上升的看似矛盾的现象（类似“辛普森悖论”），见图 8。

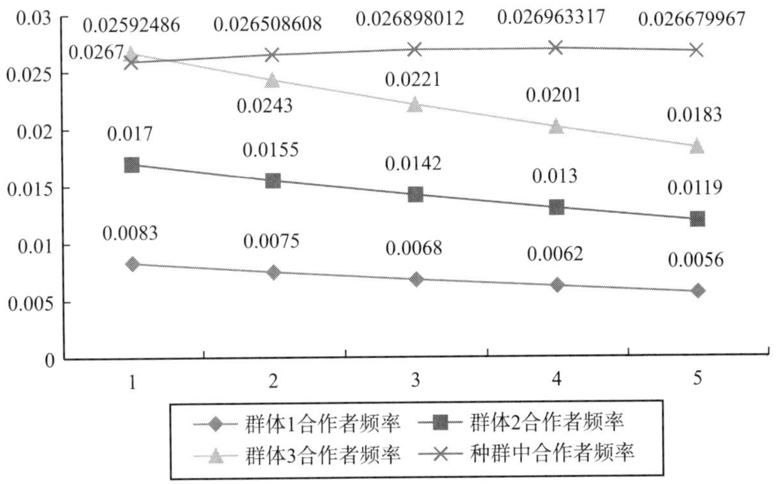

图 8 “3 群体 -5 次迭代”的群体选择演化仿真：群体内个体选择导致合作者频率下降

注：群体 1、群体 2、群体 3 初始规模为 150，群体 1 的合作者频率为 0.01，群体 2 的合作者频率为 0.02，群体 3 的合作者频率为 0.05，平均适应度为 10 单位，合作者行动时成本为 1 单位，群体中非合作者收益为 137 单位，经过 5 次迭代，两个群体中合作者频率变化，从图可以看出，群体 1、群体 2、群体 3 合作者频率均出现下降，当迭代 5 次后，种群层级上观察到合作者频率上升。

普赖斯方程明确了群体性状对利他偏好的下向因果作用。偏好是一组惰性的行为规则系统；而制度则是成文或不成文的道德、社会规范、法律或者公共政策。偏好搭载在个体身上，由个体行为表现出来。制度是超越个体层级的群体的复制者。制度通过下向因果机制影响个体行为。任何作为人的个体从一出生就被“抛入”到上一层级的复制者中，只有在制度池塘中个体才能习得理性能力（主要通过语言媒介）。在以上理论分析的基础上，我们把偏好与制度的关系总结为如下命题：

Ⅰ. 偏好和制度都属于文化适应，各自作为文化适应的特例呈现出来。

Ⅱ. 从发生学上，偏好源自文化本能和制度的影响；制度源自群体层级上的复制者变异、理性设计和自然选择。

Ⅲ. 偏好性质上属于“复制者的表达”并由互动者行为得到展现，偏好约束互动者的行为，很大程度塑造互动者行为特征。

Ⅳ. 偏好搭载在互动者上，互动者为人类个体。制度搭载在互动者上，互动者为人类个体构成的不同范围和大小的组织，小到家庭和非正式团体，大到国际区域合作组织。

Ⅴ. 制度是上一层级复制者。就个体而言，偏好由上一层级的复制者和下一层级的复制者共同塑造。制度通过下向因果机制影响偏好的形成和改变。

Ⅵ. 自然选择机制作用在个体综合性状（包括偏好）上，体现为个体竞争；自然选择也作用在广义制度上，体现为群体竞争。群体选择在进行中同时进行着群体内的个体竞争，二者是同一个事实的两个分离开来的观察视角。在较大的群体选择压力下（如军事征服、大规模移民、难民潮），偏好具有显著可塑性。在群体选择压力较小以及较短时间尺度的情况下，偏好具有显著的稳定性。

前文阐述了多层级选择下的偏好与制度的关系，但没有解释驱动群体选择的力量来自哪里。我们的人类认知能很直观认识到个体层级的个体间竞争驱动演化过程，但对超越个体层级的群体演化驱动力则难以感知。理查森和罗伯特（2005）“驱动文化演化的力量”标题下讨论了群体选择的三类驱动力。

第一类，随机动力。包括文化变异和文化漂变。前者，是由于随机的个体层级水平的过程导致，如遗忘某种文化习俗。后者，是由在小数目群体上统计上的异常导致的，如在一些小的社会里，一些传统手艺如造船技术实际上只是由少数几个行家里手拥有，如果所有这少数几个行家里手因为偶然原因，比如说英年早逝或者干脆不爱带徒弟，结果造船的手艺就失传了。第二类，决策制定动力。受到引导的变异：文化变异在先，随后个体跟着改变。这样的情形发生在社会学习、文化变异的适应性修改等进程中；基于有偏的转型：这又包含三小类，基于同意的有偏转型；频率依赖的有偏转型；基于模式的有偏转型。第三类，自然选择。在多文化构成的群体中，发生在群体层级或个体层级上选择拥抱这种文化变异而放弃那种文化变异的过程。

理查森和罗伯特的“群体选择驱动力量”分类能够很好地适用于最近300年来全球的现代化进程和最近一个世纪以来的全球化进程。以中国为例，中国是一个多文化共同体，恰好处于从传统社会向现代社会转型同时又遭遇全球化进程，此外中国还经历着从中央计划经济体制向市场经济体制转型。在这个三重因素叠加的复杂转型进程中，我们可以观察到，既有文化变异和文化漂变；也有朝向市场体制的摸着石头过河的适应性修改过程；还有群体选择压力下的一些少数族裔语言文化和传统手艺濒于消失；当然也体现在经济政治领域，如农耕土地制度从公有制向准私有制的替换过程。

我们的分析目标对准两层级，个体与由个体构成的民族国家群体。我们把民族国家群体视为复制者的搭载者，即互动者。这样我们观察到，新的惯例、习俗、社会规范和正式制度如何从群体间竞争（群体选择的表现形式）涌现出来并扩散，而某些现存的惯例、习俗、社会规范和正式制度如何趋于减少影响力和覆盖人口范围，直至消失。至少有五种群体间竞争形式（Joseph Henrich，2016）：

第一，群体间竞争最常见的是战争与掠夺，那些制度上、经济上、军事上占优势者胜出，这种优势的直接来源是好制度和更高程度的合作。第二，无冲突条件下群体间有差异地生存。特别是在艰难环境条件下，那些倾向于合作、分享和群体内团结的群体胜出。第三，有差异地移民。移民显然能改变群体人口的大小，那些经济发达、群内团结、合作程度更高的群体吸引其他群体移民涌入，结果，一些群体移出多于移入，一些群体移入多于移出，这种趋势持续许多年以后，人口在群体间分布的格局发生巨大变化，某些群体连同搭载在那个群体上的复制者一并消失了。第四，有差异的生殖。某种社会习俗影响人们生育后代及后代多少的态度，那些生育率不断降低的群体倾向于被生育率高的群体所覆盖，同时意味着复制者的替代过程。第五，由于人类个体具有文化学习能力，年青一代倾向于学习那些更成功群体的社会规范和习俗。这种学习过程其实是一种群体间的文化传递和文化竞争现象。

亨里齐特别指出，以上群体竞争的“优”胜“劣”汰并非道德意义上的优劣，而是指复制者的表型性状受特定时期环境条件下显示出来的客观上的适应度差异。

六、结　语

在讨论社会演化时，宾默尔（Ken Binmore，2010）曾经明确区分了信息存贮和变化（从而演化）的三个时间尺度：短期，对应于经济的时期，市场会调整到一个无法预料的新状态，以分钟或小时来衡量；中期，对应于社会时期，文化规范或社会传统会随着深层环境而发生改变，可以用月或年来衡量；长期，对应于生物的时期，基因库会调整已使用的某个新的挑战，可以用代际来衡量。以上三个时期发生“调整”“行为”是同时进行的且都指向一件事：“问题解决”和适应。明确以上时间尺度对于研究至关重要，这种时间尺度的自觉意味着，研究短期动态过程时，中期和长期过程的变量是固定不变的；研究中期动态过程时，长期过程的变量是固定不变的，而把短期过程的一些变量赋予特定值——就是在短期均衡分析中所计算出来的值，长期过程的变量作为参数，来决定中期收敛的社会均衡（宾墨尔 2010）；研究长期动态过程，则是生物演化、生物—文化共同演化领域，这时中期过程和短期过程变量作为参数视为固定不变。短期内，偏好不变；中期内，参与者的个人偏好仍然是固定不变的，但他们的同情心偏好和利他偏好会调整直到同情心均衡为止，长期中，个人偏好也会改变。

与标准新古典经济学假定不同，行为经济学和演化经济学研究表明，经济个体不是完全受利己动机驱使的，社会中的正常个体都在一定程度上考虑自己的行为对他人的影响（other-regarding），而且这种考虑不是经过深思熟虑的而是由中长期时间尺度上的生物演化、文化演化、基因—文化协同演化导致的情绪引起的：如愤怒、愧疚、懊悔、嫉妒、遗憾和厌恶，借助于这些情绪反应做出“利他行为”或“恶意/惩罚行为”。这表明一旦研究涉及中期和长期，新古典模型必须被扩展和修正，“社会偏好”必须被引进来。

行为经济学重新点燃了经济学对心理学的兴趣，新古典正统理论要求更深刻的心理学思考（科林·F. 凯莫勒等，2010）。行为经济学和演化经济学为经济学提供了更为现实的心理基础和生物学基础，从而提高经济学的解释力、预测能力和为公共政策提供更加坚实的理论基础。行为经济学和演化经济学并不是否定和替代标准经济学，正是面对不同时间尺度上的“调整”，通过引入有限理性/过程理性和社会偏好，放宽标准经济学假设，从而补充和扩展了标准经济学。这样我们发现，行为经济学和演化经济学模型的某些参数取特定值时，模型退化为新古典标准经济学模型（如损失厌恶参数值取 1 时退化为一般模型），这样新古典标准模型就成为行为经济学模型一个特例出现。

行为经济学实验和理论研究中发现大量与标准经济学不一致的现象（如在最后通牒博弈、存在惩罚的公共品博弈或者礼物交换博弈实验中被试表现出“公平的”或“合作的”行为）在中长期尺度上不再是一个假设，而是需要证明的结论（损失厌恶、框架效应、社会偏好等），这正是“文化演化”理论研究的对象。文化演化理论把上述与标准模型预测不一致的行为现象视为人类进化的产物，它们在进化意义上具有稳定性。损失厌恶是一种进化适应结果（存活下来具有绝对优先性，因此对损失具有高度警觉和负面评价）；最后通牒博弈中对低提议的拒绝也是重复互动中的进化适应结果——文化传递下来的文化本能。值得指出的是，进化适应解释必须引入两个时间尺度上的解释：基因进化、基因—文化共同进化。进化适应具有适应经验和信息存贮性质，适应度高的经验和信息可以存贮在基因编码中，也可以存贮在文化传统中，前者表现为基因复制—变异—选择的生物进化，后者表现为文化复制者的复制—变异—选择的文化演化。与科林·F. 凯莫勒和乔治·罗文斯坦（2010）的观点不同，我们认为人类儿童尚没未完全获得全部文化遗传（中的核心规则），而早期人类社会尚没有发展出大范围匿名交易/分工合作秩序，相应的文化传统尚未形成，因此我们就会观察到最后通牒博弈中的反常行为，这并不表明进化适应性假说不适用。

参考文献

1. D. S. 威尔逊：《每个人的演化：达尔文理论怎样改变我们思考自己生存的方式》，中国人民大学出版社 2012 年版。

2. 爱德华·O. 威尔逊：《社会生物学——新的综合》，北京理工大学出版社 2008 年版。

3. 安东尼·达马西奥：《神经科学和神经经济学的出现》，载于（美）保罗·W. 格莱姆齐、（瑞士）恩斯特·费尔等主编：《神经经济学：决策与大脑》，中国人民大学出版社 2014 年版。

4. 鲍尔斯、爱德华兹和罗斯福：《理解资本主义：竞争、统制与变革》，中国人民大学出版社 2010 年版。

5. 鲍尔斯：《微观经济学：行为、制度和演化》，中国人民大学出版社 2006 年版。

6. 顿巴、巴利特和李塞特：《进化心理学：从猿到人的心灵演化之路》，中国轻工业出版社 2011 年版。

7. 恩斯特·费尔：《社会偏好和大脑》，载于（美）保罗·W. 格莱姆齐、（瑞士）恩斯特·费尔等主编：《神经经济学：决策与大脑》，中国人民大学出版社 2014 年版。

8. 恩斯特·迈尔：《生物学思想发展的历史》，四川出版集团，四川教育出版社 2010 年版。

9. 哈耶克：《致命的自负》，中国社会科学出版社 2000b 版。

10. 霍奇逊：《达尔文猜想——社会与经济演化的一般原理》，科学出版社 2013 年版。

11. 科林·F. 凯莫勒等：《行为经济学新进展》，中国人民大学出版社

2010 年版。

12. 肯·宾默尔:《自然正义》，上海财经大学出版社 2010 年版。

13. 拉姆斯登、威尔逊:《普罗米修斯之火——关于心智起源的反思》，北京三联书店 1990 年版。

14. 迈克尔·托马塞洛:《人类认知的文化起源》，中国社会科学出版社 2011 年版。

15. 尼克·威尔金森:《行为经济学》，中国人民大学出版社 2012 年版。

16. 乔治·威廉斯:《适应于自然选择》，上海科技出版社 2001 版（英文版 1962）。

17. 塞缪尔·鲍尔斯、赫伯特．金迪斯:《合作的物种——人类的互惠性及其演化》，浙江大学出版社 2015 年版。

18. 休谟:《人性论（下）》，商务印书馆 2010 年版。

19. Andreozzi L. Hayek reads the literature on the emergence of norms. *Constitutional Political Economy*, 2005, 16 (3), pp. 227 – 247.

20. Dawkins R. *The selfish gene.* London: Oxford University Press, 2016.

21. Durham W H. *Coevolution: Genes, culture, and human diversity.* California: Stanford University Press, 1991.

22. Ehrenpreis A, Felbinger C. *Brotherly community-the highest command of love: Two Anabaptist documents of* 1650 *and* 1560. Rifton, N. Y.: Plough Publishing Co., 1978.

23. Hayek F A. *The Fatal Conceit: The Errors of Socialism.* London: Routledge, 1988. in Volume I of *The Collected Works of F. A. Hayek.* edited by W. W. Bartley, III.

24. Henrich J. *The secret of our success.* Princeton: Princeton University Press, 2015.

25. Lloyd E A. Unit of selection. E F Keller, E A Lloyd. *Keywords in evolutionary biology. Cambridge*; Harvard University Press, 1994, pp. 334 – 340.

26. Mayr, E. Evolution and Ethics. Springer US, 1984.

27. Mayr E. *Toward a new philosophy of biology: Observations of an evolutionist.* Cambridge, Massachusetts, and London: Harvard University Press, 1988.

28. Mende W, Wermke K. A long way to understanding cultural evolution. *Behavioral and Brain Sciences*, 2006, 29 (4), pp. 358 – 359.

29. Mesoudi, A., A. Whiten, and K. N. Laland. Towards a unified science of cultural evolution. *Behavioral and Brain Sciences*, 2006, 29 (4), pp. 329 – 383.

30. Okasha S. *Evolution and the Levels of Selection.* London: Oxford University

Press, 2006.

31. Perreault C. The pace of cultural evolution. *Plos One*, 2012, 7 (9), pp. 1 –8.

32. Price G R. Extension of covariance selection mathematics. *Annals of human genetics*, 1972, 35 (4), pp. 485 –490.

33. Price G R. The nature of selection. *Journal of Theoretical Biology*, 1995, 175 (3), pp. 389 –396.

34. Richerson P J, Boyd R. *The origin and evolution of cultures*. London: Oxford University Press, 2005.

35. Richerson P J, Boyd R. *Not by genes alone: How culture transformed human evolution*. Chicago: University of Chicago Press, 2008.

36. Richerson P J, Boyd R. *Culture and Evolutionary Process*. Chicago: University of Chicago Press, 1988.

37. Sober E. *The nature of selection: Evolutionary theory in philosophical focus*. Chicago and London: The University of Chicago Press, 1993.

38. Sober E, Wilson D S. *Unto others*. Cambridge: Harvard University Press, 1998.

39. Gould, Stephen. Jay. The Spice of Life. *Leader to Leader*, Winter 2000, pp. 14 –19.

The Myth of Cooperative Order: Co-evolution of Preference and Institutions Under Multi-levels Selection Frame

LIU Yejin　XU Liping

(School of Urban economics and Public Administration,
Capital University of Economics and Business, 100070)

[**Abstract**] Preference and institutions are both the particular case of adaptation of human evolution, which guide and restrict individual behavior in order to maintain complex cooperation among people. Preference stems mainly from cultural instinct and is shaped and modified by institutions marginally. The institutions that are conflict with preferences cannot obey by human. Any cultural adaptation is examined on the level of group selection to its survival. The individual of human being is shaped in three dimensions, instincts, feelings and rationalities, of which the instincts are biological adaptation, the feelings are both biological and cultural adaptation, and rationalities are cultural adaptation. On the spectrum of cultural adaptation, preferences are near to biological instinct endpoint and institutions are near to the endpoint of rationalities. The two of preferences and institutions are co-evolutionary. Preference can change when they are under strong pressure of group selection and is stable when they are under weak one. The individual that is with pure selfish preference tends to have more offspring than others when take only into account of individual level selection, but, the net effect is complex when take into account of both individual and group selection, so that the theoretical hypothec cannot be excluded as follows, those individuals with genuine altruism and follow moral rules so that are with pro-social preference can survival better than others. According to the ideas of this paper, the standard models are degenerated case from behavioral economics one and the behavioral economic hypotheses are in turn the conclusions of cultural evolution theory. An inclusive evolutionary economics paradigm are being developed and formed.

[**Key Words**] Preference　Multi-levels Selection　Cultural Evolution

JEL Classifications: P30　035　Z13

汇率制度选择影响经济增长的异质性

——基于1999~2018年全球汇率制度选择的实证研究

崔瀚中　黄少安*

【摘　要】汇率制度是否会影响经济增长一直以来都是汇率制度研究的一个重要议题。由于采用了不同的汇率制度分类方法、时间区间及国家样本，汇率制度与经济增长的关系一直没有定论。本文选择全球135个国家作为样本进行分类，采用IMF事实分类法作为汇率制度分类的重要依据，选取1999~2018年作为时间区间，进行实证分析发现：汇率制度对经济增长的影响具有异质性；对于发达国家，汇率制度对经济增长没有显著的作用；从新兴市场国家来看，中间汇率制度对经济增长有明显的正向作用；而对其他发展中国家而言，采用灵活性越低的汇率制度越有利于其经济增长。

【关键词】**汇率制度　经济增长　异质性**

中图分类号：**F830.7**　文献标识码：**A**

一、引言及文献综述

汇率制度选择是否、如何、多大程度上影响经济增长是一个重要而没有定论的理论问题。一个国家应该选择什么汇率制度是一个国家关键性的制度和政策问题之一，也是一个选择难题。20世纪90年代前后，很多学者都认为汇率制度对经济的长期增长没有绝对的影响，高希等（Ghosh et al.，1997）对1960~1990年136个国家超过9种汇率制度进行分析，发现在不同的汇率制度下各国的经济增长差别不大，认为汇率制度选择与经济增长没有明

* 崔瀚中，山东大学经济研究院博士研究生；地址：（250100）山东省济南市山大南路27号山东大学经济研究院；E-mail：cuihanzhong19@163.com。黄少安，山东大学讲席教授、博士生导师；地址：（250100）山东省济南市山大南路27号山东大学经济研究院。

显的联系。然而，利维·叶雅蒂和斯特尔辛格（Levy - Yeyati and Sturzenegger, 2003）对汇率制度进行重新分类（LYS 分类），分析了 183 个国家 1974～2000 年的汇率制度选择与经济增长的关系，发现对于发展中国家，灵活性较低汇率制度与增长放缓以及较大的波动相关联，而对工业化国家而言，汇率制度对增长没有显著影响。同时，巴尤等（Bailliu et al. , 2001）在对 25 个新兴市场经济体 1973～1998 年的数据进行分析时，发现在国际资本流动相对开放且在较小程度上拥有成熟金融市场的国家，更灵活的汇率安排与更高的经济增长相关联。随后巴尤等（Bailliu et al. , 2002）扩展了之前的样本数量，对 60 个国家进行重新分析，利用 IMF 汇率制度分类与货币政策相结合，发现以货币政策锚定为特征的汇率制度，无论是钉住的、中间的还是灵活的，都会对经济增长产生积极影响。以上研究的时间区间基本上集中在 20 世纪下半叶，但由于采用的汇率制度分类不同，再加上国家样本存在差异，导致研究结果大相径庭。库德特和杜伯特（Coudert and Dubert, 2005）针对亚洲国家改进了汇率制度分类方法，利用 1990～2001 年 10 个亚洲国家的汇率制度数据考察了汇率制度对通货膨胀和经济增长的影响，结果显示选择钉住汇率制度的经济体经济增长较弱。黄海洲和马尔霍特拉（黄海洲和 Malhotra, 2005）强调了经济体不同的经济发展阶段的作用，采用 RR 分类法和 LYS 分类法分析了事实汇率制度与经济增长率之间的关系，研究表明：在 1976～2001 年，对于 12 个亚洲新兴的经济体来说，弹性更高的汇率制度反而带来了较低的经济增长率；对于 18 个欧洲发达国家，汇率制度的弹性与经济增长率呈正相关，但经济的波动性并不取决于汇率制度的选择。伊纳托夫和卡普拉鲁（Ihnatov and Capraru, 2012）利用 IMF 事实分类法对 1990～2010 年的汇率制度数据进行分析时，发现对 16 个中欧和东欧国家来说，浮动汇率制度和中间汇率制度对经济增长的影响都优于固定汇率制度。以上研究针对 2000 年前后的亚洲和欧洲经济体进行分析，但由于选择的汇率制度分类方法不同，依然不存在统一的结果。

我们梳理了以往的相关文献，发现由于采用了不同的汇率制度分类方法、时间区间及国家样本，汇率制度与经济增长的关系呈现出不同的结论，大部分文献采用了自 1970 年以来的数据。我们认为在对汇率制度和经济增长关系研究中，国家样本和时间区间的选取对结果有明显影响，而且 20 世纪在这类分析的时间区间中占比过大，关于汇率制度和经济增长的实证研究对现阶段的研究进展没有实质性的贡献，反而会因过去时间占比巨大影响了新的国际形势下研究汇率制度和经济增长关系的结果。进入 21 世纪，国际经济进入了深刻变动的时期，全球汇率制度总体趋势发生了非常大的变化，20 世纪末，汇率制度出现了短暂的明显的“两极化”现象，但是 21 世纪以来，中间汇率制度的占比呈逐年上升的趋势。随着国际经济形势和各个国家经济结构的改变，汇率制度与经济增长的关系也并不是一成不变的。因此，我们决定在采用IMF事实汇率制度分类法的基础上，对全球国家进行分类，以2008年金融危机为中心点，采用近二十年（1999～2018年）为主要区间，对汇率制度与经济发展的关系进行进一步的考察。

本文安排如下：第二部分具体介绍了汇率制度对经济增长的直接和间接影响的理论机制；第三部分利用近二十年数据考察了不同经济发展阶段的国家选择不同的汇率制度对经济增长的影响；第四部分也是最后一部分为结论与展望。

二、理论判断

汇率制度是否能促进经济增长是判断汇率制度好坏的重要指标，同时选择合适的汇率制度以促进经济平稳增长是一国汇率制度选择的根本目的。从理论上来看，汇率制度对经济增长的作用机制是非常复杂的。

（一）汇率制度选择对经济增长的直接影响

不同的汇率制度对外汇市场具有不同的调节机制，从而对经济波动产生不同程度的扩大和缓和效果，进而直接影响经济增长。因此，在面临经济冲击时，采用不同汇率制度的国家往往出现不同的经济表现。相关汇率制度文献也明确指出，一个经济体受到冲击后的调整过程会因为汇率制度的不同而有所差别。采用浮动汇率制度的经济体，在经济冲击下，外汇往往会产生剧烈波动，在一定程度上隔绝了外部冲击对国内经济的影响，减少了国内经济产出的波动。奥布斯菲尔德等（Obstfeld et al.，2018）在对43个新兴市场经济体1986～2013年的数据进行考察时发现，对新兴市场经济体而言，相比灵活的汇率制度，在固定汇率制度下的全球金融冲击对国内的金融状况和产出的传导作用被放大。因此，灵活的汇率制度能够一定程度上吸收和隔绝外部的经济冲击，对国内经济发展起到稳定器的作用。而对于采用固定汇率制度的国家，国外冲击会通过固定的汇率迅速传导通胀和危机，实际汇率可能会随价格的下跌缓慢贬值，但在短期内对国内经济造成大幅度的衰减，另外固定汇率制度能够提高货币政策公信力，稳定社会预期，从而对物价起到稳定作用。

同时，在国际资本流动日益频繁的条件下，根据不可能三角理论，浮动的汇率制度意味着本国可以拥有独立的货币政策，减轻对外汇管制的依赖，从而在应对危机和调节经济方面拥有了更强的自主权。并且在浮动汇率制度下，外汇市场的投机行为使得市场汇率能够更加真实反映外汇市场的供求关系，基本不会发生外汇市场持续失调的现象，降低了由于汇率僵化而引起金融危机的风险的概率。事实表明，危机对一个经济体造成的负面影响远远超过由于采用某种汇率制度造成的成本。然而，金融体系比较薄弱的经济体难以承受和适应频繁的汇率波动，因而对于这些经济体来说，实行固定汇率制度反而比采用浮动汇率制度的经济效益更高。

（二）汇率制度选择对经济增长的间接影响

除了直接影响，汇率制度还可能从贸易、投资及金融发展、经济政策等方面对经济增长产生间接影响。主要的理论机制：一是汇率制度可以通过国际投资和国际贸易来影响经济增长。传统理论认为固定汇率制度可以减少政策的不确定性，降低实际利率和汇率的波动性，从而减少由于风险对冲造成的交易成本，促进国家投资和国家贸易，有利于经济增长。张夏等（2019）通过两国的一般均衡模型，发现双边固定汇率制度提高了企业对外直接投资倾向。崔小勇等（2016）发现，相比浮动汇率制度，采用固定和中间汇率制度更有利于一国贸易和收入的增加。另外，浮动汇率制度可能通过汇率的及时调整减缓世界市场对贸易的冲击（路继业，2015）。二是汇率制度可以通过金融发展水平影响经济增长。浮动的汇率制度往往意味着频繁波动的汇率，而发达的金融机构可以提供合适的对冲手段，从而吸收波动汇率对实体经济的影响。因此，发达的金融发展水平被认为是浮动汇率的必要条件。但这并不意味着采用固定汇率制度就可以停滞对金融的发展，发达的金融与高水平的经济发展是相辅相成的。阿吉翁等（Aghion et al.，2009）对 83 个国家 1960～2000 年的汇率制度与经济增长的关系进行分析时发现，汇率制度对生产率的增长并不是简单的线性关系，对于社会发展水平相对较低的国家，汇率波动往往会降低增长，而对于金融发达的国家，汇率制度的选择对经济增长没有显著的影响。他们还建立了货币增长模型，其中实际汇率的不确定性加剧了国内信贷市场约束的负投资效应，从一个角度解释了实际汇率波动对经济增长的影响取决于金融发展水平的原因。三是固定汇率制度理论上可以一定程度上减少政府不负责的宏观经济政策。因为实行固定汇率制度需要政府频繁地对外汇市场进行干预，一旦出现错误的经济政策会产生明显的政策后果，而采用浮动汇率制度更多依赖市场对汇率进行调节，使得不良的经济政策得以持续保留。

综上所述，汇率制度在对经济增长的作用机制上存在着复杂的既消减又增强的作用。因此，汇率制度与经济增长的关系并不存在一个非常明确的结论，更多的是随着时间和国际形势变化的经验性问题。

三、实证分析

（一）样本选择及国家分类标准

从以往的研究来看，利维·叶雅蒂和斯特尔辛格（Levy – Yeyati and Sturzenegger，2003）在对汇率制度与经济增长的关系研究中，就曾将工业化国家与发展中国家进行区分。此后，黄海洲和马尔霍特拉（2005）更是在研究中强调了国家的不同发展阶段对汇率制度与经济增长关系中的作用。本文从数据的可获得性和完整性出发，选择了135个国家作为研究对象，进而根据国家发展阶段对其进行划分，探究近年来全球范围内汇率制度与经济增长的关系。

发达国家一般处于后工业化时期，经济结构主要偏向服务业，农业上机械化水平高，工业产品也多为高档产品，人民生活水平较高；而发展中国家往往处于工业化时期甚至农业时期，人民生活水平较低。随着经济全球化的发展，部分发展中国家经济发展速度较高，与其他发展中国家相比，出现了明显不同的发展态势和经济特征，一般市场规模和发展潜力较大，在国际金融市场上逐渐占据重要地位，一般具有低投资、高成长与高回报的特征，国际上称这一部分国家为新兴市场国家。目前尚不存在发达国家和发展中国家的明确定义，各个金融机构在发达国家和发展中国家的界定上也存在差异。同样，新兴市场国家的定义也没有明确的标准。在本文中，我们参考了国际货币基金组织（International Monetary Fund，IMF）在《世界经济展望》（World Economic Outlook，WEO）中对发达经济体、新兴市场和发展中经济体的划分，对本文选取的135个国家按照发达国家、新兴市场国家和其他发展中国家三个类别进行了分类，具体的分类情况见表1。

表1　　国家分类

发达国家（31个）	丹麦　以色列　冰岛　加拿大　卢森堡　塞浦路斯　韩国　奥地利　希腊　德国　意大利　拉脱维亚　挪威　斯洛伐克　斯洛文尼亚　新加坡　新西兰　日本　法国　澳大利亚　爱尔兰　瑞典　瑞士　立陶宛　美国　芬兰　英国　荷兰　葡萄牙　西班牙　马耳他
新兴市场国家（20个）	中国　乌克兰　俄罗斯　保加利亚　南非　印度　印度尼西亚　哥伦比亚　土耳其　墨西哥　巴基斯坦　巴西　智利　波兰　泰国　秘鲁　罗马尼亚　菲律宾　阿根廷　马来西亚

续表

其他发展中国家（84个）	不丹　中非　乌兹别克斯坦　乌干达　乌拉圭　乍得　亚美尼亚　伊朗　伯利兹　冈比亚　几内亚　几内亚比绍　刚果（布）刚果（金）　加纳　加蓬　北马其顿　博茨瓦纳　卡塔尔　卢旺达　危地马拉　厄瓜多尔　吉尔吉斯斯坦　哈萨克斯坦　哥斯达黎加　喀麦隆　土库曼斯坦　坦桑尼亚　塔吉克斯坦　塞内加尔　塞拉利昂　塞舌尔　多哥　多米尼加　孟加拉国　安提瓜和巴布达　尼加拉瓜　尼日利亚　尼日尔　尼泊尔　巴哈马　巴巴多斯　巴拉圭　巴拿马　巴林　布基纳法索　布隆迪　摩尔多瓦　摩洛哥　文莱达鲁萨兰国　斐济　斯威士兰　斯里兰卡　柬埔寨　毛里塔尼亚　毛里求斯　沙特阿拉伯　津巴布韦　洪都拉斯　海地　牙买加　玻利维亚　科威特　科摩罗　科特迪瓦　突尼斯　约旦　纳米比亚　老挝　肯尼亚　苏丹　莫桑比克　萨尔瓦多　蒙古　越南　阿塞拜疆　阿尔及利亚　埃及　阿联酋　阿曼　马拉维　马达加斯加　马里　黎巴嫩

（二）变量选择

1. 被解释变量

为了消除经济周期对经济增长的影响，本文选取平滑处理后的人均 GDP 增长率作为被解释变量，以衡量经济增长状况。以往的实证研究，为了消除经济周期的影响，阿吉翁等（Aghion et al.，2009）、巴尤等（Bailliu et al.，2002）、王晋斌等（2020）对人均实际 GDP 增长率进行五年的不重叠的算数平均处理，这些文献本身的研究时间区间较长，但在本文中，我们只选取近20年的数据，为了避免损失过多的样本数据，我们采取库德特和杜伯特（Coudert and Dubert，2005）的方法对人均实际 GDP 增长率作平滑性处理，选取有关年份及上一年和下一年的数据进行平均，即

$$GR_{i,t}=\frac{gr_{i,t-1}+gr_{i,t}+gr_{i,t+1}}{3}$$

其中，$gr_{i,t}$为未处理的人均实际 GDP 增长率。

2. 关键解释变量

目前，汇率制度存在两种分类方法，一种是法定分类方法（de jure），一种是事实分类法（de facto）。在1999年以前，国际货币基金组织对汇率制度的分类采用的是法定分类法。学者发现，很多国家虽然官方上宣称采用浮动汇率而在实际中却存在着“害怕浮动”的现象（Calvo and Reinhart，2002）。因而，各国宣称的汇率制度与事实汇率制度往往存在背离。1999年，国际货币基金组织宣布采用事实分类法，该分类法将统计方法与定性判断相结合，与其他事实分类相比，IMF 事实分类在事实分类中表现出了最大的一致性，并在硬挂钩和传统挂钩之间，以及在管理浮动和纯浮动之间作出更明确的区分，分类更加清晰，将有关央行干预政策的信息与实际汇率波动相结合，避免了机械算法导致的不可避免的偶然异常（Ghosh et al.，2015）。同时，IMF 事实分类法结合了官方分类，具有未来政策倾向的信息（路继业和杜两省，

2010）。因此，本文选择 IMF 事实分类法作为被解释变量的主要分类依据。

1999 年，国际货币基金组织宣布对汇率制度的分类采用事实分类法，但其后分类标准发生了两次调整。2007 年，国际货币基金组织特别强调了其汇率制度分类方法是基于各国事实的汇率制度，并将汇率制度分类与货币框架结合在了一起。2006 年以前国际货币基金组织将货币联盟成员国的汇率制度分类为无独立法定货币，2006 年后国际货币基金组织根据货币联盟成员国的货币汇率事实运行状况进行重新分类，其中将欧洲货币联盟（EMU）成员国重新分类为独立浮动，中非经济和货币共同体（CEMAC）和西非经济与货币联盟（WAEMU）成员国被重新归类为传统钉住，东加勒比货币联盟（ECCU）成员国则被重新分类为货币局制度。为了保证汇率制度标准的前后统一，我们根据 2006 年后的分类标准对之前的汇率制度分类进行了追溯性调整。2009 年 2 月 2 日国际货币基金组织对汇率制度分类进行了重新修订，从之前的 8 小类扩展到目前的 10 小类，考虑到 2009 年国际货币基金组织对汇率制度分类的修订原则和具体细节，目前常见的三大分类具体划分见表 2。

表 2　　1999 ~ 2018 年 IMF 汇率制度分类调整

类型	1999 ~ 2007 年	2008 ~ 2018 年①
硬钉住汇率制度	无独立法定货币 货币局制度	无独立法定货币 货币局制度
中间汇率制度	传统钉住 水平带钉住 爬行钉住 爬行带	传统钉住 稳定化安排 爬行钉住 类似爬行安排 水平带钉住 其他有管理安排
浮动汇率制度	没有预先宣布干预方式的管理浮动制度 独立浮动	浮动 自由浮动

3. 控制变量

根据新古典主义增长理论和内生增长理论以及以往的实证研究，我们选择纳入以下变量以来控制它们对经济增长的影响，从而分离汇率制度对经济增长的影响。

（1）期初经济发展水平。理论上，期初的人均国内生产总值将会对经济增长产生影响，人均国内生产总值越低的国家会在经济增长上出现追赶效应，经济增长率就会越高。在本文中，由于我们对被解释变量（人均 GDP 增长

① 2009 年 2 月 2 日国际货币基金组织对汇率制度分类进行了重新修订，分类数据实际从 2008 年始。

率）作了三年期的平滑处理，为了减少内生性的影响，我们选择了被解释年份向前两年的各国的人均国内生产总值作为期初经济发展水平。

（2）经济开放度。一般认为，经济开放可以为企业带来规模经济效益，带动投资。在其他要素不变的情况下，进一步增加贸易开放将提高资源配置效率，从而增加产出，实现经济增长（Krueger，1985）。格罗斯曼和赫尔普曼（Grossman and Helpman，1991）认为加强国际贸易能够有效促进国际间的交流合作，从而产生“知识溢出”效应，可以有效吸收国外的先进技术以此促进经济增长。

（3）外国直接投资净流入。研究表明外国直接投资净流入会引发经济增长，甚至比国内投资对经济的影响更为显著。发展主义认为，对于发展中国家，外国直接投资可以提高当地的资本积累、缓解外汇约束且带来新的技术。因此，在投资因素方面，我们选择外国直接投资净流入占 GDP 的百分比作为控制变量。

（4）政府消费份额。理论界对政府消费规模与经济增长的关系并未达成统一意见。但近年有实证表明，政府消费规模对经济增长存在阈值效应，且政府消费规模对经济增长效应始终为负（杜焱，2014）。在本文中，我们在控制变量中加入政府消费份额变量，旨在捕捉对生产率没有直接影响但可能扭曲私营部门决策的公共支出。

（5）人口与人口增长率。劳动力作为经济增长的最基本要素，在同生产资料的数量和结构想适应的前提下，与经济增长应该呈正相关关系。因此我们用人口作为控制变量，来体现劳动力对经济增长的影响。同时，人口增长率上升，意味着劳动力增加，但会在一定程度上拉低人均 GDP 增长率。

4. 统计描述

本文一共包含 135 个样本，样本的时间范围为 1999～2018 年。表 3 为本文变量的含义与数据来源。表 4 为基于全样本、发达国家、新兴市场国家和其他发展中国家的主要变量的描述性统计。从表 4 我们可以看出，在不同的发展阶段，各国人均经济增长率不同，在 1999～2018 年，新兴市场国家的平均人均经济增长率最高，其他发展中国家次之，发达国家最低。同时，发达国家的经济增长率最为平稳，新兴市场国家次之，其他发展中国家经济增长率波动最大。基于 IMF 事实汇率制度分类，国家发展阶段越高，各国选择的汇率制度灵活性越高，汇率制度也越集中。

表 3　　变量的含义与数据来源

变量	含义	变量说明	数据来源
GR	经济增长	三年期平滑人均 GDP 增长率	世界银行 WDI
peg	硬钉住汇率制度	硬钉住为 1，其他为 0	IMF AREAER Database

续表

变量	含义	变量说明	数据来源
float	浮动汇率制度	浮动汇率制度为1，其他为0	IMF AREAER Database
lnIPCGDP	期初经济发展水平	1997年人均国内生产总值，对数化	世界银行WDI
lnOPEN	经济开放度	进出口货物和服务总额/GDP，对数化	世界银行WDI
lnFDI	外国直接投资净流入	外国直接投资净流入/GDP，对数化	世界银行WDI
lnFIS	政府消费份额	一般政府最终消费支出/GDP，对数化	世界银行WDI
lnPOP	人口	人口总数，对数化	世界银行WDI
POPGR	人口增长率	人口增长（年度百分比）	世界银行WDI

表4　　主要变量描述性统计①

变量	样本	Obs	Mean	Std. Dev.	Min	Max
GR	全样本	2 693	2.286	3.046	-12.235	27.902
	发达国家	620	1.869	2.384	-7.132	11.926
	新兴市场国家	400	3.214	2.782	-6.392	12.157
	其他发展中国家	1 673	2.218	3.272	-12.235	27.902
IMFEER②	全样本	2 700	5.42	2.225	1	8
	发达国家	620	7.27	1.573	2	8
	新兴市场国家	400	6.499	1.753	2	8
	其他发展中国家	1 680	4.48	1.973	1	8

相关系数矩阵③表明，各解释变量间的相关系数均未超过0.6，说明模型不存在显著的多重共线性问题。

（三）模型构建及结果

为了检验汇率制度对经济增长的影响，我们采用以下模型进行估计。

$$GR_{i,t} = \alpha + \beta_1 peg_{i,t} + \beta_2 float_{i,t} + X_{i,t}\delta + \mu_i + \eta_t + \varepsilon_{i,t} \tag{1}$$

其中，$i=1, 2, \cdots, N$；$t=1, 2, \cdots, T$。$GR_{i,t}$是国家i在时间t的平滑处理后的人均国内生产总值增长率，代表国家经济增长。$X_{i,t}$是其他影响经济

① 其他变量的描述性统计未报告在文章中，结果备索。

② IMFEER表示IMF事实汇率制度的连续变量，我们对汇率制度种类按弹性大小进行赋值，数值越大代表该汇率制度的弹性越大，具体见表6。

③ 相关系数矩阵未报告在文章中，结果备索。

增长的控制变量的行向量，控制变量根据以往文献的增长模型设定。$peg_{i,t}$和$float_{i,t}$是代表硬钉住和浮动汇率制度的虚拟变量，当一国在t时间为硬钉住汇率制度时，$peg_{i,t}$为1，$float_{i,t}$为0，当一国在t时间为浮动汇率制度时，$peg_{i,t}$为0，$float_{i,t}$为1，当一国在t时间为中间汇率制度时，$peg_{i,t}$和$float_{i,t}$皆为0。α是常数，β_1和β_2是虚拟变量的系数，δ是控制变量的系数列向量。μ_i代表国家固定效应，η_t代表时间固定效应，$\varepsilon_{i,t}$是随机误差项。

早期大量研究汇率制度与经济增长关系的文献采用了混合回归（Ghosh et al.，1997；Levy－Yeyati and Sturzenegger，2003；Coudert and Dubert，2005），在近年来的汇率制度与经济增长的实证研究中，基本上所有的文献都采用了固定效应回归（Aghion et al.，2009；Bailliu et al.，2002；Vita and Kyaw，2011；Ihnatov and Capraru，2012；王晋斌等，2020）。在使用加总数据进行政策分析时，固定效应估计往往比随机效应估计更可信（Wooldridge，2009），因此，本文采用固定效应模型对汇率制度与经济增长的关系进行考察，从发达国家、新兴市场国家和其他发展中国家分别进行估计，基准回归结果见表5。

从表5可以看出：在控制变量方面，对于各类样本而言，期初经济发展水平、经济开放度、外国直接投资净流入和人口增长率四个变量在不同程度上是显著的。其中，经济开放度在各类样本中全部显著为正；除了发达国家样本，外国直接投资净流入在其他样本中均显著为正；政府消费份额和人口增长率在各类样本中符号均为负的。这与我们之前的理论预测都是相符合的。此外，政府消费份额和人口在全样本的估计中不显著，但同时政府消费份额对发达国家和新兴市场国家的经济增长产生显著的负向影响，而人口对发达国家的经济增长是显著为正的，对其他发展中国家是显著为负的，这显然是国家处于不同的发展阶段造成的。同时，我们发现汇率制度对经济增长的影响具有明显的异质性：对于发达国家，硬钉住和浮动汇率制度虚拟变量系数均不显著，汇率制度对发达国家的经济增长没有显著影响；对于新兴市场国家，硬钉住和浮动汇率制度虚拟变量系数均为负且显著，表明中间汇率制度更有利于新兴市场国家经济的发展；对于其他发展中国家，硬钉住汇率制度虚拟变量系数为正且显著，表明硬钉住汇率制度更有利于其经济增长。

表5　　　　汇率制度与经济增长

	(1) 全样本	(2) 发达国家	(3) 新兴市场国家	(4) 其他发展中国家
peg	3.570 (2.967)	0.612 (0.482)	－1.881** (0.689)	6.732** (3.013)

续表

	(1) 全样本	(2) 发达国家	(3) 新兴市场国家	(4) 其他发展中国家
float	-0.674** (0.264)	-0.379 (0.375)	-0.670** (0.248)	-0.400 (0.340)
lnIPCGDP	-3.149*** (0.601)	-3.905*** (0.611)	-3.083*** (0.594)	-3.043*** (0.882)
lnOPEN	1.358** (0.575)	3.055** (1.294)	1.499* (0.853)	1.132* (0.649)
lnFDI	0.352*** (0.0876)	-0.0595 (0.104)	0.575*** (0.172)	0.393*** (0.0991)
lnFIS	-1.018 (0.779)	-11.50*** (1.786)	-4.313*** (1.095)	-0.362 (0.707)
lnPOP	-0.498 (1.089)	4.787* (2.558)	0.917 (4.170)	-2.342* (1.318)
POPGR	-0.418** (0.200)	-0.179 (0.249)	-2.607*** (0.579)	-0.465** (0.214)
Nation FE	Yes	Yes	Yes	Yes
Year FE	Yes	Yes	Yes	Yes
Constant	31.74* (19.00)	-14.32 (47.33)	17.13 (76.93)	55.62** (21.32)
Observations	2 569	574	395	1 600
R - squared	0.265	0.643	0.608	0.258
Number of CC	135	31	20	84

说明：*、** 和 *** 分别表示在 10%、5% 及 1% 的水平下显著，括号内数值为稳健标准误。

（四）进一步分析

上文的经验研究表明，国家在不同的经济发展阶段，汇率制度对经济增长的作用不同，但样本的选择、时间区间的确定以及模型本身的设定等都有可能对该结论产生不同的影响。下面，我们将进一步深入分析，对上文结果作更多的补充。

1. 内生性

从汇率制度选择角度来看，大部分文献在研究影响汇率制度选择的因素时，一般将经济规模和经济发展水平纳入对汇率制度选择的影响因素中，但极少认为短期人均经济增长率会影响汇率制度的选择。这是因为经济增长对汇率制度是一种长期的累积作用，长期的高速经济增长会促使一国提升经济发展水平并导致其他经济因素的改变，从而打破原有的协调状态，对汇率制度选择产生影响；而短期的人均经济增长率波动较大，不会对一国的经济结构产生根本的影响，从理论上来说是不会直接影响汇率制度选择的。因此，我们认为该内生性问题不是主要问题。

2. 将 IMF 事实汇率制度分类视为连续变量

在基准模型中，我们将汇率制度分为硬钉住、中间和浮动汇率制度，并设定两个虚拟变量 peg 和 float，若是硬钉住汇率制度，就对 peg 赋值 1，若为浮动汇率制度，就对 float 赋值 1，其他情况均赋值为 0，从而对汇率制度进行区分。乔杜里等（Chowdhury et al.，2014）认为这种赋值方法可能会导致丢失了一些有用信息，从而对估计结果产生影响。因此考虑到这一方面的影响，我们对 IMF 事实分类法 2009 年前后的汇率制度分类方法进行统一规划，将 IMF 事实分类法下的汇率制度视为连续变量（IMFEER），分类的数字越大代表的汇率制度灵活性越大。

在赋值方面，我们参考了丁志杰和李庆（2016）的赋值方法（见表 6），将 1999 ~ 2007 年的 IMF 汇率制度分类和 2008 ~ 2018 年 IMF 汇率制度分类在汇率制度弹性上进行了统一赋值，汇率制度的赋值属于序数概念，数值越大代表该汇率制度的弹性越大，但其本身的数值大小意义不大。

表 6　　IMF 汇率制度分类赋值

1999 ~ 2007 年	赋值	2008 ~ 2018 年	赋值
无独立法定货币	1	无独立法定货币	1
货币局制度	2	货币局制度	2
传统钉住	3	传统钉住	3
—	—	稳定化安排	3.5
爬行钉住	4	爬行钉住	4
—	—	类似爬行安排	4.5
水平带钉住	5	水平带钉住	5
爬行带	6	其他有管理安排	6
没有预先宣布干预方式的管理浮动制度	7	浮动	7
独立浮动	8	自由浮动	8

表 7 的估计结果表明，对于发达国家，汇率制度的灵活性对经济增长确实没有显著影响；对于新兴市场国家，汇率制度选择主要集中在中间和浮动汇率制度，保加利亚在 1999 ~ 2018 年一直保持货币局制度，阿根廷在 1999

年和2000年采用了货币局制度，其他国家均采用了中间和浮动汇率制度，新兴国家汇率制度的灵活性变量显著为负，主要说明了中间汇率制度相对浮动汇率制度的优势；对于其他发展中国家，汇率制度灵活性变量显著为负，说明对于其他发展中国家来说，采用灵活性越低的汇率制度越利于经济增长，进一步补充了本文结论。

表7　　将IMF事实汇率制度分类视为连续变量

	(1) 全样本	(2) 发达国家	(3) 新兴市场国家	(4) 其他发展中国家
IMFEER	-0.231*** (0.0722)	-0.0611 (0.119)	-0.206** (0.0887)	-0.190* (0.0972)
lnIPCGDP	-3.185*** (0.625)	-3.949*** (0.611)	-3.060*** (0.688)	-3.297*** (0.930)
lnOPEN	1.252** (0.609)	3.145** (1.309)	1.503* (0.842)	1.035 (0.696)
lnFDI	0.369*** (0.0957)	-0.0619 (0.106)	0.509*** (0.167)	0.413*** (0.111)
lnFIS	-0.925 (0.839)	-11.43*** (1.785)	-3.884*** (1.004)	-0.239 (0.790)
lnPOP	-0.420 (1.079)	5.226* (2.565)	1.001 (4.107)	-2.731* (1.389)
POPGR	-0.407** (0.204)	-0.179 (0.255)	-2.622*** (0.591)	-0.443** (0.219)
Nation FE	Yes	Yes	Yes	Yes
Year FE	Yes	Yes	Yes	Yes
Constant	32.05* (19.15)	-21.36 (47.77)	14.99 (75.82)	64.52*** (22.89)
Observations	2 569	574	395	1 600
R-squared	0.256	0.641	0.607	0.235
Number of CC	135	31	20	84

说明：*、** 和 *** 分别表示在10%、5%及1%的水平下显著，括号内数值为稳健标准误。

3. 重新设定样本

本文根据国际货币基金组织在《世界经济展望》中对发达经济体、新兴市场和发展中经济体的分类对本文选定的135个样本国家进行了区分。实际上，在汇率制度相关文献中，也有将厄瓜多尔、埃及、以色列、约旦、韩国、摩洛哥、尼日利亚、巴拿马、卡塔尔、斯里兰卡等国家列在新兴市场国家内（Fischer，2001；Levy－Yeyati and Sturzenegger，2005；张璟和刘晓辉，2015）。为此，我们对原来分类进行了调整，重新进行了检验，估计结果见表8，与前文结果基本一致。

表8　重新设定样本

	（1） 全样本	（2） 发达国家	（3） 新兴市场国家	（4） 其他发展中国家
peg	3.570 （2.967）	0.652 （0.489）	－1.735** （0.670）	6.851** （3.034）
float	－0.674** （0.264）	－0.365 （0.461）	－0.651*** （0.220）	－0.407 （0.371）
lnIPCGDP	－3.149*** （0.601）	－3.997*** （0.698）	－3.142*** （0.638）	－3.055*** （0.936）
lnOPEN	1.358** （0.575）	2.682* （1.455）	0.954 （0.859）	1.136 （0.708）
lnFDI	0.352*** （0.0876）	－0.0598 （0.106）	0.651*** （0.149）	0.398*** （0.103）
lnFIS	－1.018 （0.779）	－12.11*** （2.148）	－1.222 （0.880）	－0.428 （0.903）
lnPOP	－0.498 （1.089）	4.529 （2.809）	－0.294 （1.919）	－2.459 （1.609）
POPGR	－0.418** （0.200）	－0.197 （0.250）	－0.331 （0.268）	－0.585*** （0.198）
Nation FE	Yes	Yes	Yes	Yes
Year FE	Yes	Yes	Yes	Yes
Constant	31.74* （19.00）	－5.620 （50.89）	30.95 （33.59）	57.62** （26.29）
Observations	2 569	534	588	1 447
R－squared	0.265	0.646	0.464	0.258
Number of CC	135	29	30	76

说明：*、** 和 *** 分别表示在10%、5%及1%的水平下显著，括号内数值为稳健标准误。

4. 改用RR汇率制度分类法

目前，影响力较大的汇率制度分类法中，覆盖了1999～2018年的大量数据的只有IMF事实分类法和RR分类法。伊尔泽茨基等（Ilzetzki et al.，

2017）对原先的 RR 分类法进行了完善，更新了 1946～2016 年 194 个国家和地区的汇率制度数据。虽然 IMF 事实分类法和 RR 分类法在分类方法和分类结果上都存在很大差异，但我们依然选用 RR 分类法中 1999～2016 年的数据，对分类进行重新划分（见表 9）后，考察了在 RR 分类法下，汇率制度对经济增长的表现（见表 10）。

表 9　RR 分类法重新划分

硬钉住汇率制度	无独立法定货币或货币联盟	1
	预先宣布的钉住或货币局制度	2
中间汇率制度	预先宣布的波幅小于等于正负 2% 的水平带	3
	事实钉住	4
	预先宣布的爬行钉住；波幅小于或等于正负 1% 的事实移动带	5
	预先宣布的波幅小于等于正负 2% 的爬行带或波幅小于等于正负 2% 的事实水平带	6
	事实爬行钉住	7
	波幅小于等于正负 2% 的实际爬行带	8
	预先宣布的波幅大于等于正负 2% 的爬行带	9
	波幅小于等于正负 5% 的实际爬行带	10
	波幅小于等于正负 2% 的移动带	11
浮动汇率制度	波幅正负 5% 的移动带或者管理浮动	12
	自由浮动	13
	自由跌落	14

表 10　选用 RR 分类法

	(1) 全样本	(2) 发达国家	(3) 新兴市场国家	(4) 其他发展中国家
peg	0.280 (1.236)	-0.591 (0.624)	-1.048 (1.074)	4.166* (2.137)
float	-1.525** (0.611)	0.869 (0.629)	-0.773 (0.542)	-1.592** (0.735)
lnIPCGDP	-3.472*** (0.580)	-4.012*** (0.728)	-3.261*** (0.623)	-3.391*** (0.775)
lnOPEN	1.115* (0.637)	3.965*** (1.354)	1.684* (0.870)	1.094* (0.627)

续表

	(1) 全样本	(2) 发达国家	(3) 新兴市场国家	(4) 其他发展中国家
lnFDI	0.342 *** (0.0967)	-0.0451 (0.104)	0.625 *** (0.178)	0.374 *** (0.0962)
lnFIS	-0.861 (0.743)	-12.82 *** (2.339)	-4.491 *** (0.848)	-0.391 (0.597)
lnPOP	0.616 (1.137)	6.641 ** (2.949)	3.178 (5.399)	-1.663 (1.307)
POPGR	-0.434 ** (0.208)	-0.181 (0.317)	-2.274 *** (0.574)	-0.469 ** (0.219)
Nation FE	Yes	Yes	Yes	Yes
Year FE	Yes	Yes	Yes	Yes
Constant	17.11 (19.63)	-43.09 (52.51)	-23.15 (101.4)	46.86 ** (21.01)
Observations	2 313	523	355	1 435
R - squared	0.276	0.653	0.631	0.284
Number of CC	135	31	20	84

说明：*、** 和 *** 分别表示在 10%、5% 及 1% 的水平下显著，括号内数值为稳健标准误。

RR 分类法下，在发达国家中，汇率制度对经济增长的影响依然不显著，但是汇率制度的虚拟变量的符号发生了明显变化。这是由于 RR 分类法中将欧元区国家的汇率制度归类为无独立法定货币或货币联盟这一类别，而 2006 年，IMF 事实分类修订，将其重新归类为独立浮动。因此，在发达国家中，整个欧元区国家的汇率制度在两个分类法中有很大的区别，而近年来整个欧元区国家的经济保持低速增长态势，这是两种分类法下，汇率制度虚拟变量符号改变的主要原因。对于新兴市场国家，汇率制度的影响并不显著，但符号相同。再看其他发展中国家，汇率制度的灵活性越低越有利于经济增长。

（五）回归结果分析

对于发达国家，我们发现，无论是硬钉住、中间还是浮动汇率制度对其经济增长都是不显著的。我们认为这与发达国家完善的市场传导机制是相关联的，无论是哪一种汇率制度，在完善的市场传导机制下，都能相对较好地发挥其内在的调节机制，从而保证对外贸易和资本流动的基本需求，带动经济平稳增长。对于新兴市场国家，硬钉住和浮动汇率制度相对于中间汇率制度，对经济增长有显著的负向影响。新兴市场国家相对发展中国家，经济水平较高，经济增长速度较快，经过了近年来资本的大规模流动，硬钉住汇率制度不利于新兴市场国家保持独立的经济政策，拥有相对独立货币政策的国家在面临经济冲击时，具有更多的自主权。同时，根据巴拉萨－萨缪尔森效应，经济增长率越高的国家，实际汇率上升也越快。新兴市场国家一般经济增长率较高，但采用完全的固定汇率制度，汇率没有得到有效调节，势必会导致国内物价上涨，出口竞争力变弱，甚至出现资本外逃等现象，对经济产生负面影响。另外，在当前的国际经济形势下，新兴市场面临更多的危机与挑战，完全浮动的汇率制度可能会导致汇率的大幅波动。因此，与我们的估计结果相一致，我们认为在当前国际经济形势下，新兴市场国家确实可以采用中间汇率制度以兼得固定汇率和浮动汇率的优点，以获得持久的高速的经济增长态势。对于其他的发展中国家，灵活性越低的汇率制度越有利于经济增长。发展中国家普遍经济比较薄弱，抗风险能力弱，采用灵活度较高的汇率制度往往会使汇率剧烈波动，因而一般都以传统的钉住汇率制度为主，甚至很多小国直接放弃了本国货币，采取美元化的经济措施。

四、结　论

由于汇率制度在对经济增长的作用机制上存在着复杂的既消减又增强的作用，汇率制度与经济增长的关系并不存在一个非常明确的结论。过往文献采用的汇率制度分类方法、国家样本和时间区间都存在差异，导致最终实证结果也大不相同。本文选择全球135个国家作为样本，采用IMF事实分类法作为汇率制度分类的重要依据，选取1999～2018年近20年作为时间区间，对这一论题重新进行检验分析，目的是探究近年来汇率制度在经济增长中的影响，结论表明：汇率制度对经济增长的影响具有异质性，相同的汇率制度对不同国家或同一国家不同发展阶段的经济增长有不同影响，不同的汇率制度对同一个国家或同样国家的经济增长也有不同影响；对于发达国家，汇率制度对经济增长没有显著的作用；从新兴市场国家来看，中间汇率制度对经济增长有明显的正向作用；而对其他发展中国家而言，灵活性越低的汇率制度越有利于其经济增长。

该研究结论对当前中国的汇率制度和政策的选择具有一定的启示作用。中国是典型的新兴市场国家，在当前国际形势下，面临着更多的机遇和挑战。从经济增长角度来看，中国目前正处于经济高速增长转向高质量增长的关键时期，作为新兴市场国家，不应急于提高汇率制度的灵活性，根据经济发展需要，在原有汇率制度基础上，逐步推动汇率制度改革，更有助于经济持续稳定增长。需要说明的是，本文是一个限于近20年数据的实证研究，采用了双向固定效应模型，没有充分考虑经济增长中的动态性影响，也没有分析汇率制度对经济增长的影响趋势。

参考文献

1. 崔小勇、张鹏杨、张晓芳：《汇率制度转型的贸易和收入效应》，载于《金融研究》2016年第9期。

2. 丁志杰、李庆：《中等收入国家汇率制度选择及其经济绩效的经验分析》，载于《国际贸易》2016年第6期。

3. 杜焱：《政府消费规模对经济增长的阈值效应》，载于《经济理论与经济管理》2014年第8期。

4. 黄海洲、Priyanka Malhotra：《汇率制度与经济增长：来自亚洲发展中国家和欧洲发达国家的经验研究》，载于《经济学（季刊）》2005年第3期。

5. 路继业、杜两省：《货币政策可信性与汇率制度选择：基于新政治经济学的分析》，载于《经济研究》2010年第8期。

6. 路继业：《中间汇率制度的内在不稳定性：对“两极化”的新解释》，载于《世界经济》2015年第4期。

7. 王晋斌、刘璐、邹静娴：《汇率制度灵活性对生产率增长影响的再研究》，载于《世界经济》2020年第1期。

8. 张璟、刘晓辉：《金融结构与固定汇率制度：来自新兴市场的假说和证据》，载于《世界经济》2015年第10期。

9. 张夏、汪亚楠、施炳展：《事实汇率制度选择、企业生产率与对外直接投资》，载于《金融研究》2019年第10期。

10. Aghion P., Bacchetta P., Ranciere R., Rogoff K., 2009, “Exchange Rate Volatility and Productivity Growth: The Role of Financial Development”, *Journal of Monetary Economics*, Vol. 56, No. 4, pp. 494 – 513.

11. Bailliu J., Lafrance R., Perrault J. – F., 2001, “Exchange Rate Regimes and Economic Growth in Emerging Markets”, In Revisiting the Case for Flexible Exchange Rates, 317 – 345. Proceedings of a conference held by the Bank of Canada, November 2000. Ottawa: Bank of Canada.

12. Bailliu J., Lafrance R., Perrault J. – F., 2002, “Does Exchange Rate Policy Matter for Growth?”, *Bank of Canada Working Paper*, No. 17.

13. Calvo G. A., Reinhart C. M., 2002, “Fear of Floating”, *Quarterly Journal of Economics*, CXVII (2), pp. 379 – 408.

14. Chowdhury M., Bhattacharya P. S., Mallick D., Ulubaşoğlu A., 2014, “An Empirical Inquiry into the Role of Sectoral Diversification in Exchange

Rate Regime Choice", *European Economic Review*, Vol. 67, pp. 210 – 227.

15. Coudert V., Dubert M., 2005, "Does exchange rate regime explain differences in economic results for Asian countries?", *Journal of Asian Economics*, Vol. 16, No. 5, pp. 874 – 895.

16. Fischer S., 2001, "Distinguished Lecture on Economics in Government: Exchange Rate Regimes: Is the Bipolar View Correct?", *The Journal of Economic Perspectives*, Vol. 15, No. 2, pp. 3 – 24.

17. Frankel J. A., 1999, "No Single Currency Regime is Right for All Countries or At All Times", *NBER Working Paper*, No. 7338.

18. Ghosh A. R., Gulde A. M., Ostry J., Wolf H. C., 1997, "Does the nominal exchange rate regime Matter?", *NBER Working Paper*, No. 5874.

19. Ghosh A. R., Ostry J. D., Qureshi M. S., 2015, "Exchange Rate Management and Crisis Susceptibility: A Reassessment", *IMF Economic Review*, Vol. 63, No. 1, pp. 238 – 276.

20. Grossman G. M., Helpman E., 1991, "Trade, Knowledge Spillovers, and Growth", *European Economic Review*, Vol. 35, pp. 517 – 526.

21. Husain A. M., Mody A., Rogoff K. S., 2005, "Exchange rate regime durability and performance in developing versus advanced economies", *Journal of Monetary Economics*, Vol. 52, No. 1, pp. 35 – 64.

22. Ihnatov I., CaPraru B., 2012, "Exchange Rate Regimes and Economic Growth in Central and Eastern European Countries", *Procedia Economics & Finance*, Vol. 3, pp. 18 – 23.

23. Ilzetzki E., Reinhart C. M., Rogoff K. S., 2017, "Exchange Arrangements Entering the 21st Century: Which Anchor Will Hold?", *NBER Working Paper*, No. 23134.

24. Krueger A. O., 1985, The Experience and Lessons of Asia's Super Exporters//Corbo, et al. Export – oriented Development Strategies. Boulder: West Liew Press.

25. Levy – Yeyati E., Sturzenegger F., 2003, "To Float or to Fix: Evidence on the Impact of Exchange Rate Regimes on Growth", *American Economic Review*, Vol. 93, pp. 1173 – 1193.

26. Levy – Yeyati E., Sturzenegger F., 2005, "Classifying Exchange Rate Regimes: Deeds vs. Words", *European Economic Review*, Vol. 49, No. 6, pp. 1603 – 1635.

27. Obstfeld M., Ostry J. D., Qureshi M. S., 2018, "Global Financial Cycles and the Exchange Rate Regime: A Perspective from Emerging Markets", *AEA*

Papers and Proceedings, Vol. 108, pp. 499 – 504.

28. Vita G. D. , Kyaw K. S. , 2011, "Does the Choice of Exchange Rate Regime Affect the Economic Growth of Developing Countries?", *Journal of Developing Areas*, Vol. 45, No. 45, pp. 135 – 153.

29. Wooldridge J. , 2009, *Introductory Econometrics*: *A Modern Approach*, Mason: South – Western Cengage Learning, pp. 481 – 595.

Heterogeneity Analysis of the Choice of Exchange Rate Regime to Economic Growth: An Empirical Study Based on the Choice of Exchange Rate Regime from 1999 to 2018

CUI Hanzhong HUANG Shaoan

(The Center for Economic Research, Shandong University, 250100)

[**Abstract**] Whether the exchange rate regime will affect economic growth has always been an important issue in the field of exchange rate regime. Due to the different exchange rate regime classification methods, time intervals and samples, the relationship between exchange rate regime and economic growth has not been finalized. Using IMF de facto classification as a basis classification of exchange rate regime, this paper empirically tests the choice of exchange rate regime to economic growth with a sample of 135 countries (1999 – 2018), the study results go as follows: the impact of exchange rate regime on economic growth is heterogeneous; For developed countries, the exchange rate regime has no significant effect on economic growth; For emerging market countries, the intermediate exchange rate regime has an obvious positive effect on economic growth; For other developing countries, the less flexible the exchange rate regime, the more conducive to their economic growth.

[**Key Words**] Exchange Rate Regime Economic Growth Heterogeneity

JEL Classifications: E44 E58 F31

多个大股东与企业内部薪酬差距

苗 妙 汪小慧[*]

【摘 要】本文分析了多个大股东对企业内部高管—员工薪酬差距的影响及其机制。研究发现，多个大股东的公司中，大股东恶性竞争导致了企业内部薪酬差距扩大，且这一结果在经过内生性和稳健性检验后依然成立。其影响机制是，多个大股东的矛盾僵持和治理低效，侵蚀了薪酬委员会的独立性，高管滥用权力提高个人薪酬，导致企业内部薪酬差距扩大。异质性分析表明，国有大股东的存在能减弱多个大股东对企业内部薪酬差距的影响；企业所处省份市场化程度越高，多个大股东对企业内部薪酬差距的影响越强。本文为厘清企业内高管—员工薪酬差距的成因提供了新的视角，对缓解高管委托代理问题及促进社会收入公平具有现实意义。

【关键词】**多个大股东　高管—员工薪酬差距　薪酬委员会独立性**

中图分类号：**F270**　文献标识码：**A**

一、引　言

随着我国经济市场化改革的加深，企业高管与普通员工之间的薪酬差距日益扩大。企业内部不同层级人员间的薪酬差距是其人力资本差异的恰当反映，并能起到提高高管使命感与责任感的积极作用（Lazear and Rosen，1981）。但过大的企业内部薪酬差距，则暗含着高管腐败、粉饰业绩以提高个人薪酬有关的委托代理问题（刘晓伟等，2017），损害股东利益，并使普通员工产生明显的“不公平感”，工作满意度和积极性降低，进而影响企业的

* 苗妙：经济学博士，华南理工大学经济与金融学院，讲师，硕士生导师；（510006）地址：广东省广州市番禺区广州大学城华南理工大学 B10；E-mail：miaomiao@ scut. edu. cn；汪小慧：华南理工大学经济与金融学院，硕士研究生；E-mail：2974819471@ qq. com.

绩效（Cowherd and Levine，1992）。此外，持续扩大的企业管理层与员工薪酬的差距，正成为构成中国总体收入差距的重要因素（方芳和李实，2015）①。可见，在我国经济转型过程中，企业内部薪酬差距不仅关乎企业成长和经济发展，也是重要的社会问题。为此，国家针对央企出台了严格的“限薪令”。2009 年 9 月 16 日，人社部、国资委等六部委联合推出《关于进一步规范中央企业负责人薪酬管理的指导意见》，规定央企高管薪酬上限不得超过上一年度在岗职工平均工资的 20 倍。2015 年 1 月 1 日，《中央管理企业负责人薪酬制度改革方案》又将 72 家国企高管—员工薪酬差距上限调整为 8 倍。然而，“限薪令”对民营企业缺乏强制性约束，且高管“自主设定、自主通过”薪酬方案的内部治理缺陷也没有得到根本性改善。因此，厘清企业内部薪酬差距的形成机制与影响因素具有重要的理论和政策意义。

关于企业薪酬差距的成因，已有文献关注到了企业规模、企业经营复杂度等企业特征以及中央管制政策、地方官员晋升考核、产品市场竞争等外部环境因素的影响（雷宇和郭剑花，2012；夏宁和董艳，2014）。近年来，随着“股东积极主义”的兴起，大股东通过“呼吁”或者“退出威胁”等方式进行公司事项决策以及管理层监督，积极参与到了公司治理实践中（Bharath et al.，2013）。大股东不仅能够决定董事会人选，也能影响管理层任免，甚至影响薪酬委员会的决定。站在公司治理的角度，企业薪酬差距也是大股东与管理层之间、大股东之间的博弈结果。杨志强和王华（2014）关注到了集中和分散股权结构下大股东参与公司治理的效果及其对企业薪酬差距的影响；进一步地，方等（Fang et al.，2018）研究了多个大股东对高管超额薪酬的影响。然而，少有研究探究大股东对企业薪酬差距的影响。特别是当公司存在两个及以上持股比例超过 10% 的大股东时，大股东间的互动和博弈行为可能从两方面影响企业薪酬差距。一方面，多个大股东形成的监管合力有利于抑制管理层权力过度膨胀、攫取超额薪酬的行为（Bebchuk and Fried，2003）。多个大股东对薪酬方案的轮番审查也有利于薪酬设计方案中立性的提升，减小高管—员工薪酬差距。另一方面，多个大股东之间也可能产生利益冲突与意见分歧，增加协调及讨价还价成本。甚至，大股东还可能伙同高管合谋掏空公司，导致监管失灵，扩大高管—员工薪酬差距（Fang et al.，2018；杨志强和王华，2014）。那么，多个大股东到底会对企业内部薪酬差距产生什么影响呢？其背后的逻辑机理又是什么？这是本文主要研究的问题。

本文以我国 2009 ~ 2018 年 A 股上市公司为研究样本，实证检验了多个大股东对企业内部薪酬差距的影响。研究发现，存在多个大股东的公司中高

① 根据国家统计局公布的《中国统计年鉴》，我国 2015 ~ 2019 年收入基尼系数依次为 0.462、0.465、0.467、0.468、0.465，持续超过 0.4 的警戒线，并呈现扩大趋势。与居民收入差距扩大相对应，上市公司内部绝对薪酬差距均值由 2015 年的 67.06 万元上升至 2018 年的 87.47 万元。

管—员工薪酬差距高于单一大股东的公司，其原因是大股东的恶性竞争。多个大股东导致企业内部薪酬差距增大的影响机制在于：在多个大股东治理低效的情况下，高管容易侵蚀薪酬委员会独立性，形成高管薪酬“自定”的现象。

本文可能在以下三个方面丰富和扩展了已有研究。第一，丰富了关于高管—员工薪酬差距成因的研究。已有研究多聚焦公司特征以及管理层行为对高管—员工薪酬差距的影响（卢锐，2007），忽视了大股东在企业薪酬中的决定作用。本文基于大股东间的互动行为，以多个大股东这一股权结构为切入点，为厘清高管—员工薪酬差距的成因提供了新的思路。第二，提出了多个大股东对公司治理可能存在的负面影响。已有研究从第二类委托代理问题的角度，肯定了多个大股东在公司治理中相互监督、抑制控股大股东“掏空”行为等方面的积极影响（Jiang et al.，2018）。本文将这一问题拓展至第一类委托代理问题，引导社会客观认识大股东治理的成本。第三，为优化薪酬差距的机制设计提供了启示。本文的发现能引起公司对大股东恶性竞争的关注，促进公司建立大股东矛盾调解机制。在外部薪酬管制收效甚微（夏宁和董艳，2014），政府又不能直接介入公司内部治理的情况下，本文关于薪酬委员会独立性的研究为政策制定者提供了新的解决办法。

本文剩余安排如下：第二部分为理论分析与研究假设；第三部分为研究设计；第四部分为基准回归结果，包括基准回归与机制检验；第五部分为进一步检验，包括异质性分析、内生性检验、稳健性检验；第六部分为结论与启示。

二、理论分析与研究假设

（一）多个大股东与企业内部薪酬差距

多个大股东是指企业中同时存在两个及以上持股比例超过 10% 的大股东，是一种介于集中与分散之间的股权结构。“集中”表现在相对于股权高度分散的公司，多个大股东的公司仅由 2 ~4 名大股东控制；“分散”表现在相对于仅有一名大股东的公司，多个大股东的公司中控股大股东不能“一股独大”。在这样特殊的股权结构下，大股东间的互动博弈，表现为合作或竞争两种关系。一方面，各个大股东均具有足够强的动机与能力参与公司治理，群策群力、合作共治，提升公司治理水平。另一方面，多个大股东之间的相互监督与利益团体分立，又将造成绝对话语权的削减，使其股权结构呈现出

“分散”的特点，容易出现“搭便车”或“七嘴八舌”的情况，降低治理效率（杜莹和刘立国，2002）。因此，多个大股东对企业内部薪酬差距的影响路径与结果，可以总结为图1。

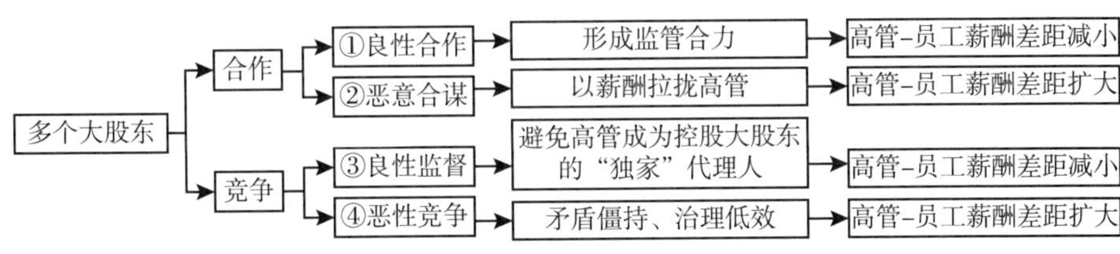

图1　大股东关系与高管—员工薪酬差距

1. 多个大股东合作与企业内部薪酬差距

第一，多个大股东形成良性合作，共同提升股东参与治理的积极性与实际能力，形成对高管的监管合力，从而缩小高管—员工薪酬差距。当企业的控制权“集中”于数位大股东手中，且每名大股东的持股比例都足够高时，大股东履行监管职能的动机与能力增加①；从持股比例看，当其持股比例超过10%时，大股东自身利益与公司利益密切相关，这赋予了各个大股东监督高管、改善公司治理的动机（Jensen and Meckling，1976）。在共同利益的驱使下，大股东间会形成良性合作，扩大监管的覆盖面、提高监管力度。此时，高管利用薪酬制度攫取私利的行为更容易被发现与处罚。因此，本文提出假设1A：

假设1A：多个大股东良性合作，有利于减小高管—员工薪酬差距。

第二，多个大股东恶意合谋，以高额薪酬拉拢高管以获得其在关联交易等具体事项决议中的支持与保密，扩大高管—员工薪酬差距。大股东间的另一种合作形式是合谋，即大股东间形成一个巨大的利益共同体，合谋侵占中小股东利益，通过关联交易、重大担保等方式“掏空”公司。此时，高管承担了违规风险，其业绩薪酬也会由于公司绩效下降而减少。为了取得高管对“掏空”的配合，大股东会通过放松薪酬管制对其进行风险补偿，一方面给予其更高的薪酬补贴，以补偿高管因“掏空”损害业绩导致的绩效薪酬损失，另一方面给予高管更高在职消费额度，在隐性收入方面对其进行补偿（李文洲，2014），最终导致高管—员工薪酬差距的扩大。基于此，我们提出假设1B：

假设1B：多个大股东恶意合谋，导致高管—员工薪酬差距扩大。

① 《中华人民共和国公司法》规定，单独或者合计持有公司10%以上股份的股东可提议召开临时股东大会；持股10%以上股东还可向上市公司派出一名或以上的董事，甚至直接派出高管参与公司的经营管理。

2. 多个大股东竞争与企业内部薪酬差距

第一，多个大股东相互制衡，避免高管成为控股大股东的“独家”代理人，规制高管超额薪酬，从而减少高管—员工薪酬差距。多个大股东的互相监督会抑制控股大股东在管理层扶持利益代理人、侵占中小股东的行为，提升高管任职中立性以及对高管监管的公正性。此外，在监管不足以规范高管行为的情况下，由于大股东具有发起临时股东大会、提名更换高管的权力，多个大股东的股权结构有利于实现高管的快速变更（Chakraborty and Gantchev，2013）。同时，各个大股东相互制衡，其所享有的异议权使得大股东无法在其他大股东提出异议时，强行支持自己所提名的原任经理，这有力地限制了高管的超额薪酬（孙永祥和黄祖辉，1999）。由此，本文提出假设2A：

假设2A：多个大股东的良性监督与制衡，有利于减小高管—员工薪酬差距。

第二，多个大股东恶性竞争，表现为矛盾僵持、治理低效，导致高管—员工薪酬差距扩大。多个大股东也可能因利益冲突与意见不合而冲突内耗，损害股东大会决策效率以及对高管的约束力。大股东不仅在经营目标、利益分配上会存在分歧（Fang et al.，2018），对公司未来的规划、偏好的管理风格、对高管的认可度也会存在差异。这导致大股东忙于内部斗争，加剧了管理混乱，给高管获取私人利益的可乘之机（Shleifer and Vishny，1989）。此外，高管也会利用多个大股东之间的信息不对称和恶性竞争，通过故意向某些大股东提供误导性信息并向其行贿以巩固自己的地位，从而削弱其监管效力（Guthrie and Sokolowsky，2010；Chenget et al.，2015）。因此，多个大股东也可能削弱对高管的实际约束力，导致高管对其薪酬制定的影响力膨胀。据此，本文提出假设2B：

假设2B：多个大股东恶性竞争，导致高管—员工薪酬差距扩大。

（二）影响机制：薪酬委员会的独立性

薪酬委员会制度是在多个国家与地区中普遍存在的管理层薪酬约束制度。我国证监会在《上市公司治理准则（2002）》中建议上市公司在董事会下设立薪酬委员会，专门负责考核董事与高管的薪酬、审核管理层的薪酬方案，目的是将高管薪酬控制在合理范围内。实务中，高管薪酬方案的制定需经过以下流程：股东提名、选举出董事会；董事会制定薪酬方案并递交股东大会与薪酬委员会审核；方案审核通过后，高管根据薪酬方案以及当年业绩表现领取货币薪酬、股权激励与津贴等。可见，薪酬委员会的设置直接决定了高管薪酬的设计方案。

进一步地，高管薪酬设计方案的有效性由薪酬委员会的独立性决定。当薪酬委员会人员设置的独立性与专业性较强时，有缺陷的薪酬设计方案将被否决或驳回修改；但当薪酬委员的独立性不足时（比如被内部人控制），薪酬方案将向高管利益倾斜，便于高管利用薪酬制度获取超额薪酬（Newman and Wright，1999），此时，薪酬委员会成为高管为其高额薪酬进行辩护的工具（谢德仁等，2012）。从公司治理结构看，薪酬委员会是董事会的次级委员会，股东对董事会的治理水平将直接影响薪酬委员会成员独立性的高低。多个大股东的股权结构将通过影响薪酬委员会独立性，进而影响到企业内部薪酬差距。延续本文的分析思路，这一影响存在两种可能。一方面，如果多个大股东形成良性合作或相互监督，薪酬委员会成员提名与任免的公正性得以保证，可以从根源上避免薪酬委员会的内部人控制，增强薪酬委员会的独立性，进而减小高管—员工酬差距。另一方面，如果多个大股东恶意合谋或冲突内耗，损害了股东大会对高管的监管效率，或者大股东助力其各自的利益代理人进入薪酬委员会，损害薪酬委员会的独立性，将会导致高管—员工薪酬差距扩大。由此，本文提出假设3：

假设3：多个大股东通过影响薪酬委员会的独立性，进而影响高管—员工薪酬差距。

三、研究设计

（一）研究样本与数据来源

本文的研究样本为我国2009～2018年的全部A股上市公司。借鉴已有研究，本文对样本进行了如下筛选：（1）剔除属于金融行业的样本；（2）剔除第一大股东持股比例低于10%的样本，即剔除不存在本文所定义的大股东的公司；（3）剔除主要变量缺失的样本；（4）为了消除极端值的影响，对所有连续型变量在1%和99%水平上进行Winsorize缩尾处理。

本文数据来源于CSMAR数据库、Wind数据库与CCER数据库。其中，薪酬委员会独立性数据根据CSMAR中薪酬委员会成员名单以及独立董事名单计算得出；家族企业数据来源于Wind数据库；第一大股东产权性质数据来源于CCER数据库，其他数据来源于CSMAR。

（二）变量定义

1. 多个大股东

多个大股东是指企业中同时存在两个及以上的大股东，判断是否为大股东的主要依据是大股东的实际控制权力。成熟的市场环境下，上市公司的股权分散程度高，较低的持股比例即可取得控制地位①，因此西方学者多将持股5%以上的股东视为大股东（Bharath et al.，2013）。而企业的股权相对集中，依据我国《中华人民共和国公司法》规定，单独或者合计持有公司10%以上股份的股东可提议召开临时股东大会；持股10%以上股东还可向上市公司派出一名或以上的董事，甚至直接派出高管参与公司的经营管理。因此，参考莫里和帕究斯特（Maury and Pajuste，2005）、程等（Cheng et al.，2017）以及姜付秀等（2017）的研究，本文将大股东定义为持股比例超过10%的股东。构建是否为多个大股东的二元变量 $Multi_{i,t}$，当企业中同时存在两个及以上持股比例超过10%的大股东时，$Multi_{i,t}$取值为1，仅存在一个大股东时 $Multi_{i,t}$取值为0。

2. 企业内部薪酬差距

参考已有研究（卢锐，2007），本文将企业内部薪酬差距定义为高管与员工的薪酬差距，并分为绝对薪酬差距（$Gap1_{i,t}$）和相对薪酬差距（$Gap2_{i,t}$）。具体地，绝对薪酬差距为前三名高管平均薪酬减去员工平均薪酬，相对薪酬差距为前三名高管的平均薪酬除以员工平均薪酬。其中，前三名高管的平均薪酬为年报中披露的“董事、监事及高管前三名薪酬总额”的均值，员工平均薪酬根据公司现金流量表中的“应付职工薪酬”除以员工人数计算得出。

（三）模型设定

1. 基准模型

本文建立如下回归模型对假设1及假设2进行检验：

$$Gap_{i,t} = \beta_0 + \beta_1 Multi_{i,t-1} + \gamma Controls_{i,t-1} + \varepsilon_{i,t} \tag{1}$$

其中，$Gap_{i,t}$为高管—员工绝对薪酬差距与相对薪酬差距；$Multi_{i,t-1}$为多个大股东的虚拟变量；$Controls_{i,t-1}$为控制变量，参考已有文献（方军雄，2011；

① 如美国《1934年证券交易法》规定，当股东持有5%或者以上股票时，需要向美国证监会提交13D表格；美证交会发布的建议性规则也提到，如果一个受益所有人所持有的任何种类具有投票权的权益证券超过5%，并且按照美国《1934年证券交易法》第12章进行注册登记，那么他就应该受美国《1934年证券交易法》第13章中受益所有权报告要求的管辖。

雷宇和郭剑花，2012）。本文的控制变量包括资产负债率（$Lev_{i,t-1}$）、托宾 Q（$TQ_{i,t-1}$）、公司规模（$Size_{i,t-1}$）、资产收益率（$ROA_{i,t-1}$）、国有持股比例（$Stateown_{i,t-1}$）、独立董事在董事会中占比（$Indep_{i,t-1}$）以及两职兼任（$Dual_{i,t-1}$）。变量的详细定义如表 1 所示。同时，为了缓解内生性问题的影响，本文的解释变量与控制变量均滞后一期。文中所有实证均采用双向固定效应模型进行回归，并对其标准误进行了行业层面的聚类调整。

表 1　　主要变量定义

变量符号	变量含义	计算方法
Gap1	绝对薪酬差距	前三名高管平均薪酬 - 员工平均薪酬
Gap2	相对薪酬差距	前三名高管平均薪酬/员工平均薪酬
Multi	是否为多个大股东	当公司具有两个及以上持股超过 10% 的大股东时赋值为 1，仅有一个大股东时赋值为 0
Multi2	是否为多个大股东	当公司具有两个及以上持股超过 5% 的大股东时赋值为 1，仅有一个大股东时赋值为 0
Num	大股东数量	持股超过 10% 的大股东数量
Dual	董事长、CEO 是否两职兼任	董事长兼任 CEO 时赋值为 1，否则赋值为 0
Lev	资产负债率	有息负债总额/总资产
TQ	托宾 Q	公司的市场价值/资产重置成本
Size	公司规模	总资产取自然对数
ROA	资产收益率	净利润/平均资产总额 × 100%
Indep	独立董事比例	独立董事人数/董事会规模
Stateown	国有持股比例	国有持股数量/总股本
Herfindahl	赫芬达尔指数	大股东持股数在所有大股东持股数中的占比的平方和
Tangi	资产有形率	(总资产 - 无形资产)/总资产
Age	公司上市年限	本年度 - 公司上市时间
CCIndep	薪酬委员会独立性	薪酬委员会中独立董事人数/薪酬委员会总人数
FamFirm	是否为家族企业	公司为家族企业时赋值为 1，否则赋值为 0
SOE	控股大股东的实际控制人是否为国有	控股大股东的实际控制人为国有时赋值为 1，否则赋值为 0
Market	公司是否位于市场化程度高的地区	公司所在省份的市场化指数高于全国 31 个省市区的中位数时赋值为 1，否则赋值为 0

2. 机制检验：基于薪酬委员会独立性的中介效应模型

为检验假设 3，本文以薪酬委员会独立性为中介变量，多个大股东为解释变量，薪酬差距为因变量，建立了以下中介效应模型：

$$CCindep_{i,t-1} = \alpha_0 + aMulti_{i,t-1} + \gamma Controls_{i,t-1} + \varepsilon_{i,t} \tag{2}$$

$$Gap_{i,t} = \beta_0 + cMulti_{i,t-1} + \gamma Controls_{i,t-1} + \varepsilon_{i,t} \tag{3}$$

$$Gap_{i,t} = \theta_0 + c'Multi_{i,t-1} + bCCindep_{i,t-1} + \varphi Controls_{i,t-1} + \varepsilon_{i,t} \tag{4}$$

其中，$CCIndep_{i,t}$为薪酬委员会的独立性指标，通过交叉对比公司薪酬委员会成员与董监高成员的信息，我们计算出薪酬委员中独立董事所占比例。当该公司薪酬委员会中独立董事占比高于当年样本中位数时，薪酬委员会独立性指标（$CCIndep_{i,t}$）取值为1，反之取值为0。

（四）描述性统计

本文主要变量的描述性统计如表2所示，2009～2018年，A股上市公司高管—员工绝对薪酬差距（Gap1）平均约为62万元，相对薪酬差距（Gap2）平均约为102倍，与以往研究相比有所上升①；具有多个大股东的公司（Multi）占比57.2%，可见这一股权结构在我国A股市场上较为普遍。

表2　　主要变量的描述性统计

变量	均值	标准差	最小值	上四分位	中位数	下四分位	最大值
Gap1	62.178	61.541	-1.1689	27.155	45.484	73.829	387.812
Gap2	102.819	253.246	0.085	21.007	41.142	80.820	2 064.438
Num	1.495	0.724	0.000	1.000	1.000	2.000	4.000
Multi	0.572	0.495	0.000	0.000	1.000	1.000	1.000
Dual	0.265	0.441	0.000	0.000	0.000	1.000	1.000
LEV	0.472	1.197	-0.195	0.260	0.429	0.607	138.378
TQ	2.132	1.482	0.904	1.268	1.654	2.393	10.124
Size	22.045	1.433	19.192	21.039	21.837	22.798	27.028
ROA	0.038	0.063	-0.277	0.014	0.037	0.067	0.206
Indep	0.374	0.053	0.333	0.333	0.333	0.429	0.571
Stateown	0.049	0.138	0.000	0.000	0.000	0.000	0.693

① 高管—员工绝对薪酬差距（Gap1）存在小于0的情况，是因为当年前三名高管未从上市公司领取薪酬，或仅领取象征性薪酬。由于Winsorize缩尾处理，高管—员工相对薪酬差距（Gap2）的最小值不为0。

四、基准回归结果

（一）多个大股东与高管—员工薪酬差距：扩大还是缩小？

首先，本文实证检验多个大股东对高管—员工薪酬差距影响，基准回归结果如表3所示。其中，列（1）、（2）为多个大股东对高管—员工绝对薪酬差距的影响，列（3）、（4）为对相对薪酬差距的影响。列（1）~（4）中，多个大股东（$Multi_{i,t-1}$）的回归系数均显著为正。列（2）和列（4）中多个大股东的回归系数表明，在控制其他变量的情况下，多个大股东的公司中的高管—和员工之间的绝对薪酬差距比单一大股东的公司高出24111元，相对薪酬差距则比单一大股东的公司高出16.76倍。此结果表明多个大股东的股权结构扩大了公司管理层与员工之间的薪酬差距，这初步验证了假设1B或假设2B，排除了假设1A和假设2A，但高管—员工薪酬的扩大是来源于恶意合谋还是恶意竞争，还有待进一步的检验。

表3　　多个大股东与高管—员工薪酬差距：扩大或缩小？

	(1) Gap1	(2) Gap1	(3) Gap2	(4) Gap2
Multi	4.0298*** (−0.993)	2.4111*** (−1.102)	19.46*** (4.055)	16.76*** (4.700)
Dual		1.0196 (−1.373)		−1.769 (6.763)
LEV		0.01782 (−0.126)		−0.565 (0.793)
TQ		1.9166 (−0.451)		−1.662 (2.121)
Size		16.5841*** (−2.461)		4.099 (6.062)
ROA		55.7406 (−8.739)		140.1*** (42.01)
Indep		1.0937 (−9.7049)		−55.04 (52.54)

续表

	(1) Gap1	(2) Gap1	(3) Gap2	(4) Gap2
Stateown		3.544 (−2.973)		−19.58 (18.89)
Constant	4.0298*** (−0.993)	−310.8*** −55.054	96.41*** (1.945)	30.22 (131.9)
Firm	No	Yes	No	Yes
Year	No	Yes	No	Yes
Observations	24 047	20 481	23 892	20 369
R − squared	0.748	0.763	0.605	0.614

注：***、**、*分别表示在1%、5%和10%水平上显著；括号内为标准误且经过行业层面的聚类调整，下同。

控制变量中，成长机会（$TQ_{i,t-1}$）越多、资产规模（$Size_{i,t-1}$）越大的公司高管与员工之间的绝对薪酬差距越大；绩效（$ROA_{i,t-1}$）越好的公司中高管—员工绝对、相对薪酬差距越高。这体现了薪酬的“尺蠖效应”（方军雄，2011），即公司绩效上升时，高管将功劳更多地归于自身管理能力与努力，自我奖励程度高于对员工的奖励；公司绩效下降时，高管将不良业绩更多地归于员工的执行不力与懒惰，对员工的惩罚程度高于自我惩罚。

（二）多个大股东关系：恶意合谋或恶性竞争？

在基准回归中，我们验证了多个大股东会扩大高管—员工薪酬差距，而假设1B的恶意合谋与假设2B的恶性竞争都又可能产生扩大差距的结果。因此，本文进一步验证多个大股东对高管—员工薪酬差距的扩大作用是来源于何种大股东关系。

1. “恶意合谋”关系检验

通常而言，合谋多出现在家族企业中（Maury and Pajuste，2005）。这是因为，家族企业中普遍存在通过产权、亲缘、任职、一致行动人协议产生关联的家族股东。家族股东之间的亲缘关系与利益输送导致其利益高度一致，同时也令其难以形成相互监督的关系。家族股东容易形成利益集团，合谋对外部股东进行侵占。因此，家族企业的存在为我们检验假设1B是否成立提供了契机。即如果多个大股东合谋掏空公司，那么我们可以推测多个大股东对薪酬差距的影响在家族企业中应该更为显著。因此，我们在模型（1）中加入上市公司是否为家族企业的虚拟变量（$FamFirm_{i,t-1}$）与多个大股东

($Multi_{i,t-1}$) 的交互项 ($Multi \times Fam_{i,t-1}$)，对合谋路径（假设1B）进行检验，实证结果如表4列（1）、（2）所示。

表4　　大股东关系：恶意合谋抑或恶性竞争？

	(1) Gap1	(2) Gap2	(3) Gap1	(4) Gap2
Multi × Fam	1.912 (−2.307)	4.595 (8.476)		
Multi	1.272 (−1.776)	14.03* (7.240)		
Herfindahl			−6.9905*** (−2.337)	−40.95*** (9.668)
Dual	0.991 (−1.387)	−1.839 (6.763)	1.175 (−1.410)	−0.892 (6.539)
LEV	0.016 (−0.126)	−0.567 (0.795)	0.080 (−0.0786)	0.00191 (0.328)
TQ	1.9198*** (−0.449)	−1.654 (2.123)	1.4236*** (−0.482)	−2.147 (2.233)
Size	16.6056*** (−2.445)	4.147 (6.057)	16.8652*** (−2.648)	2.744 (6.443)
ROA	55.5925*** (−8.682)	139.8*** (41.84)	66.4985*** (−9.913)	142.8*** (36.71)
Indep	0.963 (−9.726)	−55.35 (52.58)	5.852 (−11.904)	−72.27 (56.75)
Stateown	3.814 (−3.0143)	−18.94 (18.91)	3.829 (−3.206)	−15.63 (19.03)
Constant	−311.3*** (−54.711)	29.19 (131.8)	−310.7*** (−59.511)	106.9 (140.1)
Firm	Yes	Yes	Yes	Yes
Year	Yes	Yes	Yes	Yes
Observations	20 481	20 369	18 597	18 497
R − squared	0.763	0.614	0.765	0.625

表4列（1）、（2）中，家族企业与多个大股东的交互项（$Multi \times Fam_{i,t-1}$）回归系数均不显著，说明多个大股东对薪酬差距的影响在家族公司与非家族公司中无显著差异，多个大股东对高管—员工薪酬差距的影响并非来源于大股东恶意合谋，假设1B不成立。

2. “恶性竞争”关系检验

假设 2B 认为，大股东间会因矛盾僵持形成恶性竞争，治理低效。这种情况更易在各个大股东持股比例较为均衡时出现，因为大股东之间产生分歧时，持股比例均衡使他们容易形成势均力敌的利益集团，在“讨价还价”中僵持不下。因此，若假设 2B 成立，那么多个大股东之间的相对力量越均衡，高管—员工薪酬差距应该越大。

本文以“大股东持股比例赫芬达尔指数”来衡量大股东间相对力量的均衡程度，指标构建如下：

$$Herfindahl_{i,t,k} = \sum_{k}^{K} \left(\frac{r_{i,t,k}}{\sum_{k}^{K} r_{i,t,k}} \right)^2, \quad r_{i,t,k} > 10\% \tag{5}$$

其中，$r_{i,t,k}$为 i 公司 t 年第 k 名大股东的持股比例，$Herfindahl_{i,t,k} \in (0, 1]$。$Herfindahl_{i,t,k}$越小，代表大股东间持股比例越均衡；$Herfindahl_{i,t,k}$越大，代表多个大股东间相对持股比例越集中；当且仅当公司为单一大股东的情况下，Herfindahl = 1。本文以大股东持股比例赫芬达尔指数（$Herfindahl_{i,t-1,k}$）代替是否为多个大股东（$Multi_{i,t-1}$），对模型（1）重新回归，结果如表 4 列（3）、（4）所示。

表 4 列（3）、（4）中，$Herfindahl_{i,t-1,k}$的回归系数均显著为负，表明大股东持股比例赫芬达尔指数越小、大股东间相对力量越均衡，高管—员工绝对薪酬差距与相对薪酬差距越大，假设 2B 成立。

由此，我们得到了基本结论：多个大股东的恶性竞争导致高管—员工薪酬差距扩大。

（三）影响机制分析：薪酬委员会独立性

根据中介效应模型（2）~（4），我们进一步地检验多个大股东扩大企业内部薪酬差距的机制，回归结果如表 5 所示。其中，第（1）、（2）、（3）列检验了薪酬委员会独立性在多个大股东与高管—员工绝对薪酬差距之间的中介效应，第（1）、（4）、（5）列检验薪酬委员会独立性在多个大股东与高管—员工相对薪酬差距之间的中介效应。

表 5　　机制检验：薪酬委员会独立性

	(1) CCIndep	(2) Gap1	(3) Gap1	(4) Gap2	(5) Gap2
CCIndep			−3.487** (−1.409)		−21.28*** (7.927)

续表

	(1) CCIndep	(2) Gap1	(3) Gap1	(4) Gap2	(5) Gap2
Multi	-0.0179** (0.00741)	2.4111*** (-1.102)	2.3485** (-1.096)	16.76*** (4.700)	16.40*** (4.685)
Dual	0.00416 (0.00968)	1.0196 (-1.373)	1.0337 (-1.359)	-1.769 (6.763)	-1.698 (6.766)
LEV	0.00117 (0.00119)	0.01782 (-0.126)	0.02195 (-0.124)	-0.565 (0.793)	-0.542 (0.770)
TQ	0.0149*** (0.00261)	1.9166 (-0.451)	1.9687*** (-0.458)	-1.662 (2.121)	-1.338 (2.122)
Size	0.0834*** (0.0104)	16.5841*** (-2.461)	16.8758*** (-2.490)	4.099 (6.062)	5.892 (6.027)
ROA	0.000508 (0.0445)	55.7406 (-8.739)	55.7342*** (-8.724)	140.1*** (42.01)	140.1*** (41.77)
Indep	0.00969 (0.0589)	1.0937 (-9.705)	1.0827 (-9.767)	-55.04 (52.54)	-55.10 (52.39)
Stateown	0.0231** (0.00885)	3.544 (-2.973)	3.6251 (-2.986)	-19.58 (18.89)	-19.11 (18.85)
Constant	-1.789*** (0.231)	-310.8*** -55.0543	-317.1*** (-55.733)	30.22 (131.9)	-8.184 (130.6)
Firm	Yes	Yes	Yes	Yes	Yes
Year	Yes	Yes	Yes	Yes	Yes
Observations	20 519	20 481	20 481	20 369	20 369
R - squared	0.543	0.763	0.764	0.614	0.614

第（1）列中，薪酬委员会独立性（$CCIndep_{i,t-1}$）对多个大股东（$Multi_{i,t-1}$）的回归系数显著为负，表明相比于单一大股东的公司，多个大股东的公司中薪酬委员会独立性更低。这可能是因为各个大股东冲突内耗，客观上无暇顾及对高管的监督，高管乘机侵蚀薪酬委员会独立性，形成内部人控制。第（3）列中高管—员工绝对薪酬差距对薪酬委员会独立性（$CCIndep_{i,t-1}$）的回归系数显著为负，说明薪酬委员会独立性的降低将导致高管—员工的绝对薪酬差距扩大。这说明，薪酬委员会丧失独立性后，反而沦为高管为其高额薪酬“辩护”的工具。同时，第（2）列中多个大股东（$Multi_{i,t-1}$）的回归系数（2.4111），大于第（3）列中多个大股东（$Multi_{i,t-1}$）的回归系数

(2.3485)，表明多个大股东对高管—员工绝对薪酬差距的作用有一部分是通过降低薪酬委员会独立性来发挥的，即薪酬委员会独立性在多个大股东与高管—员工绝对薪酬差距之间存在部分中介效应。

同理，根据列（1）、（4）、（5）的回归结果，薪酬委员会独立性在多个大股东对高管—员工相对薪酬差距的影响中也存在部分中介效应，假设3成立。

五、进一步检验

（一）异质性分析

1. 国有大股东的作用

考虑到大股东在所有制性质上的差异，即相比于民企大股东，国有控股大股东具有行政权威与政治关联带来的谈判优势，能够调节大股东之间的分歧，促进监管效率的提高。同时，国有控股的公司还设置了纪律检查委员会与党组织等加强对高管的监管，并严格执行“限薪令”，管控高管薪酬（方芳和李实，2015；杨青等，2018）。因此，存在国有控股大股东的公司中，多个大股东对高管—员工薪酬差距的影响应该显著减小。

本文引入“控股大股东是否为国有”的虚拟变量 $SOE_{i,t}$，当公司当年控股大股东的实际控制人为国有时，$SOE_{i,t-1}$取值为1，否则取值为0。在模型（1）中加入国有控股大股东（$SOE_{i,t-1}$）与多个大股东（$Multi_{i,t-1}$）的交互项（$Multi \times SOE_{i,t-1}$）进行回归，结果如表6所示。表6列（1）中，国有控股大股东与多个大股东的交互项（$Multi \times SOE_{i,t-1}$）回归系数显著为负；列（2）中交互项系数虽不显著，但同样为负数，说明国有控股大股东能显著减小多个大股东对高管—员工绝对薪酬差距的扩大效应。

2. 市场化程度的影响

本文将市场化进程的水平的虚拟变量（$Market_{i,t}$）与多个大股东（$Multi_{i,t-1}$）的交互项（$Multi \times Market_{i,t-1}$）放入回归模型（1），检验外部环境的治理作用。其中，市场化进程水平采用王小鲁等（2018）编制的市场化指数来衡量①，当公司所处省份的市场化指数高于当年全国各省份的中位数时，$Market_{i,t}$取值为1，否则取值为0。

① 截止至2020年1月，《中国分省份市场化指数报告》更新至2018版，市场化指数更新至2016年。从数据完整性出发，根据各省份2008～2016年的年平均增长率推算出其2017年、2018年的市场化指数。

表6列（3）、（4）显示，市场化程度与多个大股东的交互项（Multi × $Market_{i,t-1}$）显著为正，说明市场化程度高的地区中多个大股东对高管—员工薪酬差距的影响更大。即政府干预较少时，多个大股东恶性竞争导致的高管权力膨胀程度更高，导致了更大的高管—员工薪酬差距。这说明了在我国市场化改革阶段，政府干预的必要性。

表6　　　　异质性检验：国有控股大股东与市场化程度的影响

	(1) Gap1	(2) Gap 2	(3) Gap 1	(4) Gap 2
Multi × SOE	-4.535 ** (-2.253)	-6.902 (9.143)		
Multi × Market			9.019 *** (1.778)	14.75 * (7.437)
Multi	4.017 *** (-1.476)	19.26 *** (5.896)	-2.177 (1.353)	9.278 (6.723)
Controls	Yes	Yes	Yes	Yes
Firm	Yes	Yes	Yes	Yes
Year	Yes	Yes	Yes	Yes
Observations	20 465	20 354	20 481	20 369
R - squared	0.764	0.614	0.764	0.614

（二）内生性检验

基准回归结果可能存在内生性问题。第一，存在反向因果，比如高管滥用薪酬制度攫取私利，消耗公司资源、损害股东利益，可能导致大股东"用脚投票"退出公司，形成仅剩一个大股东的股权结构；第二，可能存在同时影响股权结构与薪酬差距的遗漏变量；第三，在样本筛选时删去了无大股东的公司，可能产生样本选择偏误。因此，本文分别采用双重差分模型（DID）、倾向得分匹配模型（PSM）和 Heckman 两阶段模型来解决内生性问题。

1. 股权结构变化的准自然实验：基于双重差分法的检验

为解决多个大股东与高管—员工薪酬差距之间的反向因果问题，本文围绕两类股权结构变化构造双重差分模型（Jiang et al.，2018）：

$$Gap_{i,t} = \beta_0 + \beta_1 Treat \times Post_{i,t} + \gamma Controls_{i,t-1} + \varepsilon_{i,t} \tag{6}$$

第一类股权结构变化为是否从单一大股东变成多个大股东（"一变多"），

即一直是单一大股东的公司为对照组（$Treat_{i,t}=0$），由单一大股东变为多个大股东的公司为处理组（$Treat_{i,t}=1$）；第二类为是否由多个大股东变为单一大股东（“多变一”），即一直是多个大股东的公司为对照组（$Treat_{i,t}=0$），由多个大股东变为单一大股东的公司为处理组（$Treat_{i,t}=1$）。$Post_{i,t}$为股权变更前后的虚拟变量，发生“一变多”或“多变一”之前取0，发生“一变多”或“多变一”之后取1。

此外，由于部分公司在样本期间发生了两次或以上的股权结构变动，而多次变动可能产生效应重叠，故参照姜秀付（2017）的做法，删除公司第二次股权结构变动当年及以后的样本数据。最后，由于处理组中各个公司发生股权变动的时间点不一，故模型（6）中的$Post_{i,t}$与$Treat \times Post_{i,t}$实际上是等价的，因此本文未在模型（6）中再加入$Post_{i,t}$。

模型（6）的回归结果如表7的PanelA所示，Panel A中列（1）、（2）为股权结构“一变多”对高管—员工薪酬差距的影响，交互项（$Treat \times Post_{i,t}$）系数显著为正，说明公司从单一大股东变为多个大股东后高管—员工薪酬差距扩大。列（3）、（4）为股权结构“多变一”对高管—员工薪酬差距的影响，列（3）中交互项系数显著为负，表明公司从多个大股东变为单一大股东后，股东对高管的约束力提升，高管—员工薪酬差距减小；列（4）中交互项系数不显著，这可能是因为高管薪酬具有黏性，“由奢入俭难”。

表7　多个大股东对高管—员工薪酬差距：内生性检验

	（1） Gap1	（2） Gap2	（3） Gap1	（4） Gap2
Panel A：以股权分置改革作为准自然实验——双重差分法				
	一变多	一变多	多变一	多变一
Treat × Post	6.518** （2.467）	25.35** （12.26）	−3.522** （1.653）	−12.70 （11.12）
Panel B：倾向得分匹配				
Multi	3.091** （1.293）	11.87** （5.100）		
Panel C：Heckman 两步法				
Multi	2.479** （1.130）	16.16*** （4.606）		
IMR	2.199 （4.848）	−19.43 （17.43）		

续表

	(1) Gap1	(2) Gap2	(3) Gap1	(4) Gap2
Controls	Yes	Yes	Yes	Yes
Firm	Yes	Yes	Yes	Yes
Year	Yes	Yes	Yes	Yes
Observations	20 465	20 354	20 481	20 369
R - squared	0.764	0.614	0.764	0.614

2. 倾向得分匹配

倾向得分匹配法的匹配过程分为两个阶段。第一阶段以多个大股东（$Multi_{i,t}$）为被解释变量，以一系列公司特征以及行业和年度变量作为解释变量进行 Probit 回归，计算出公司出现多个大股东的概率，且这一结果通过了平衡性检验。第二阶段根据这一概率对样本进行 1∶3 邻近匹配，然后提取匹配样本，对模型（1）进行实证检验，回归结果如表 7 的 Panel B 所示。Panel B 中多个大股东（$Multi_{i,t-1}$）的系数均显著为正，表明本文结果具有稳健性。

3. Heckman 两步法

本文采用 Heckman 两步法解决潜在的样本选择偏误。第一阶段中，以多个大股东（$Multi_{i,t}$）作为被解释变量，以行业平均股权结构作为解释变量（Ben - Nasr et al.，2015）。这是因为行业平均股权结构与行业中企业是否具有多个大股东有较强的关联，而行业中企业的高管—员工薪酬差距不会影响行业平均的股权结构。第一阶段计算出逆米尔斯比率后，将其加入模型（1）重新进行回归，结果如表 7 的 Panel C。Panel C 中，逆米尔斯比率（IMR）系数均不显著，而多个大股东（Multi）系数均显著为正。这说明样本选择偏误程度较小，且控制后并未影响多个大股东会扩大高管—员工薪酬差距的结论。

（三）稳健性检验

本文还采用以下方式进一步考察实证结果成立的稳健性，结果均稳健。

第一，用大股东数量作为多个大股东的衡量指标。以公司当年持股比例超过 10% 的股东数量（$Num_{i,t-1}$）来代替是否存在多个大股东（$Multi_{i,t-1}$）；

第二，重新定义大股东。将持股比例股超过 5% 的股东判定为大股东，重新构造是否为多个大股东的虚拟变量（$Multi2_{i,t-1}$）并代入模型（1）中进行回归。实证结果显示，替代变量回归系数显著为正，说明更换大股东判准后实证结果仍然稳健。

（四）多个大股东的公司是否因为薪酬差距而获得高收益？

基准回归结果已经发现，多个大股东的股权结构削弱了大股东对高管的监管能力，导致高管滥用权力提高个人薪酬。但是，如果高管与普通员工之间的薪酬差距有利于激励高管努力改善公司绩效，那么高管—员工薪酬差距的扩大则可以看作大股东对其的业绩奖励。如果这一逻辑成立，本文的结论就错误地解读了多个大股东与高管—员工薪酬差距之间的关系。因此，本文对多个大股东的公司是否因为薪酬差距而获得高收益做进一步检验。

参照已有文献（张正堂，2008），本文首先以资产收益率（$ROA_{i,t}$）衡量企业绩效，并以多个大股东滞后一期（$Multi_{i,t-1}$）、资产收益率滞后一期（$ROA_{i,t-1}$）作为解释变量进行回归，结果如表 8 列（1）所示，多个大股东的公司比单一大股东的公司具有更高的绩效。然后，构建二元变量 $Dum\_Gap1_{i,t}$ 和 $Dum\_Gap2_{i,t}$，分别表示公司的高管—员工绝对薪酬差距与相对差距是否超过当年所处行业中位数。在解释变量中加入其与多个大股东的交互项（$Multi \times Dum\_Gap1_{i,t-1}$、$Multi \times Dum\_Gap2_{i,t-1}$），重新进行回归。结果如表 8 列（2）、（3）所示，绝对薪酬差距与多个大股东的交互项系数不显著，相对薪酬差距与多个大股东的交互项系数则在 10% 水平上显著为负数。这说明多个大股东的公司并非因为薪酬差距而获得高收益，高管—员工薪酬差距甚至损害了公司绩效。因此，本文研究思路与结论具有稳健性。

表 8　稳健性检验：多个大股东的公司是否因为薪酬差距而获得高收益？

	(1) ROA	(2) ROA	(3) ROA
Multi	0.00530*** (0.00171)	0.00559*** (0.00200)	0.00673*** (0.00206)
Multi × Dum_Gap1		-0.000593 (0.00178)	
Multi × Dum_Gap2			-0.00278* (0.00165)
L. ROA	0.148*** (0.0237)	0.148*** (0.0238)	0.148*** (0.0237)
Controls	Yes	Yes	Yes
Firm	Yes	Yes	Yes
Year	Yes	Yes	Yes
Observations	20 518	20 518	20 518
R - squared	0.464	0.464	0.464

六、结论与启示

2005 年股权分置改革后，我国上市公司的股权分散度提升，多个大股东并存的股权结构越来越普遍。多个大股东的股权结构兼具集中持股与分散持股的特点，并衍生出了多种大股东关系。多个大股东积极参与到公司治理实践中，大股东与管理层之间、大股东之间的博弈也影响了企业薪酬差距。基于这一背景，本文实证检验了多个大股东对企业内部高管—员工薪酬差距的影响及其机制。

实证结果表明，多个大股东的矛盾僵持损害了对高管的监管能力，导致高管—员工薪酬差距的扩大。多个大股东与高管—员工薪酬差距之间的正相关关系不是多个大股东合谋“掏空”公司并补偿高管业绩损失造成的，而是由于多个大股东恶性竞争损害了对高管的监督力度。在多个大股东治理低效的情况下，高管乘机侵蚀薪酬委员会的独立性，滥用权力提高个人薪酬，是导致高管—员工薪酬差距的扩大的中间机制。此外，国有控股大股东能减弱多个大股东对高管—员工薪酬差距的影响；更高的市场化程度则会加强多个大股东对高管—员工薪酬差距的影响。

本文的结论反映出企业对大股东关系多样性及其消极影响的重视不足。多个大股东的治理反使监管失灵，委托代理问题恶化，说明企业没有妥善解决大股东之间的利益冲突与意见不合，导致理想中“合作与相互监督并存”被“矛盾内耗”所代替。一方面，这反映出了各个大股东没有形成共同利益的意识，“权力制约”沦为了变相的个体利益博弈；另一方面，这也体现了公司治理体系中股东分工机制、分歧调解机制的不足。现有股东大会和临时股东大会未能达到增强股东互信、促进股东互利的作用，亟须补充新形式的股东直接沟通途径或考虑第三方介入。

本文的研究也为政府从内生角度解决收入不平等问题提供了思路。高管—员工薪酬差距过大不仅是影响员工工作积极性以及公司绩效的企业内部问题，更是社会公平问题。在“限薪令”作用不明显且作用对象仅限于国企的背景下，政府可考虑提高薪酬委员会的地位，细化对薪酬委员会人员结构的要求，并促进监事会、工会、股东大会等监督职能的发挥，形成内生于企业的薪酬管控体系。

参考文献

1. 杜莹和刘立国：《股权结构与公司治理效率：中国上市公司的实证分

析》，载于《管理世界》2002 年第 11 期。

2. 方芳和李实：《中国企业高管薪酬差距研究》，载于《中国社会科学》2015 年第 8 期。

3. 方军雄：《高管权力与企业薪酬变动的非对称性》，载于《经济研究》2011 年第 4 期。

4. 姜付秀、王运通、田园和吴恺：《多个大股东与企业融资约束——基于文本分析的经验证据》，载于《管理世界》2017 年第 12 期。

5. 雷宇和郭剑花：《什么影响了高管与员工的薪酬差距》，载于《中央财经大学学报》2012 年第 9 期。

6. 李文洲、冉茂盛和黄俊：《大股东掏空视角下的薪酬激励与盈余管理》，载于《管理科学》2014 年第 6 期。

7. 卢锐：《管理层权力、薪酬差距与绩效》，载于《南方经济》2007 年第 7 期。

8. 刘晓伟，刘锦，姜安印：《企业腐败与内部薪酬差距》，载于《当代财经》2017 年第 3 期。

9. 路易斯·罗思（美）和乔尔·赛里格曼（美）：《美国证券监管法基础》，法律出版社 2008 年版。

10. 潘红波和韩芳芳：《纵向兼任高管、产权性质与会计信息质量》，载于《会计研究》2016 年第 7 期。

11. 孙永祥和黄祖辉：《上市公司的股权结构与绩效》，载于《经济研究》1999 年第 12 期。

12. 王小鲁、樊纲和胡李鹏：《中国分省份市场化指数报告（2018）》，社会科学文献出版社 2018 年版。

13. 夏宁和董艳：《高管薪酬、员工薪酬与公司的成长性——基于中国中小上市公司的经验数据》，载于《会计研究》2014 年第 9 期。

14. 谢德仁、林乐和陈运森：《薪酬委员会独立性与更高的经理人报酬—业绩敏感度——基于薪酬辩护假说的分析和检验》，载于《管理世界》2012 年第 1 期。

15. 杨青，王亚男，唐跃军：《“限薪令”的政策效果：基于竞争与垄断性央企市场反应的评估》，载于《金融研究》2018 年第 1 期。

16. 杨志强和王华：《公司内部薪酬差距、股权集中度与盈余管理行为——基于高管团队内和高管与员工之间薪酬的比较分析》，载于《会计研究》2014 年第 6 期。

17. 张正堂：《企业内部薪酬差距对组织未来绩效影响的实证研究》，载于《会计研究》2008 年第 9 期。

18. Bebchuk, L., Fried, J., 2003, “Executive Compensation as an Agen-

cy Problem", Journal of Economics Perspective, Vol. 17, No. 3, pp. 71 -92.

19. Ben - Nasr, H., Boubaker, S., Rouatbi, W., 2015, "Ownership Structure, Control Contestability and Corporate Debt Maturity", Journal of Corporate Finance, Vol. 35, pp. 265 -285.

20. Bharath, S. T., Jayaraman, S., Nagar, V., 2013, "Exit as Governance: An Empirical Analysis", Journal of Finance, Vol. 68, No. 6, pp. 2515 -2547.

21. Chakraborty, I., Gantchev, N., 2013, "Does Shareholder Coordination Matter? Evidence from Private Placements", Journal of Financial Economics, Vol. 108, No 1, pp. 213 -230.

22. Cheng, M. Y., Lin, B. X., Wei, M. H., 2015, "Executive Compensation in Family Firms: The Effect of Multiple Family Members", Journal of Corporate Finance, Vol. 32, pp. 238 -257.

23. Cowherd, D. M., Levine, D. I, 1992, "Product Quality and Pay Equity between Lower-level Employees and Top Management: An Investigation of Distributive Justice Theory", Administrative Science Quarterly, Vol. 37, No. 2, pp. 302 -320.

24. Faleye, O., Reis, E., Venkateswaran A., 2013, "The Determinants and Effects of CEO - employee Pay Ratios", Journal of Banking & Finance, Vol. 37, No. 8, pp. 3258 -3272.

25. Fang, Y. l., Hu, M., Yang, Q. S., 2018, "Do Executives Benefit from Shareholder Disputes? Evidence from Multiple Large Shareholders in Chinese Listed Firms", Journal of Corporate Finance, Vol. 51, pp. 275 -315.

26. Guthrie, K., Sokolowsky, J., 2010, "Large Shareholders and the Pressure to Manage Earnings", Journal of Corporate Finance, Vol. 16, No. 3, pp. 302 -319.

27. Jensen, M. C., Meckling, W., 1976, "The Theory of the Firm: Managerial Behavior, Agency Costs, and Ownership Structure", Journal of Financial Economics, Vol. 3, No. 4, pp. 305 -360.

28. Jiang, F., Cai, W., Wang, X., Zhu, B., 2018, "Multiple Large Shareholders and Corporate Investment: Evidence from China", Journal of Corporate Finance, Vol. 50, pp. 66 -83.

29. Lazear, E., Rosen, S., 1981, "Rank Order Tournaments as Optimum Labor Contracts", Journal of Political Economy, Vol. 89, No. 5, pp. 841 -864.

30. Maury, B., Pajuste, A., 2005, "Multiple Large Shareholders and Firm Value", Journal of Banking and Finance, Vol. 29, No. 7, pp. 1813 -1834.

31. Newman, H. A., Wright, D. W., 1999, "Does the Composition of the Compensation Committee Influence CEO Compensation Practices", Financial Management, Vol. 28, No. 3, pp. 41 – 53.

32. Shleifer, A., Vishny, R. W., 1989, "Management Entrenchment: The Case of Manager-specific Investments", Journal of Financial Economics, Vol. 25, No. 1, pp. 123 – 139.

Multiple Large Shareholders and Executive-Employee Compensation Gap

MIAO Miao　WANG Xiaohui

(School of Economics and Finance, South China University of Technology, 510006)

[**Abstract**] This paper analyzes the influence of multiple major shareholders (MLS) on the executive-employee pay gap and its mechanism. The study finds that the vicious competition of MLS enlarges the compensation gap between senior executives and ordinary employees, and this result is still significant after tests of endogeneity and robustness. The mechanism of the above result is that the contradiction of MLS and its inefficient governance erode the independence of the compensation committee in which case executives abuse their power to increase their personal compensation, leading to the widening of the compensation gap within the enterprise. Heterogeneity analysis shows that the existence of state-owned controlling shareholders can weaken the influence of MLS on the compensation gap within enterprises. The higher the degree of marketization in the province where the company is located, the stronger the influence of multiple major shareholders on the internal pay gap of the company. This paper provides a new perspective for clarifying the causes of the executive-employee pay gap in enterprises, and has practical significance for alleviating the executive principal-agent problem and promoting social income equity.

[**Key Words**] MLS　Executive – Employee Compensation Gap　Compensation Committee Independence

JEL Classifications: G32　G34　G38

农地确权、确权方式与农户化肥施用*

——来自准实验的证据

苏柯雨　魏滨辉　胡新艳**

【摘　要】本文利用广东省阳山县同时存在常规确权、整合确权方式准实验场景的独特机会，在“是否”确权的制度层面上进一步分离出两种确权方式的微观差异，采用面板数据的双重固定效应模型，分析农地确权以及不同确权方式的化肥减量效应。得到的结论是：（1）从政策实施前后的纵向时间维度看，实施农地确权促使农户减少化肥投入，但区分农地确权方式的计量结果表明，仅整合确权对农户化肥施用行为存在显著影响，而常规确权的影响并不显著。（2）从两种确权方式的横向比较维度看，相比于常规确权组农户，整合确权组农户每年每亩投入的化肥更少。作用机制分析表明：农户化肥施用行为差异主要是由两种确权方式下的土地价值属性、地权稳定性不同而导致。使用多种识别策略和稳健性检验均验证了基准结论稳健性。本文研究表明不同的农地确权方式隐含着不同的土地利用长期发展效应，整合确权对中国改善土壤健康及农业绿色发展具有深刻的实践意义。

【关键词】**农地确权　确权方式　化肥施用　准实验**

中图分类号：**F321.1**　文献标识码：**A**

---

* 广东省教育厅创新团队项目（2017WCXTD001）、广东省普通高校重点研究项目（2019WZDXM008）和广东省科技创新战略专项资金（“攀登计划”专项资金：pdjh2021a0074）。

** 苏柯雨，华南农业大学国家农业制度与发展研究院，硕士研究生，地址：（510642）广东省广州市天河区华南农业大学经济管理学院；E-mail：447101741@qq.com。魏滨辉，华南农业大学经济管理学院，硕士研究生，地址：（510642）广东省广州市天河区华南农业大学经济管理学院；E-mail：weibinhui577@163.com。胡新艳（通讯作者），华南农业大学国家农业制度与发展研究院，教授，博士生导师，地址：（510642）广东省广州市天河区华南农业大学经济管理学院；E-mail：huxyan@scau.edu.cn。

一、问题提出

当前一场有关土壤健康的革命正在酝酿（蒙哥马利，2019），促使与土壤质量及环境相关的化肥施用成为备受关注的焦点问题。越来越多的研究表明，中国化肥施用量已超出了生态学、经济学等意义的最优施用量（Huang et al.，2008；Wu et al.，2018），在“九五”至“十二五”的四个五年计划时期，中国化肥施用强度分别是国际公认上限标准的 1.16 倍、1.29 倍、1.49 倍、1.59 倍。此类农田土壤健康问题大多被认为是由土壤特性及地理差异所决定的。然而，已有研究表明，在具有地理连续性的区域范围内，因国家管辖边界的政治分割以及所实施的农业政策不同，能够造成显著的土壤侵蚀退化异质性，并被进一步溯源为制度安排差异的决定性作用（Wuepper et al.，2019）。在化肥过量施用问题的背后，国家制度及其农业活动因素可能发挥着重要作用。

产权制度是经济运行的基石。地权制度改革一直是中国农村发展所关注的核心议题。中国农村土地属于集体所有，农地承包经营权分配以村集体（或村民小组）为单位实施。在第一轮和第二轮农地承包分配中，往往依据土壤质量与灌溉条件好坏，以及离居住地远近等条件进行均田承包，导致农户农地经营的小规模与细碎化。为了保障农户农地地权稳定性，2009 年启动了新一轮农地确权试点政策。但同样是确权确地政策，在实践中却出现了两种代表性做法：常规确权和整合确权。这两种确权方式都将农户承包地地块、面积、合同、权属以证书等落实到户，但常规确权是按二轮承包时期的土地台账对农户拥有的农地进行确权；整合确权是先进行土地整治、调整并块等工作，之后再进行农地确权。不同的确权方式会带来农地资源属性以及产权权利特性的变化，其对农户施肥行为可能隐含着不同的制度含义。但是，国内目前对于不同农地确权实践方式以及对农户化肥施用的影响未给予足够关注。

鉴于此，本文强调农地确权方式的异质性影响，利用广东省阳山县同时存在常规确权、整合确权方式准实验场景的独特机会，在“是否”确权的制度层面上进一步分离出不同确权方式的微观差异，将农地“是否”确权、“如何”确权纳入同一分析框架中，来回答以下问题：农地确权对农户化肥施用有何影响？整合确权方式和常规确权方式对农户化肥施用的影响净效应有多大？两种不同确权方式，是否引致不同的化肥施用行为？为何会产生差异？有着怎样的政策含义？本文可能的边际贡献在于：一是理论上，将农地“是否”确权与“如何”确权纳入同一分析框架中，分离出是否确权、是否常规确权、是否整合确权对化肥施用的净效应，以及对比分析不同确权方式下化肥施用的差异，使得对确权制度的研究更为细致、全面和丰富，有利于增进对制度绩效及其运行逻辑的理解。二是机制上，试图构建“不同确权方式——土地利用价值、地权稳定性——化肥施用”的作用机制分析框架，探究不同确权方式如何产生对化肥施用的异质影响，并进行实证检验，揭示了确权以及不同确权方式的经济影响效应的作用路径。三是数据和方法上，采用了独特的针对两种确权方式的准实验调查数据，问卷设计中通过构造更为准确且满足研究要求的问题项来测度核心变量以及关键控制变量，以减少测量误差及其遗漏变量问题；而且课题组收集了面板数据，计量上采用了双重固定效应模型和 PSM - DID 模型，尽量减弱因不易观测因素遗漏和样本自选择偏差等导致的内生性问题影响，能强化计量结果的稳健性。

二、文献综述

（一）地权制度与农户施肥行为：已有主流研究

明晰稳定的产权制度激励投资，促进经济增长，是经济学的基本共识（Jacoby et al.，2002）。基于农地确权政策可能引致的农业投资激励效应，很多发展中国家启动了土地确权颁证计划。但是，土地投资类型多样，涉及土地保护性投资、生产性投资行为，而保护性投资、生产性投资行为又可以进一步细分。如果只是简单地指出地权界定是激励还是抑制土地投资行为，易导致不同结论之间的无谓争议。目前越来越多的微观实证研究针对不同类型的土地投资行为展开。

随着对土壤生态问题的日益关注，越来越多研究使用土地产权方面的数据来检验和识别地权稳定性的化肥减量效应。针对中国的早期研究多使用“农地是否调整”或“是否拥有农地承包经营证书”测度地权制度稳定性；随着 2009 年农地确权工作在全国推进，学界开始引入农地是否确权进行实证分析。有研究表明，地权越不稳定，短期化投资行为越突出，农户化肥施用量越大（何凌云、黄季焜，2001；杨钢桥等，2010；王倩、余劲，2017；周力、王镱如，2019），但也有研究指出，地权稳定性对农户化肥施用行为没有显著影响（姚洋，1998；郜亮亮等，2011；Li et al.，2014；纪龙等，2018；李建平，2018；钱龙、朱红根，2019）。同样，国际上针对非洲国家的研究结论也出现了分歧，芬斯克（Fenske，2011）和西特康（Sitko，2014）认为地权稳定性对农户施肥量没有显著影响，盖布鲁（Ghebru，2015）则认为存在着负向显著影响。可见，从研究结论看，已有的经验证据并不一致。而从研究数据和方法看，绝大部分研究使用的是基于截面数据的计量模型（Li et al.，1998；姚洋，1998；何凌云、黄季焜，2001；杨钢桥等，2010；Sitko，2014；Ghebru，2015；王倩、余劲，2017；纪龙等，2018；周力、王镱如，2019；钱龙、朱红根，2019），仅有极少部分研究使用了基于面板数据的固定效应模型（郜亮亮等，2011；Fenske，2011；李建平，2018）。

可见，目前国内外关于该主题的经验研究结论并不一致，且在数据方法上有待转向基于面板数据的计量模型，以提升研究结论的精确度和稳健性。需要进一步指出的是，已有该主题研究惯常的分析起点是农地制度“是否稳定”或农地“是否确权”，很少有文献关注实践中地权界定方式的多样性。国外的利贝卡普等（Libecap et al.，2011）关注到19世纪美国俄亥俄州界标界限法（Metes and Bounds，MB）和矩形法（Rectangular System，RS）两种土地划界制度，其提供的准实验分析结果表明，RS中的土地价值最初净收益很大，而且这种经济效应一直持续到21世纪。因此，从真实世界出发，在“是否”确权的基础上，比较分析两种不同确权方式的异质性特征及其经济影响的多样性，有利于捕捉中国地权制度改革中源于基层的创新性实践价值，为农地制度改革提供决策参考。

（二）两种确权方式的异质性特征及其制度效应

中国农地确权政策旨在妥善解决农户承包地块面积不准、四至不清等问题。2009年农业部选择8个村组进行政策试点；2013年开始大范围推进，“一号文件”明确提出“用5年时间基本完成农村土地承包经营权确权登记颁证工作”；2015年中央一号文件对土地确权方式做了明确要求，提出“总体上要确地到户”，即确权确地。

在确权确地的政策实践中，全国最为普遍的做法是：按照二轮承包时期村集体的土地台账数据，清查落实农户拥有的承包地地块、面积、位置、地类、权属，进行确权登记颁证，简称常规确权。但是，在一轮二轮农地承包时期，农地“均田承包”方式内生出土地分散化、细碎化的问题。沿袭二轮承包时期的土地台账进行确权，意味着并不触及“均田承包”制度遗留下来的土地细碎化问题，而且可能因确权导致产权固化，长久锁定农地细碎化的经营格局（桂华，2017）。与之不同的是，广东省阳山、湖北沙洋等地以土地确权为契机，在充分尊重农民意愿的前提下，创新实践了“整合确权”方式（谭砚文、曾华盛，2017），基本做法是：将同一自然村（组）的全部农田进行整治，并将农户原来分散细碎的土地进行“小块变大块，多块变一块”的整合，再将整合后的地块确权到户，简称整合确权。可见，整合确权方式不仅通过确权来明晰地权，而且还匹配了土地整治、调整并块等改革措施，它从农地物质形态和承包权占有格局两个层面缓解了土地细碎化问题，是一种相对规模化、规整化、标准化的地权界定方式。比较而言，常规确权则是一种相对细碎化、非规整化、非标准化的地权界定方式。

目前有不少新闻媒体或网络对广东省阳山县实施农地整合确权方式的创新性做法进行了报道。但学术文献对此关注相对较少。早期研究受限于调查数据的可获得性，进行了描述性的定性研究。罗明忠、刘恺（2017）从交易费用理论角度分析了阳山县整合确权模式产生的原因。谭砚文、曾华盛（2017）阐述了整合确权方式产生原因以及实施推广中可能面临的问题。这两篇文献都肯定了整合确权方式对于缓解土地细碎化、促进农地流转的作用。后续，有研究团队获得常规确权、整合确权两种确权方式的农户调查数据，利用 DID（Difference - in - Differences）、IPWRA（Inverse Probability Weighting estimator with Regression-adjustment）等模型展开了量化评估分析，研究表明：整合确权方式与单一地以完成确权任务为目的常规确权方式相比，对当地农业规模经营方式转型更具长远发展价值（胡新艳等，2018；陈小知、胡新艳，2018）。

（三）简评

综上发现，现有研究在以下两方面有待改进：

一是研究内容上，已有文献往往将农地确权视为同质性的制度安排，笼统地用“是否”确权进行衡量，很少将农地确权制度进行分类研究，并将其与农户施肥行为联系起来。在中国农地确权实践中出现的常规确权、整合确权两种确权方式，为这一主题的研究提供了理想的实验场景。由此，将产权制度研究从“是否界定”拓展到“如何界定”的比较制度研究，既契合现代经济增长理论所倡导的“将内容广泛的制度群进行分类研究”新趋向（阿西莫格鲁，2019），也切合中国推进农地确权改革以及绿色农业发展的现实需求。进一步地，如果不对确权方式加以分类讨论，难以捕捉确权制度的异质性，容易使我们忽略地权制度改革中有价值的创新性实践，也易导致政策评估的量化结论受到干扰。

二是数据和方法上。科学施政的前提是正确评估政策。政策评估研究的核心问题是归因，而归因结论的科学性与所选择的调查数据质量及其实证模型密切相关。严格来说，对于政策影响评估的研究需利用面板数据，剔除时间趋势和个体特质影响，来识别政策效果。但是，目前国内公开权威数据库中尚缺乏包括农地确权颁证前后的面板数据，受数据类型的限制，已有研究多采用基于横截面数据的量化评估方法，因此，数据方法上，有待转向基于面板数据的计量模型，以减少因遗漏变量和自选择偏差等导致的内生性问题，来强化因果推断结论的科学性和稳健性。

鉴于此，本文在“是否”确权的制度层面上，进一步分离出不同确权方式的微观差异，并采用基于面板数据的双重固定效应模型及 PSM - DID 模型，实证评估农地确权、是否整合确权、是否常规确权对化肥施用的影响，以及不同确权方式下化肥施用量的差异。

三、理论分析框架

全面评估农地整合确权与常规确权方式的经济影响效应有利于科学地解读农地确权政策及其确权方式选择，具有重要的决策借鉴价值。因此，本文关注不同农地确权方式下土地利用价值和地权稳定性的差异，以及它们对农户化肥施用的影响。

（一）不同确权方式与化肥施用：土地利用价值效应

土地利用价值是影响农户投资行为的重要条件之一（林毅夫，1995）。中国农村土地细碎化问题颇为严重，这阻碍了中国农民的投资意愿。与常规确权不同，整合确权在单纯的确权前进行了农地整合，由此缓解了土地细碎化的问题。因此相比于常规确权方式，整合确权方式下的土地利用价值更高。具体而言，整合确权方式的重要程序——“农地整合”，通过地块整治降低了地块的不规则性，通过覆盖全村的地块基础设施建设如灌溉水渠、机耕路等降低了地块间的质量差异（胡新艳等，2018），也通过地权调整互换缓解了承包地占有分散、细碎的问题（田孟、贺雪峰，2015；刘小红等，2017）。而常规确权方式并不包含“农地整合”这一程序。可见，相比于常规确权，整合确权方式下的地块质量更标准、规模更大、形态更规则，即土地利用价值更高。土地利用价值提升对农户施肥行为影响的机理如下：

首先，利用价值不高的农地难以实现较高的经济效益，因为其需要耗费更大量的劳动力资源。而农业生产中劳动力与化肥投入之间存在明显的替代关系（胡浩、杨泳冰，2015；吴丽丽等，2016），因此，在劳动力数量日益短缺、成本快速上涨的情形下，施用化肥成为最重要且最经济的维持产量的方式，所以农户为了减少劳动力的投入，更多地选择“省时省力”的化肥施用（Wu et al.，2018）。相比于常规确权，整合确权提升了农地利用价值，可以在一定程度上降低劳动力投入成本。因此，即使存在劳动力短缺或成本上涨的问题，整合确权农户也不需要用过量的化肥来代替劳动（Wu et al.，

2018）。

其次，机械利用具有规模性和集约性特征，细碎分散或不规则的农地难以满足机械使用的最低门槛，会直接妨碍机械的使用（Foster and Rosenzweig，2010；Gu et al.，2018）。在常规确权方式下，由于土地依旧是细碎分散且不规则、不标准，农民会发现增加化肥的使用要比机械化农业作业更容易，从而易导致化肥的使用强度更高（Wu et al.，2018）。而相比于常规确权，整合确权方式下高利用价值的地块更有利于机械化作业能够提高化肥的使用效率，进而减少农户化肥用量（纪龙等，2018）。

综上，尽管未有研究直接关注土地利用价值对农户化肥施用行为的影响，并提供有效的经验支持证据。但上述理论分析逻辑表明，相比于常规确权方式，整合确权可能通过土地利用价值提升进而促进农户减施化肥。

（二）不同确权方式与化肥施用：地权稳定性效应

产权是重要的（Coase，1937）。但是，大多数学者只考虑了法定权利，往往将产权合法性等同于产权稳定性。虽然这一论点在法律理论概念中可能是成立的，但发展中国家的土地产权冲突的现实表明：情况并非如此。如何从产权合法性过渡到事实层面的产权稳定性？罗必良（2014）针对中国地权制度的特殊性，提出了“法律赋权、社会认同、行为能力”这一三维分析框架。我们借用这一三维分析框架，讨论两种确权方式下的地权稳定性特征差异及其对农户化肥施用行为的影响。

从法定赋权看，无论是农地整合确权方式还是常规确权方式，都会因“确权”而赋予农户农地承包经营权保护的立法保障，并且可以通过法律追索权来防止产权侵权。正如巴泽尔（Barzel，2015）所指出的：当法定权利被赋予而且被强制实施时，地权稳定性也被强化了。这是通过法律赋权改革而实现的农户地权稳定性。但是，整合确权方式中的“农地整合”步骤带来的地块标准化、规模化以及规则化，能从社会认同、行为能力方面进一步强化地权稳定性。

社会认同表现为一套产权的意识形态。对于中国农地产权制度而言，一个广为社会认同的规范在于：土地集体所有制赋予了村庄内部每个合法成员平等地拥有村属土地的权利，在实践中则表现为：村庄随人口变动进行农地调整（Kung，1995；Liu et al.，1998）。不同于常规确权方式，在整合确权方式下，农户对于农地调整诉求的社会规范可能发生变化。因为在整合确权方式下，村集体统一规划的机耕路和灌溉水渠等农田基础设施覆盖了全村的农田，能最小化村庄内各个地块之间的质量差异（胡新艳等，2018）。面对相对均质的标准化地块，将全部农地重新打乱重分的“大调整”净收益很小，农户调地需求自然减小，有利于农地产权的稳定。即使需要根据人口变动进行农地调整，由于地块是相对同质标准化的，也可以在保障农户原承包地位置、面积的基本不变的情形下，切割边缘地块进行“多退少补”，实现地权的基本稳定。

同样的法定赋权条件下，农户执行农地产权的行为能力可能会因农地确权方式的不同而产生差异。不同于常规确权方式，整合确权方式通过农地整治使得村内地块规整化，相对规整的直线边界促使地块边界界定更明晰，可以减少产权边界纠纷、进入争议和测量争议；地块的调整、合并则使得农户土地实现相对集中和规模化，导致每个农户在地理空间上与其他农户相毗邻的地块减少。由此，农户进行农业经营时，因用水、施肥等所需打交道、进行讨价还价的对象会减少，降低了农户间的交易成本，有利于减少产权实施的纠纷。可见，农地整合确权方式下产权执行保护边际成本较低，相应提升的农户土地产权行为能力成为农民对土地的一揽子产权的一部分，有利于提高地权的稳定性。

总之，农地整合确权方式延续了常规确权方式下法定赋权带来的地权稳定性，并且从社会认可、行为能力维度进一步强化了地权稳定性。稳定的产权制度能够激励长期投资（Besley，1995）。依此理论逻辑，地权稳定性对化肥减量有显著的影响。农户作为理性投资者，对农地产权持有更稳定的预期，更倾向于将土壤健康纳入生产管理实践的核心，将抑制化肥的投入。

（三）小结

鉴于此，本文构建“确权方式——土地利用价值、地权稳定性——化肥施用”的理论框架，结合农地确权政策实施进程，引入前沿主流的准实验获得有效的微观调查数据，并采用双重固定效应等计量模型，考察农地确权对化肥施用的影响，比较分析不同农地确权方式下化肥施用的异质性，以及探究其中的作用路径。

四、数据来源与变量选取

（一）数据来源

广东省阳山县的农地确权政策于 2016 年 1 月开始实施。农地确权工作开展以自然村为单位推进，各村完成确权的时间不一致，因此可将其视为空间和时间上的错列发生事件，这相当于一个准实验（陈胜蓝、刘晓玲，2020）。本研究引入准实验方法，对农地确权、两种确权方式进行了基线调查和追踪调查，建立了涉及“村庄—农户”的两期面板数据，为实证研究提供了可靠的数据基础。目前国内并未有涉及不同确权方式的跟踪调查公开数据，本数据库对于研究农地确权以及确权方式的微观实证研究具有重要的开发价值。具体的调查安排和数据收集情况如下：

1. 试点村的农地整合确权方式调查

广东省阳山县升平村作为整合确权试点村，以自然村为单位推进整合确权工作。升平村中的前锋、四新、联合、东风、中心 5 个村小组于 2016 年完成整合确权试点工作。课题组于 2017 年 1 月进行基线调查，获得了基线数据（2016 年），并于 2018 年 1 月获得跟踪调查数据（2017 年）。其中，2017 年完成 5 个样本村调查问卷，102 份农户问卷；2018 年追访样本村 5 个，样本农户 102 户，追访率均为 100%。需要特别说明的是，在升平村农地整合确权试点取得一定成效后，阳山县进一步推广实施农地整合确权工作。因此，整合确权方式并不完全局限于升平村。

2. 覆盖全县的农地确权调查

广东省阳山县辖区内共有 12 镇 149 行政村，课题组首先从中随机抽取 80 个行政村；其次经过检验效能计算（Power calculation），在每个样本行政村按经济发展水平分别随机抽取 2 个自然村；最后按照农户收入水平分组，在每个自然村随机挑选 10 户样本农户，共选取样本户 1 600 户。课题组于 2017 年 1 月开展基线调查，获得了基线数据（2016 年），并于 2018 年 1 月获得跟踪调查数据（2017 年）。其中，2017 年完成 160 份村庄问卷，1 590 份农户问卷；2018 年追访样本村为 160 个，样本农户 1 463 户，样本村追访率为 100%，样本农户追访率为 92.013%，替代率为 6.226%。

为了提升研究结论的针对性，本文仅研究稻农。在剔除非稻农样本以及无效样本后，2016 年的有效样本量为 1 221，其中未确权的农户样本为 554 户，整合确权的农户样本为 137 户，常规确权的农户样本为 530 户；2017 年的有效样本量为 1 056，其中未确权的农户样本为 53 户，整合确权的农户样本为 169 户，常规确权的农户样本为 834 户。两年共计 2 277 个农户样本（如表 1 所示）。

表 1　2016～2017 年有效样本量

组别	2016 年	2017 年	合计
未确权	554	53	607
整合确权	137	169	306

续表

组别	2016 年	2017 年	合计
常规确权	530	834	1 364
合计	1 221	1 056	2 277

（二）变量选取及描述统计

1. 被解释变量

化肥施用。本文采用“年内化肥的亩均费用（元/亩・年）”指标来衡量农户化肥施用行为。笔者在调研过程中了解到，当地农户施用的基本是同种类型化肥，不存在化肥单价差异较大的情况，因此采用农户的年内化肥亩均费用衡量其化肥施用量是可行的。

2. 核心解释变量

（1）是否确权。确权为二值虚拟变量，以农户是否完成签字确认为准。若样本农户已完成农地确权，赋值为 1，若未完成农地确权，则赋值为 0。（2）是否完成整合确权抑或是否完成常规确权。具体而言，以未确权为基准组，将整合确权组农户与未确权组农户相比较，也将常规确权组农户与未确权组农户相比较，生成是否整合确权、是否常规确权的虚拟变量。（3）两种确权方式。两种确权方式变量的赋值仅针对已确权农户，具体而言，以常规确权组农户为基准组，若样本农户以整合确权方式完成确权，赋值为 1；若以常规确权方式完成确权，则赋值为 0。

3. 控制变量

借鉴郜亮亮等（2013），应瑞瑶等（2018），周力、王镱如（2019）等的研究，从三个方面选取控制变量：（1）户主个人特征层面，选取户主的年龄、文化程度、农技培训和风险偏好 4 个变量；（2）家庭特征层面，选取了经营面积、服务外包、农机价值、农家肥施用、农药投入、组织参与、肥力条件、灌溉条件、家庭人口、非农收入 10 个变量。（3）村庄特征层面，选取了地形条件和离镇距离 2 个变量。

所有的变量设置、解释说明及基本统计量的描述统计如表 2 所示。

表 2　　变量赋值及描述统计

变量	变量定义	均值	标准差	最小值	最大值
被解释变量					
化肥施用	年内化肥的亩均费用（元/亩・年）	409.473	323.378	22.5	1 908.397

续表

变量	变量定义	均值	标准差	最小值	最大值
核心解释变量					
是否确权	是否完成农地确权：1 = 是，0 = 否	0.733	0.442	0	1
是否整合确权	以未确权为基准组	0.134	0.341	0	1
是否常规确权	以未确权为基准组	0.599	0.490	0	1
两种确权方式	以常规确权为基准组	0.171	0.377	0	1
控制变量					
户主个人特征					
年龄	户主年龄（岁）	56.891	10.308	19	93
文化程度	户主受教育年限（年）	6.420	3.274	0	19
农技培训	1 = 参加；0 = 否	0.116	0.320	0	1
风险偏好	从非常厌恶到非常偏好风险进行5级赋值	1.850	1.238	1	5
家庭特征					
经营面积	农户种植总面积（亩）	3.009	2.318	0.3	13.2
服务外包	购买外包服务环节数（个）	0.711	0.829	0	6
农机价值	农用机动设备原值（元）（对数）	-4.461	9.477	-11.513	12.206
农家肥施用	年内农家肥亩均用量（斤/亩·年）	182.271	285.566	0	603
农药投入	年内农药亩均费用（元/亩·年）	154.479	124.844	0	439.728
组织参与	参与农业合作社：1 = 是；0 = 否	0.044	0.206	0	1
肥力条件	0 = 较差；1 = 一般；2 = 较好	1.002	0.659	0	2
灌溉条件	0 = 较差；1 = 一般；2 = 较好	1.074	0.766	0	2
家庭人口	家庭总人口（人）	5.581	2.172	1	18
非农收入	非农收入占家庭总收入比重	0.919	0.226	0	1
村庄特征					
丘陵	以平原为基准组	0.390	0.488	0	1
山地	以平原为基准组	0.274	0.446	0	1
离镇距离	到镇中心的公路里程（千米）	6.047	4.445	0.1	18

本文关注的重点是：农地是否确权以及不同确权方式下农户的施肥行为的差异性。因此，我们根据是否确权及确权方式进行分组的组间差异分析。首先，将所有农户划分为确权组农户与未确权组农户。其次，针对确权组农户区分两种确权方式进行分析，即将确权农户划分为常规确权组农户与整合确权组农户。图 1 报告了确权组与未确权组农户的化肥施用量对比情况，图 2 则报告了整合确权农户与常规确权农户的化肥施用量的差异。图 1（a）表明 2016 年确权组农户与未确权组农户的化肥施用量差异不大，图 1（b）表明 2017 年确权组农户的化肥施用明显少于未确权组农户。图 2（a）表明 2016 年整合确权组农户与常规确权组农户相比，亩均化肥施用得稍少一些，但差异并不明显，图 2（b）表明 2017 年整合确权组农户的化肥施用量明显少于常规确权组农户。由此可以推断，农地确权及不同确权方式对农户施肥行为具有一定影响，且其效应在时间上可能存在滞后性。需要指出的是，各组农户在农技培训、经营面积、服务外包、农家肥施用、农药投入、肥力条件以及灌溉条件上也存在一定的差异。但由于篇幅有限，故在此处略去具体的图示。这些系统性差异表明：科学评估农地确权及确权方式对农户施肥行为差异影响，需要在计量模型中控制相关变量加以解决。

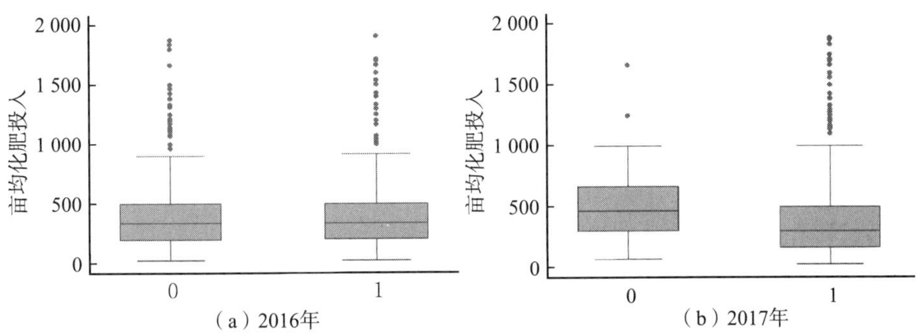

图 1　已确权（1）与未确权（0）农户化肥施用量的对比

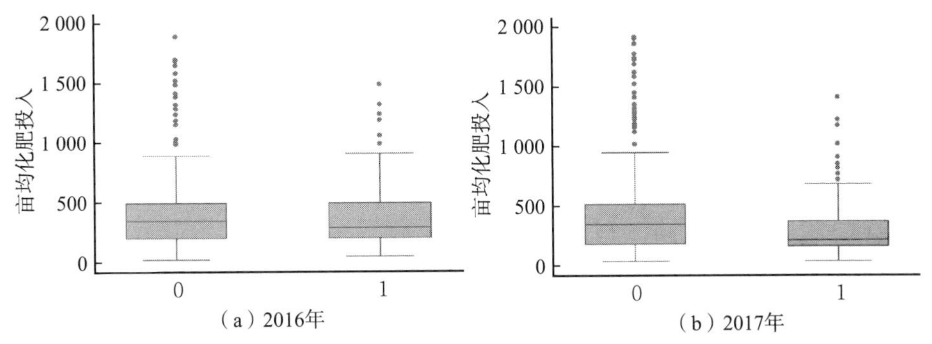

图 2　整合确权（1）与常规确权（0）农户化肥施用量的对比

五、实证分析

本文的实证分析分为三步进行：首先，考察农地是否确权对农户化肥施用的影响；其次，在关注农地是否确权的基础上，考察整合确权对化肥施用的影响，以及常规确权对化肥施用的影响；最后，直接比较分析两种确权方式农户下化肥施用的异质性，并检验理论分析框架下的作用机制。

（一）是否确权与农户化肥施用

为考察农地确权对农户化肥施用的影响，本文选择是否确权作为核心解释变量，使用所有农户样本，并采用面板数据双重固定效应方法，构建如下计量模型：

$$Fertilizer_{it} = \beta_0 + \beta_1 Titling_{it} + \beta_2 Personal_{it} + \beta_3 Family_{it} + \gamma_t + f_i + \varepsilon_{it} \quad (1)$$

其中，$Fertilizer_{it}$为被解释变量——农户年内化肥的亩均费用；$Titling_{it}$为核心解释变量，代表农户是否完成农地确权，具体而言，若农户已完成农地确权，赋值为1，若未完成农地确权，则赋值为0；$Personal_{it}$为户主个人层面的控制变量，$Family_{it}$为家庭层面的控制变量，用以控制家庭特征的影响。γ_t 为时间固定效应，f_i 农户个体固定效应，ε_{it}为随个体和时间改变的随机干扰项。下角标 i 表示农户个体，t 表示年份。

表3汇报了回归结果。第（1）列结果表明农地确权和农户化肥施用行为之间存在显著的负相关关系。在前一列的基础上，第（2）列控制了户主个体特征，第（3）列进一步增加了家庭特征变量。通过对比可以看出控制变量的选择对估计结果没有明显的影响，这在侧面反映了估计结果的稳健性。基于第三列的回归结果，本文认为实施农地确权政策会使农户每年每亩减少44.19元的化肥投入，具有一定的经济意义。但是，由于未区分农地确权方式，因此无法识别此处的化肥减量效应是并存于两种确权方式中，抑或是仅源于某一类方式。为此，后续区分确权方式进行进一步的分析。

表3　　是否确权与农户化肥施用的回归结果

变量	(1)	(2)	(3)
是否确权	-48.19* (25.25)	-47.46* (25.19)	-44.19* (23.25)

续表

变量	(1)	(2)	(3)
年龄		-2.804 (1.923)	-1.980 (1.636)
文化程度		-1.119 (4.098)	-0.051 (3.490)
农技培训		-35.44 (28.79)	-7.882 (26.12)
风险偏好		-3.491 (8.274)	-1.399 (7.009)
经营面积			-18.57*** (4.110)
服务外包			-6.694 (11.61)
农机价值			1.353 (1.017)
农家肥投入			-0.024 (0.0383)
农药投入			1.108*** (0.109)
组织参与			20.83 (34.40)
肥力条件			18.83 (13.92)
灌溉条件			-19.15 (12.92)
家庭人口			5.877 (5.579)
非农收入			-5.024 (37.89)
个体固定效应	已控制	已控制	已控制
年份固定效应	已控制	已控制	已控制
常数项	-14 403 (34 124)	-15 435 (34 397)	-25 683 (32 124)
R^2	0.005	0.008	0.229
观测值	2 277	2 277	2 277

注：①***、**、*分别代表在1%、5%、10%的统计水平上显著；②括号内数字为聚类（cluster到农户）稳健标准误；③固定效应模型无法估计不随时间而变的变量，因此回归未控制村庄特征变量。

（二）是否整合确权、是否常规确权与农户化肥施用

为探究是否整合确权及是否常规确权对农户化肥施用的影响，在此，本文构建了如下模型：

$$Fertilizer_{it} = \beta_0 + \beta_1 Types_{it} + \beta_2 Personal_{it} + \beta_3 Family_{it} + \gamma_t + f_i + \varepsilon_{it} \quad (2)$$

其中，$Types_{it}$为核心解释变量，它以未确权为基准组，生成是否整合确权、是否常规确权的虚拟变量。其余变量与前文相同。需要指出的是，该模型同样使用了所有农户样本，并在回归中控制了个体固定效应和时间固定效应。

回归结果见表4。第（1）列是未添加任何控制变量的简单回归结果，为减少遗漏变量偏误，在第（2）列和第（3）列中逐步控制户主特征和家庭特征的影响后发现，是否整合确权和是否常规确权均对农户化肥施用表现出负向作用，但后者在统计意义上并不显著。第（3）列的结果显示，是否整合确权的估计系数为 -99.79 且在1%的水平上显著。由此认为，完成农地确权且确权方式为整合确权，会使农户年亩均化肥投入减少99.79元。

表4　　是否整合确权、是否常规确权与农户化肥施用的回归结果

变量	(1)	(2)	(3)
是否整合确权	-117.7*** (40.02)	-121.9*** (40.29)	-99.79*** (36.16)
是否常规确权	-38.38 (26.01)	-36.70 (25.95)	-37.59 (23.72)
户主特征	未控制	已控制	已控制
家庭特征	未控制	未控制	已控制
个体固定效应	已控制	已控制	已控制
年份固定效应	已控制	已控制	已控制
常数项	-13 732 (33 912)	-15 022 (34 109)	-25 091 (32 055)
R^2	0.009	0.013	0.231
观测值	2 277	2 277	2 277

注：①***、**、*分别代表在1%、5%、10%的统计水平上显著；②括号内数字为聚类（cluster到农户）稳健标准误；③户主特征和家庭特征控制变量与表2一致，但限于篇幅，此处未汇报控制变量的结果。

另外，不难发现，细分确权方式后化肥减量的效果发生了较大变化：在是否确权与农户施肥行为的回归模型中，农地确权系数为 -44.19，且仅在

10%的统计水平上显著。而在确权方式与农户施肥行为的回归模型中，是否整合确权变量的系数为 -99.79，且在1%的统计水平上显著。由此可以推断，农地确权的化肥减量效果是源自整合确权。可见，单一的法定赋权即常规确权方式，仍无法激励农户减施化肥，但是，农地确权匹配农地整合即整合确权方式，能有效改善农户的施肥行为，达到农地“减肥”的效果，有利于贯彻实现国家化肥减量化政策以及农业绿色发展战略。

（三）两种确权方式与农户化肥施用

由前文可知整合确权方式与常规确权方式的化肥减量净效应是不同的，但仍无法准确推断两者之间的差异，因此接下来本文直接考察两种确权方式对农户施肥行为的异质影响。在此，本文剔除了未确权的农户样本，保留已确权的农户样本，并将两种确权方式视为核心解释变量，构建了面板数据双重固定效应计量模型，如式（3）所示：

$$Fertilizer_{it} = \beta_0 + \beta_1 CT_{it} + \beta_2 Personal_{it} + \beta_3 Family_{it} + \gamma_t + f_i + \varepsilon_{it} \quad (3)$$

其中，核心解释变量CT_{it}衡量农户的确权方式，若农户以整合确权方式完成确权，赋值为1，若以常规确权方式完成确权，则赋值为0。其余变量与前文相同。需要特别说明的是，此处回归与前文回归看似都在分析确权方式对农户化肥施用量的影响，但前文将未确权组作为基准组，并将整合确权组农户与未确权组农户作对比、将常规确权组农户与未确权组农户作对比，关注的重点在于整合确权方式与常规确权方式的化肥减量净效应。而此处可以说是将常规确权组视为基准组，并将整合确权组农户与常规确权组农户作对比，主要目的是直接探究两组农户在化肥施用上的差异。

表5报告了回归结果。第（1）列结果显示，两种确权方式变量对农户化肥施用具有显著的负向影响，并具有较强解释能力。第（2）列加入了户主特征变量，第（3）列进一步加入了家庭特征变量。通过对比三列结果可以看出，控制变量的选择对两种确权方式变量的系数符号没有明显的影响，但对其系数大小及显著性产生了一定影响，即在加入家庭特征控制变量后，该变量的系数大幅减小，且显著性也有所降低，原因可能是某些控制变量对农户施肥行为有着重要的影响，前两列回归没有将其纳入导致了对影响效应的高估，因此我们重点关注第（3）列回归。在第（3）列中，两种确权方式变量在5%的统计水平上影响显著，且系数为负，表明整合确权与常规确权的差异在于整合确权农户每年每亩少施化肥89.07元。

表 5　　两种确权方式与农户化肥施用的回归结果

变量	(1)	(2)	(3)
两种确权方式	-146.0*** (49.98)	-147.7*** (51.22)	-89.07** (42.27)
户主特征	未控制	已控制	已控制
家庭特征	未控制	未控制	已控制
个体固定效应	已控制	已控制	已控制
年份固定效应	已控制	已控制	已控制
常数项	-5 525 (37 254)	-10 308 (38 079)	-32 330 (34 560)
R^2	0.017	0.022	0.267
观测值	1 670	1 670	1 670

注：①***、**、*分别代表在1%、5%、10%的统计水平上显著；②括号内数字为聚类（cluster到农户）稳健标准误；③户主特征和家庭特征控制变量与表2一致，但限于篇幅，此处未汇报控制变量的结果。

（四）内生性问题讨论

1. 样本自选择偏差问题

由于基层在推进确权时可能会先选择容易实施的村小组和群体，以及更偏向于选择土地条件好的村小组来实施难度较大整合确权，这就会导致各组农户在平均水平上存在显著差异。而双重差分倾向得分匹配法（PSM-DID）通过控制不同群体间不随时间变化的组间差异，能够比较有效地解决这一问题。因此，本文将运用PSM-DID模型验证前文结果的稳健性。根据已有文献，核匹配法相较于最近邻匹配、半径匹配提高了样本使用率，因此本文采用内核匹配（二次核，默认带宽为0.06）进行回归。

表6报告了PSM-DID回归结果。第（1）列回归使用所有农户样本，将确权组视为处理组，未确权组视为控制组。由结果可知农地确权的确存在化肥减量效应，它的实施促使农户减少化肥投入。具体而言，确权组农户比未确权组农户每年每亩少投入化肥98.102元，且在5%的统计水平上显著。第（2）列回归剔除了常规确权组农户样本，处理组为整合确权组农户，控制组为未确权组农户。差分结果为-179.388，且在1%的统计水平下显著，表明相比于未确权，整合确权会使农户每年减少179.388元/亩的化肥投入。第（3）列回归则剔除了整合确权组农户样本，处理组为常规确权组农户，控制组为未确权组农户。差分结果为-85.040，但在统计意义上不显著。第（4）

列回归剔除了未确权组农户样本，将整合确权组视为处理组，将常规确权组视为控制组。差分结果为 -94.947，且在 1% 的统计水平下显著，表明相比于常规确权农户，整合确权农户每年每亩少投入化肥 94.947 元。

表 6　　PSM - DID 模型的回归结果

阶段	组别	(1)	(2)	(3)	(4)
		已确权 T 与未确权 C	整合确权 T 与未确权 C	常规确权 T 与未确权 C	整合确权 T 与常规确权 C
处理前（2016 年）	处理组 T	336.349	389.893	327.665	329.695
	控制组 C	344.394	389.961	337.478	311.462
	T - C	-8.045	-0.068	-9.814	18.234
处理后（2017 年）	处理组 T	319.952	301.469	326.406	232.625
	控制组 C	426.098	480.925	421.259	309.338
	T - C	-106.147	-179.456	-94.853	-76.713
DID		-98.102** (41.519)	-179.388*** (50.172)	-85.040 (57.850)	-94.947*** (33.842)
户主特征		已控制	已控制	已控制	已控制
家庭特征		已控制	已控制	已控制	已控制
观测值		2 277	913	1971	1 670

注：① ***、**、* 分别代表在 1%、5%、10% 的统计水平上显著；②括号内数字为稳健标准误；③户主特征和家庭特征控制变量与表 2 一致，但限于篇幅，此处未汇报控制变量的结果。

2. 遗漏变量问题

虽然双重固定效应模型可以通过消除不可观测因素的影响，解决可能存在的遗漏变量偏差问题，但其无法估计不随时间而变的变量参数，如大多数的村庄特征变量。而农地确权工作是以自然村为单位展开的，缺失村级控制变量可能会使估计结果产生偏差。因此，为了进一步检验前文实证结果的稳健性，本文在纳入户主个人和家庭层面控制变量的基础上，控制村庄特征变量，并运用混合截面的 OLS 模型进行估计，估计结果如表 7 所示。通过与前文结果的对比可知，混合截面 OLS 模型与双重固定效应模型的估计结果基本一致。可见，增加村级控制变量及调整计量模型后估计结果仍支持前文结论，由此进一步验证了前文实证结果的稳健性。

表 7　　添加村级控制变量的混合截面 OLS 模型回归结果

变量	(1)	(2)	(3)
是否确权	-21.45* (11.92)		
是否整合确权		-53.94*** (19.93)	
是否常规确权		-13.01 (16.27)	
两种确权方式			-37.57** (15.93)
户主特征	已控制	已控制	已控制
家庭特征	已控制	已控制	已控制
村庄特征	已控制	已控制	已控制
年份	已控制	已控制	已控制
常数项	12 450 (26 176)	16 226 (26 181)	42 696 (27 204)
R^2	0.298	0.300	0.322
观测值	2 277	2 277	1 670

注：①***、**、*分别代表在1%、5%、10%的统计水平上显著；②括号内数字为聚类（cluster 到农户）稳健标准误；③户主特征和家庭特征控制变量与表2一致，另加入了村庄特征控制变量（地形条件和离镇距离），但限于篇幅，此处未汇报控制变量的结果。

（五）作用机制分析

本文重点关注不同确权方式下土地利用价值和地权稳定性的差异及其对化肥减量的影响。为了检验传导机制“两种确权方式→土地利用价值→化肥施用”是否存在，本文选取“平均地块面积”“方形地块占比”“灌溉条件”和“机耕条件”作为衡量土地利用价值的代理变量。由表8第（1）~（4）列的结果可知，与常规确权组农户相比，整合确权组农户的平均地块面积大0.597亩，方形地块占比高37.2%，灌溉条件和机耕条件的评价得分分别高0.485和0.564。总体而言，两种不同确权方式下的土地利用价值存在显著差异。同样，为了验证传导机制“两种确权方式→地权稳定性→化肥施用”是否存在，本文选取“承包地是自家的”“承包地10年后还是自家的”“承包地是任何人都不可侵犯的”和“承包地上所有收益都属于自家的”作为衡量地权稳定性的代理变量。由表8第（5）~（8）列的结果可知，两种不同确权方式下的地权稳定性存在显著差异。结合上文分析可知，两种确权方式影响了土地利用价值和地权稳定性，进而导致化肥减量效应存在差异显著。

表 8　　作用机制分析的回归结果

变量	土地利用价值			
	(1) 平均地块面积	(2) 方形地块占比	(3) 灌溉条件	(4) 机耕条件
两种确权方式	0.597 *** (0.179)	0.372 *** (0.121)	0.485 ** (0.224)	0.564 *** (0.174)
变量	地权稳定性			
	(5) 承包地是自家的	(6) 承包地 10 年后还是自家的	(7) 承包地是任何人都不可侵犯的	(8) 承包地上所有收益都属于自家的
两种确权方式	0.512 ** (0.237)	0.673 *** (0.218)	0.469 ** (0.201)	0.581 ** (0.233)

注：① ***、**、* 分别代表在 1%、5%、10% 的统计水平上显著；②括号内数字为聚类（cluster 到农户）稳健标准误；③户主特征和家庭特征控制变量与表 2 一致，但限于篇幅，此处未汇报控制变量的结果。

六、结论与政策启示

化肥减量化目标的实现需要有效的制度保障。在中国开展农地确权工作“回头看”的阶段，本文以农地确权及其实践过程中出现的不同确权方式为着眼点，利用广东省阳山县同时存在常规确权、整合确权方式的准实验场景，在“是否”确权的制度层面上进一步分离出不同确权方式的微观差异，并采用面板数据双重固定效应模型，分析农地确权对农户化肥施用的影响，以及不同确权方式下的化肥施用行为差异，使得关于确权制度的研究更为细致和全面。得到的结论是：（1）实施农地确权政策使农户每年每亩减少化肥投入 44.19 元，但进一步区分确权方式，比较分析未确权与两种确权方式农户的结果表明，仅整合确权方式对农户化肥施用行为存在显著影响，而常规确权方式的影响并不显著。（2）比较分析两种确权方式农户的结果表明，整合确权组相比于常规确权组农户，每年每亩少投入化肥 89.07 元。而化肥施用行为存在显著差异的原因主要是两种确权方式所导致的土地利用价值和地权稳定性不同。采用修正样本自选择偏差的 PSM－DID 模型和增加村级控制变量的混合截面 OLS 模型结果均验证了上述结论的稳健性。

本文的研究结论具有重要的理论和政策含义。一直以来，学界强调了农地确权的重要性，但对实践中确权方式的多样性关注不够，本文在“是否”确权的基础上，分离出不同确权方式的细致差异，从而从二分类的确权制度研究拓展到了不同确权方式的比较研究，使得确权制度的研究更为细致、全面和丰富。实证计量结果表明，不同的农地确权方式可能隐含着不同的土地利用长期发展效应，其中，相比于常规确权方式，“农地整合”与“农地确权”相匹配的整合确权方式使得土地利用价值及地权稳定性更高，更有利于中国重建土壤健康，促进农业绿色发展。另外，整合确权方式产生于农地细碎化、分散化较为严重的地区，因此需要考虑其实施的区域特性。而需要说明的是，中国地形虽复杂多样，但山地丘陵地形占全国土地总面积的比例约为43%。可见，土地细碎化与分散化问题普遍存在。从这个意义上看，源于基层实践探索的整合确权方式存在较大的实践意义和推广价值。

需要进一步指出的是，即使目前我国农地确权工作已基本完成，整合确权方式的创新实践所隐含的政策启示价值依然应该受到重视。因为当前农村土地整治是列入中央政府重大议事日程的重点项目，每年投入专项资金高达数千亿元（毛志红，2016）。但以往我国土地整治项目的执行过程中表现出工程化趋势，往往忽视了地块合并、土地权属调整工作（刘新卫等，2017）。据调查1998年7月至2008年6月，全国28省12 744个土地整理项目中，涉及地权调整合并的面积仅占项目总规模的14.92%（王长江，2011）。从本文研究结论看，亟须将土地整治与农地并块及其相应的产权权属调整、确权工作匹配起来，这样才能以最小的额外附加成本，支持农田土壤健康建设与农业高质量发展，全面释放政策“组合拳”的制度红利。

本文研究所获得的两种确权方式确权前后的涉及“村庄—农户”的独特面板数据，是对于农地确权及其确权方式的比较研究，是具有重要研发潜力的数据资源库。但目前我国农地确权政策实施的时间还不够长，因此，后续应该进行更长时间、更多观察维度、大样本农地确权跟踪调查，对农地确权及其确权方式的中长期、多方面的经济影响开展更多、更细致和更全面的研究。

参考文献

1. 阿西莫格鲁：《现代经济增长导论》，中信出版社2019年版。

2. 陈胜蓝、刘晓玲：《中国城际高铁与公司客户集中度——基于准自然实验的证据》，载于《南开经济研究》2020年第3期。

3. 陈小知、胡新艳：《确权方式、资源属性与农地流转效应——基于IP-WRA模型的分析》，载于《学术研究》2018年第9期。

4. 郜亮亮、黄季焜、Rozelle Scott、徐志刚：《中国农地流转市场的发展及其对农户投资的影响》，载于《经济学（季刊）》2011年第4期。

5. 郜亮亮、冀县卿、黄季焜：《中国农户农地使用权预期对农地长期投资的影响分析》，载于《中国农村经济》2013 年第 11 期。

6. 桂华：《农民地权诉求与农地制度供给——湖北沙洋县“按户连片”做法与启示》，载于《经济学家》2017 年第 3 期。

7. 何凌云、黄季焜：《土地使用权的稳定性与肥料使用——广东省实证研究》，载于《中国农村观察》2001 年第 5 期。

8. 胡新艳、陈小知、米运生：《农地整合确权政策对农业规模经营发展的影响评估——来自准自然实验的证据》，载于《中国农村经济》2018 年第 12 期。

9. 纪龙、徐春春、李凤博、方福平：《农地经营对水稻化肥减量投入的影响》，载于《资源科学》2018 年第 12 期。

10. 李建平：《粮食主产区土地确权背景下：化肥、农药与粮食产量均衡关系研究——以河南为例》，载于《中国农业资源与区划》2018 年第 9 期。

11. 刘小红、陈兴雷、于冰：《基于行为选择视角的农地细碎化治理比较分析——对安徽省“一户一块田”模式的考察》，载于《农村经济》2017 年第 10 期。

12. 刘新卫、赵崔莉：《农村土地整治的工程化及其成因》，载于《中国农村经济》2017 年第 7 期。

13. 罗明忠、刘恺：《交易费用约束下的农地整合与确权制度空间——广东省阳山县升平村农地确权模式的思考》，载于《贵州社会科学》2017 年第 6 期。

14. 毛志红：《土地整治理应担负“绿色”使命》，载于《中国国土资源报》2016 年第 3 期。

15. 钱龙、朱红根：《农户感知与响应视角下的确权颁证政策绩效研究——基于江西省的问卷调查》，载于《农村经济》2019 年第 4 期。

16. 谭砚文、曾华盛：《农村土地承包经营权确权的创新模式——来自广东省清远市阳山县的探索》，载于《农村经济》2017 年第 4 期。

17. 田孟、贺雪峰：《中国的农地细碎化及其治理之道》，载于《江西财经大学学报》2015 年第 2 期。

18. 王长江：《农村土地整治权属调整与管理模式研究》，北京：中国矿业大学，2011。

19. 王倩、余劲：《农地流转背景下地块规模对农户种粮投入影响分析》，载于《中国人口·资源与环境》2017 年第 5 期。

20. 杨钢桥、靳艳艳、杨俊：《农地流转对不同类型农户农地投入行为的影响——基于江汉平原和太湖平原的实证分析》，载于《中国土地科学》2010 年第 9 期。

21. 姚洋：《农地制度与农业绩效的实证研究》，载于《中国农村观察》1998 年第 6 期。

22. 应瑞瑶、何在中、周南、张龙耀：《农地确权、产权状态与农业长期投资——基于新一轮确权改革的再检验》，载于《中国农村观察》2018 年第 3 期。

23. 周力、王镱如：《新一轮农地确权对耕地质量保护行为的影响研究》，载于《中国人口·资源与环境》2019 年第 2 期。

24. Besley, T., 1995, "Property Rights and Investment Incentives: Theory and Evidence from Ghana", *Journal of Political Economy*, Vol. 103, No. 5, pp. 903 - 937.

25. Soto, H. D., 2000, *The Mystery of Capital*, New York: Basic Books.

26. Foster, A., and M. R. Rosenzweig, 2010, "Barriers to Farm Profitability in India: Mechanization, Scale and Credit Markets", *Economic System*, Vol. 36, No. 2, pp. 175 - 205.

27. Fenske, J., 2009, "Land Tenure and Investment Incentives: Evidence from West Africa", *Journal of Development Economics*, Vol. 95, No. 2, pp. 137 - 156.

28. Ghebru, H., 2015, "Is There a Merit to the Continuum Tenure Approach? A Case of Demand for Land Rights Formulation in Rural Mozambique", Conference, August 9 - 14, Milan, Italy, International Association of Agricultural Economists.

29. Huang, J., R. Hu, J. Cao, and S. Rozelle, 2008, "Training Programs and In - The - Field Guidance to Reduce China's Overuse of Fertilizer without Hurting Profitability", *Journal of Soil and Water Conservation*, Vol. 63, No. 5, pp. 165A - 167A.

30. Jacoby, H., G. Li, S. Rozelle,, 2002, "Hazards of expropriation: Tenure insecurity and investment in rural China", *American Economic Review*, Vol. 92, No. 5, pp. 1420 - 1447.

31. Li G., S. Rozelle, and L. Brandt, 2014, "Tenure, land rights, and farmer investment incentives in China", *Agricultural Economics*, Vol. 19, No. 1 - 2, pp. 63 - 71.

32. Libecap, D., and D. Lueck, 2011, "The Demarcation of Land and the Role of Coordinating Property Institutions", *Journal of Political Economy*, Vol. 119, No. 3, pp. 426 - 467.

33. Sitko, N. J., J. Chamberlin, and M. Hichaambwa, 2014, "Does Smallholder Land Titling Facilitate Agricultural Growth? An Analysis of the Determinants

and Effects of Smallholder Land Titling in Zambia", *World Development*, Vol. 64, pp. 791 – 802.

34. Wu Y. Y., X. C. Xi, X. Tang, D. M. Luo, B. J. Gu, S. K. Lam, P. M. Vitousek, D. L. Chen, 2018, "Policy Distortions, Farm Size, and The Overuse of Agricultural Chemicals in China", *Proceedings of the National Academy of Ences of the United States of America*, Vol. 115, No. 27, pp. 7010 – 7015.

35. Wuepper, D., P. Borrelli, and R. Finger, 2019, "Countries and the Global Rate of Soil Erosion", *Nat Sustain*, No. 3, pp. 51 – 55.

Land Titling、Titling Types and the Effect of Reducing the Application of Chemical Fertilizers

—Evidence from Quasi Experiments

SU Keyu　WEI Binhui　HU Xinyan

(South China Agricultural University, 510642)

[**Abstract**] This study utilizes the quasi-natural experimental scenario where both land conventional titling and land consolidation titling exist in Yangshan County, Guangdong Province, and further separates the micro-differences between the two ways of titling at the institutional level of "whether" titling, and adopts panel data two-way fixed effect model analyzes the chemical fertilizers reduction effect of land titling and different types of land titling. The conclusion is: (1) From the longitudinal time dimension of the before and after policy implementation. The implementation of the land titling policy enables farmers to reduce their chemical fertilizer input. However, the results of comparative analysis of the untitled and two types of titling show that only the land consolidation titling method has a significant impact on farmers' chemical fertilizer behavior, while the impact of land conventional titling method is not significant. (2) From the horizontal comparison dimension of the two land titling methods, compared with the land conventional titling group farmers, the land consolidation titling group farmers put in less fertilizer per mu per year. Analysis of the mechanism of action showed that, the main reason for the significant difference in the effect of chemical fertilizers is the difference in land use value and land tenure stability caused by the two types of land titling. The robustness of the above conclusions is verified using multiple identification strategies and robustness checks. This study in this article shows that different land titling types have different long-term effects of land use development, and the land consolidation titling has profound practical implications for improving soil health and agricultural green development in China.

[**Key Words**] Land Titling　Titling Types　Chemical Fertilizers Use　Quasi Experiments

JEL Classifications: R54

河长制水污染治理效果评价与制度优化

——来自黄河流域的例证

杨　林　于　红　郑　潇*

【摘　要】河长制作为契合流域治理生态保护需求的重要制度选择，其治污效果如何有待实践检验。以黄河流域河长制的实施作为准自然实验，基于2008～2018年水质监测数据，运用双重差分法考察河长制对流域水污染的治理效果。研究发现：（1）现阶段河长制实施未能显著改善黄河流域水污染状况，预期的积极治理效应尚未显现；（2）污染源分解显示，河长制有助于提升黄河流域工业源污染治理水平，但对生活源和农业源治理影响甚微，表明地方政府在源头控制上存在选择性治理偏好，监测和考核程度较明显的治理任务往往被优先完成；（3）河长制对不同污染源的治理效果存在地区异质性，黄河流域下游工业源污染、上中游生活源污染、上中下游农业源污染均表现为治污效果不显著。鉴于此，加强制度顶层设计促进黄河流域保护和治理的系统性、整体性、协同性，健全河长制考核评价机制、监督问责机制，构建流域水污染源头精准治理的差异化制度安排是未来建设生态黄河与幸福黄河、实现流域人水和谐共生的现实选择。

【关键词】**河长制　水污染治理　治理效果　选择性偏好　源头精准治理**

中图分类号：**F062.6**　文献标识码：**A**

* 杨林，山东大学商学院教授、博士生导师；地址：（264209）山东省威海市环翠区文化西路180号山东大学商学院，电子邮箱：yanglin2128@126.com；于红，山东大学商学院博士研究生；郑潇，山东大学商学院博士研究生。

一、引　言

“十四五”规划明确提出要扎实推进黄河流域生态保护和高质量发展。生态保护是黄河流域高质量发展的生命底线（陈晓东和金碚，2019），而水污染治理是黄河流域生态保护的关键环节。如何进一步强化黄河流域河流综合治理，为高质量发展提供更有力的水生态环境保障，成为当前迫切需要解决的重要问题。黄河流域在经历了长时间高投入、高消耗、高排放的粗放型经济增长后，面临生态环境脆弱、水资源严峻形势等问题，流域水质受沿岸工农业污染状况尚未得到有效缓解（陈耀等，2020）。黄河流域水污染治理由于涉及污染的跨域和主体的多元，给传统地方政府基于行政区划的属地治理带来严重挑战。作为跨域河流治理的一项制度创新，河长制自发端之始，便致力于协调解决区域部门的职责重叠之困境，适配流域治理的制度需求与生态需求（王雅琪和赵珂，2020）。在此背景下，黄河流域水环境保护工作机制逐渐尝试与河长制进行融合。自 2012 年以来，西安市、宝鸡市、济南市、菏泽市等相继推行河长制，成为黄河流域首轮地级市政策试点。随后，在全国性《关于全面推行河长制的意见》的助推下，沿黄各地政府相继根据本地河流特性、资源禀赋等出台河长制工作方案。截至 2018 年底，黄河流域各地级市河长制体系基本建立，“河长治水”成为新时代黄河流域水环境治理的重要组成部分。黄河流域与河长制的实践结合，既是流域治理发展到一定程度的必然诉求，也是党和国家关注的战略重点。习近平总书记 2019 年 9 月 18 日《在黄河流域生态保护和高质量发展座谈会上的讲话》中明确提出，要完善流域管理体系，完善跨区域管理协调机制，完善河长制湖长制组织体系，加强流域内水生态环境保护修复联合防治、联合执法。那么，河长制在黄河流域治污成效如何？是达到预期效果抑或仍然面临治理困境？科学评价河长制对黄河流域水污染治理的政策效果，对精准把握沿黄各地政府水污染治理的行为动机，进而有针对性地系统而精准优化黄河流域河长制政策框架，推进黄河流域生态保护和高质量发展具有重要现实意义。

现有与河长制运行实效的相关研究主要集中在两个方面：一是河长制的现实困境及政策创新。部分学者认为河长制在实践运行中遭遇许多困境：李汉卿（2018）发现上海市河长制实践中可能会出现“阳奉阴违”的政策冷漠以及地方政府“合谋”现象；沈亚平和韩超然（2020）指出河长制协作机制单一、河长办角色溢出成为天津市河长制实务中无法回避的问题。但也有学者强调河长制的制度优势：吕志奎等（2020）将福建省 T 江流域治理效率的改善归结于河长制营造了较好的制度环境，如责权利制度化匹配、制度惯性下多部门多主体协同参与、政治问责与治理效率的制度刚性；胡春艳等（2020）指出湖南省 C 县河长制成功运行的动力在于将河长制嵌入基层社会治理，并以资源整合的方式赋予其相应行动能力。二是河长制的治理效果评价。有学者对河长制的治污效果进行肯定：徐等（Xu et al.，2020）运用微分博弈模型评估巢湖流域河长制效果，发现水污染控制在河长制推行地区的平均效果显著大于非河长制推行地区。但也有学者认为河长制效果不尽如人意：肖建忠和赵豪（2020）基于湖北省地表水环境质量月报数据发现，河湖长制在短时间内并没有达到保护水资源的预期效果；李等（Li et al.，2020）同时分析了国控和江苏省的水质监测数据，认为河长制并不如官方公布的那样有效，地方政府在污染治理中可能存在表面治理行为。与上述结论皆不同的是，有学者发现河长制的治理效果存在污染物以及地区上的差异性：沈坤荣和金刚（2018）基于国控断面水质监测数据发现，河长制达到初步的水污染治理效果，但并未有效降低水中深度污染物，诸如化学需氧量、（五日）生化需氧量、氨氮、石油类、挥发酚、汞以及铅等；佘等（She et al.，2019）以长江经济带为研究对象，发现河长制的制度效果体现在改善化学需氧量方面，但效果实现之后趋于平稳；王班班等（2020）以长三角地区为例，发现河长制的污染治理效果在自发首创无锡市最强，在向上扩散地区次之，在平行扩散地区则不明显。

综上，虽然河长制的制度评价已得到学者们广泛关注，但其水污染治理效果究竟如何仍存在诸多争议，同时针对黄河流域河长制水污染治理效果的考察较为有限，而这一研究对黄河流域协同治理实践和黄河流域生态保护战略实现至关重要，亟待学者对其进行检验。本文将黄河流域河长制推行视为准自然实验，检验河长制对流域水污染的治理效果。之所以选择黄河流域作为分析对象，主要是基于以下考虑：（1）黄河流域水污染是影响高质量发展的隐忧。作为我国重要的能源化工基地和主要的农业生产基地，黄河流域在经济快速发展的同时也带来了较为严峻的水污染现象。在黄河流域高质量发展的时代背景下，如何在资源开发利用进程中保障水生态健康，成为当前刻不容缓的重要事业。（2）黄河流域河长制演进是河长制在全国扩散的典型缩影。河长制在黄河流域各地级市的推行经历地方政府自主学习和中央指令全面推进两个阶段，其演进历程基本符合河长制在全国扩散的一般规律。（3）黄河流域河长制的治理经验有助于为其他流域协同治理、生态保护提供借鉴与启示。黄河流域涉及 9 个省份的 66 个地（市、州、盟），其水污染治理属于典型的跨域性公共事务，河长制治理经验可较好地应用于国内其他流域今后的生态保护。相对于既有研究成果，本文的边际贡献在于：（1）研究议题上，以黄河流域为对象探讨河长制的水污染治理效果，契合当下黄河流域生态保护和高质量发展的战略背景，同时也有利于丰富关于河长制效果评价的相关研究；（2）识别策略上，基于黄河流域水质监测数据和双重差分方法，有效地避免政策作为解释变量所存在的内生性问题，对河长制的流域污染治理效果进行无偏估计；（3）研究结果上，证实河长制未能显著改善黄河流域水污染状况，直接原因在于地方政府在源头治理上存在选择性偏好，碎片化的考核和监督机制是影响整体治污效果的制度根源，因此健全考核评价、监督问责机制成为当前黄河流域河长制建设的要务。

二、研究假说与特征事实

（一）研究假说

从运行机制来看，河长制具有与流域治理的内在契合性：一是通过地方领导包干实现河流治污责任制度化清晰化。从不同级次政府治污职权配置来看，河长制的本质是环境分权（李强，2018），将河湖管理和保护的权责下放到地方政府，以河长任命来强化地方党委或政府的水资源保护、水污染防治、水环境治理等责任。在此情境下，地方政府可秉持其信息优势与成本优势，合理配置地方资源，提高流域污染各类信息搜集和污染治理执行效率。二是依托高位领导统筹跨部门、跨区域协同参与流域共治。在河长制组织设计下，地方党政领导成为本地流域单元治理的核心负责者，一方面可借助职位权威和组织权威的叠加，在不突破现行“九龙治水”权力配置格局下，采取指导、协调等方式有效整合分散的部门力量，促使多个相关职能部门之间实现协调与配合；另一方面在明晰跨行政区域河湖管理责任的基础上，以此为契机构建上下游、左右岸联防联控机制，有效缓解因环境污染外溢性所导致地方政府之间激烈的竞争关系。在河长制成效生成的整个逻辑链上，以问责倒逼地方领导调度注意力和资源是关键，有效问责成为河长制功能发挥的重要影响变量（熊烨，2019）。众多经验证据表明，中央政府或上级政府环保考核可以给地方官员施加环境治理压力，对改善环境治理有积极影响（吴建南等，2016），在环境管理方面更严格监督有助于提高地方政府的环境治理水平和效果（Zhang et al.，2018）。

然而，在黄河流域检视河长制的运行，发现其面临不完善的监督和考核机制，主要体现为自我考核问责机制缺乏有效外部监督。有研究指出，政府内部问责不力和社会问责缺失是环境问题层出不穷的主要原因（胡春艳和刘丽蓉，2019）。纵观沿黄各地政府已出台的河长制考核问责办法，问责的主体一般是河长责任主体的上级。比如山东省由省总河长（或省副总河长）对市级总河长、省河长制办公室成员单位进行考核以及省级河长对相应河湖市级河长进行考核，宁夏由自治区总（副总）河长对市级河长制进行年度工作考核。这是一种行政层级内部以自我监督、自我考核、自我问责为主的机制，更多地体现为权力内部监督，缺少来自外部的监督制约（史玉成，2018）。河长制监督和考核的不完善将对流域污染治理产生负向影响，主要表现为两方面：其一就是无法保证河长制考核结果的公正性，难以有效落实河长制效力。如前所述，河湖管理和保护的权责均掌握在地方政府手中，其中就涉及对河长制实施情况的检查验收。当缺乏外部有效监督时，地方政府在河长制的考核、检查验收过程中进行虚报的空间就越大。根据中央环保督察组发布的意见反馈，部分地区河长制考核工作流于形式，如江西省河长办、吉林省水利厅河长考核走过场①；石家庄市、定州市大沙河河长制形同虚设②等。部分学者的实地调研发现，除非出现重大水利事故，否则所谓的考核也只是走过场（熊烨和赵群，2020）；根据“一票否决制度”，没有任何主管因不满意的水管理而被免职（Wang & Chen，2020）。弱化甚至流于形式的考核工作无法有效保障河长制的真正贯彻落实，从而影响流域污染治理绩效。其二是可能引发地方政府选择性治理的行动偏好。即基于不同类型污染源特征和治理难度作出利己决策，选择某一类污染源进行优先治理，以获取优势或避免惩罚。在环境治理委托代理“链条”中，信息不对称、难以全方位监督等问题的存在，使得考核评价成为上级政府控制下级地方政府治理行为的有效手段。在外部监督机制缺位的情况下，地方政府在推进河长制、落实源头治污措施时存在选择性治理空间，其更倾向于选择那些容易测度或监督的治理任务。选择性治理有悖于河长制工作的污染源综合防治任务导向，致使流域污染治理出现非均衡性或短期效应。

综上所述，本文提出以下待检验的假说：黄河流域中河长制监督考核机制的不完善，使得河长制可能未能按照预期有效改善流域水质状况。

（二）特征事实

关于河长制的水污染治理效果，是成效明显抑或未达预期？现有研究尚未得出明确一致的结论。在进行严谨实证分析之前，可以通过特征事实描述获取初步证据。网络检索各地河长制治理成效的新闻发布会、新闻报道等，

① 参见：《环保督察组批江西河长办考核走过场》，人民网，http：//legal. people. com. cn/n1/2018/1017/c42510－30346110. html；《中央生态环保督察批吉林省水利厅河长制考核工作走过场》，法制网，http：//www. legaldaily. com. cn/index_article/content/2019－05/14/content_7874463. htm。

② 参见：《堤惊现 3 公里“垃圾带”石家庄市、定州市大沙河河长制形同虚设》，中华人民共和国生态环境部官网，http：//www. mee. gov. cn/gkml/sthjbgw/qt/201806/t20180614_443120. htm。

发现河长制实施后的水环境效果既有河流湖泊水质改善的环境红利，也有河长制空转、有制无治的环保“空白账”。就环境红利而言：比如在河长制发端地江苏省无锡市，河长制实行一年，辖区主要河流考核断面达标率从53.2%提高到71.1%，到2013年13条主要入太湖河流全部消除劣五类水；再如，海南省河长制推行一年，水质达标率从4.7%上升到43.8%；天津市河长制实行三年，河道水环境质量显著提升，考核优秀的河道长度同比提高23%，水体感官黑臭河道长度同比下降4%；江西省地表水质达标率由2015年的81%提升至2017年的88.5%，同期重要江河湖泊水功能区水质达标率由93.8%提升至99.1%；四川省优良水质国考断面达84个，比未全面推行河长制前增加21个。① 与此同时，环保“空白账”的例子亦不鲜见：例如云南省保山市东河流域，在四级122名河长［市级2名，区级5名，乡（镇）级36名，村级79名］任职期间，东河水质持续恶化、沦为纳污河，由2018年Ⅲ类下降到2020年劣Ⅴ类；而该市河长办考核报告却显示：2019年和2020年保山市纳入考核地表水水质达标率为100%。② 再如甘肃省天水市境内的清水河，在各级河长和环保部门监管职责的双重保险之下，遭染料废液污染40千米；河南“全国文明村”河口村同样是面临河长制管理公示牌下垃圾漂浮的尴尬场面。治污不力的背后揭示出河长们巡河工作走过场、考核工作流于形式，甚至消极懈怠、推诿扯皮等问题。综上可见，河长制能否带来地区水环境绩效的实质提升，取决于河长制考核与追责是否到位、各级河长能否压实护河之责并将其与本地发展目标形成合力。典型事例并不是对政策效果评价的严谨回答，下文将采用双重差分模型对黄河流域河长制的水污染治理效果进行更规范的检验。

三、研究设计

（一）模型设定

水环境质量是否真正改善是河长制实施效果评估首要回答的问题。基于黄河流域水质监测站数据，考察河长制对水污染治理的影响。传统双重差分模型要求对研究样本设置统一的实验组和实验时间虚拟变量，而黄河流域河长制推进具有逐步式的特征，不同地级市在推行时间选取上存在差异。鉴于

---

① 原始资料来源于中华人民共和国国务院新闻办公室新闻发布会相关报道，http://www.scio.gov.cn/xwfbh/xwbfbh/index.htm。

② 参见：谢进、施荔潇：《“河长制”哪里去了?》，载于《云南日报》2021年5月11日。

此，借鉴贝克等（Beck et al.，2010）等多期双重差分模型设定方法，构建基准回归模型如下：

$$Pollutant_{i,t} = \alpha + \beta\ Policy_{i,t} + \delta X_{i,t} + u_i + v_t + \varepsilon_{i,t} \quad (1)$$

其中，$Pollutant_{i,t}$是河流水质的评价指标。解释变量$Policy_{i,t}$表示河长制对水质监测站点 i 在第 t 时期的影响，当其为 1 时，表示水质监测站点所在地级市已推行河长制，该水质监测站点受到河长制实施的影响；反之则为 0。$Policy_{i,t}$的系数 β 衡量了河长制对河流污染的治理效果。$X_{i,t}$是可能影响河流水质的一系列控制变量，包括地区经济发展水平、地区工业化程度、地区人口增长速度、地方财政状况、区域行政面积、降水量、气温等。模型同时控制了个体效应（u_i）和时间效应（v_t），$\varepsilon_{i,t}$为残差项。

（二）变量说明与描述性统计

1. 河流水质

以河流水质衡量河长制的环境效益，水污染防治和水环境治理既是各级河长的工作职责，也是水污染攻坚战的核心内容。使用黄河流域重点断面水质监测站报告的水质指标作为河长制实施的结果变量。选择酸碱度（PH）、溶解氧（DO）、化学需氧量（COD）和氨氮（NH_3N）四类具体指标，这是水质评价中的重要单项指标。同时选择综合水质（Quality）作为稳健性检验，综合水质是评价水污染治理的综合指标，具体划分为Ⅰ、Ⅱ、Ⅲ、Ⅳ、Ⅴ和Ⅵ六个类别，本文计量分析采用数值 1 ~ 6 表示。上述水质指标（除溶解氧外）均为负向指标，指标值越大，意味着水质越差，水污染治理成效越差。水质监测站由中国环境监测总站统一管理，水质数据的监测和报送过程均不受地方政府干预，在一定程度上保证了水质数据的独立性和真实性。近年来，已有不少文献利用水质监测站数据研究中国流域污染问题（李静等，2015；Wang & Wei，2019；Li & Lu，2020）。河流水质指标来源于中国环境监测总站（http：//www.cnemc.cn/）提供的《全国主要流域重点断面水质自动监测周报》。

2. 河长制实施变量

手工整理黄河流域各水质监测站点所在地级市推行河长制的年份信息：通过北大法宝 V6 官网（https：//www.pkulaw.com/），以“河长制”或“河长”为关键词检索各地级市官方文件，包括地方性法规、地方政府规章、地方规范性文件等，得到各地级市推行河长制的年份；进一步百度检索各地级市与河长制相关的新闻报道，与之前的年份信息进行交叉比对，以确保手工整理年份结果的准确性。

3. 其他控制变量

根据2020年《第二次全国污染源普查公报》，水污染物主要来源于工业污染、农业污染以及生活污染。因此选择水质监测站所在地级市的经济发展水平、工业化程度、人口增长速度、地方财政状况、区域行政面积、气候等，以控制当地的经济社会以及地理气候状况。其中，地区经济发展水平用实际GDP（gdp）表示，以2008年为基期，使用各水质监测站所在省份的GDP平减指数对各地级市名义GDP进行平减；地区工业化程度用该地区第二产业占国内生产总值的比例（industry）表示；地区人口增长速度用该地区人口自然增长率（population）表示；地方财政状况（finance）用财政预算支出/财政预算收入表示；地理状况采用该地区行政区域土地面积（area_land）表示；气候状况采用该地区年平均气温（temperature）和年平均降水量（precipitation）表示。气温和降水量数据来自各省统计年鉴，部分地级市缺失数据从后知气象平台（http：//hz. zc12369. com/home/）补充；其他控制变量数据来源于《中国城市统计年鉴》。

由于水质监测点个数差异以及监测站点设备维修、河流断流期等原因，导致监测数据存在时间和站点上的缺失，最终形成监测指标的非平衡面板数据，有效样本时间跨度为2008～2018年。表1给出主要变量描述性统计。

表1　　主要变量的描述性统计

变量	说明	均值	标准差	最小值	最大值	样本数
NPH	log（|酸碱度－7|）	－0. 197	0. 638	－4. 605	0. 693	3 971
DO	log（溶解氧）	1. 948	0. 725	－4. 605	2. 975	3 957
COD	log（化学需氧量）	1. 316	0. 856	－2. 303	5. 485	3 951
NH_3N	log（氨氮）	－0. 794	1. 420	－3. 912	4. 106	3 977
gdp	log（经济发展水平）	－2. 357	0. 987	－4. 430	－0. 123	3 980
industry	工业化程度	0. 472	0. 091	0. 307	0. 735	3 980
population	人口增长率	5. 654	3. 245	－1. 490	17. 30	3 980
finance	地方财政状况	3. 309	1. 871	1. 056	7. 072	3 980
area_land	log（行政区域土地面积）	0. 186	0. 792	－1. 790	1. 021	3 980
temperature	log（年平均气温）	2. 423	0. 217	1. 974	2. 779	3 980
precipitation	log（年平均降水量）	－1. 080	0. 627	－3. 175	－0. 010	3 701

四、实证结果分析

（一）双重差分模型的适用条件检验

使用双重差分模型评估政策影响需要满足以下前提条件：一是满足平行趋势，即推行河长制城市与未推行河长制城市在政策实施之前的河流污染状态不存在显著差异；二是满足外生性，即推行河长制的地级市是随机选择的，与推行地区水污染状况等因素不相关。

1. 平行趋势检验

遵循事件研究法思路，通过考察年度效应检验平行趋势假设：构建河长制实施之前和实施之后若干年的虚拟变量，检验实验组和对照组在每一时期的河流污染差异。以政策实施三年前作为基准评估河长制的政策效果，表2报告控制了所有固定效应和控制变量后各年份系数的大小。可以发现，河长制推行前各年份的估计系数均未通过至少10%水平的显著性检验，在河长制推行之前，实验组城市和对照组城市的河流水质总体上并无显著差异，证实满足平行趋势假定。

表2　河长制的平行趋势检验

	(1) NPH	(2) DO	(3) COD	(4) NH_3N
推行前3年	-0.350 (0.211)	0.187 (0.205)	0.039 (0.176)	0.026 (0.220)
推行前2年	-0.291 (0.222)	-0.174 (0.236)	0.073 (0.159)	-0.719 (0.594)
推行前1年	-0.332 (0.213)	-0.309 (0.236)	0.055 (0.199)	-0.305 (0.641)
推行当年	-0.077 (0.179)	-0.403* (0.208)	0.0422 (0.221)	-0.272 (0.632)
推行后1年	-0.596* (0.302)	-0.472 (0.285)	0.225 (0.289)	-0.464 (0.746)
推行后2年	-0.263 (0.285)	-0.287 (0.343)	-0.160 (0.342)	0.034 (0.856)

续表

	(1) NPH	(2) DO	(3) COD	(4) NH_3N
推行后3年及以上	-0.304 (0.393)	-0.601 (0.404)	-0.119 (0.376)	-0.318 (1.276)
控制变量	有	有	有	有
时间固定效应	有	有	有	有
个体固定效应	有	有	有	有
观测值	3 693	3 682	3 673	3 698
R^2	0.320	0.454	0.754	0.715

注：括号内是城市层面聚类稳健标准误。***、**、* 分别表示在1%、5%与10%的统计水平上显著。本文以下各表同。

2. 外生性检验

如果存在未被观测到的、与被解释变量水污染相关的因素影响到该地级市是否推行河长制，则河长制非推行地级市就不能构成有效的对照组。河长制作为行政政策是地方政府综合决策的结果，其推行很可能是非随机的，这会导致模型估计结果有偏。借鉴陈晓红（2020）的研究思路，将所有控制变量对是否推行河长制的虚拟变量进行回归分析，以进一步检验河长制实施的外生性。外生性检验结果报告见表3。第（1）列结果显示，在没有控制时间和个体固定效应条件下，地区经济发展水平（pgdp）、地区工业化程度（industry）、地方财政状况（finance）、地区行政区域土地面积（area_land）、年平均气温（temperature）等变量的估计系数非常显著，意味着河长制的推行确实与当地经济社会等因素相关。第（2）列在加入时间固定效应后，仍然显著的变量大幅减少；第（3）列则同时控制时间和个体固定效应，所有控制变量均不再显著。证实在控制时间和个体固定效应之后，河长制的推行可以看成是一个局部随机事件，满足外生性条件。

表3　　外生性检验结果

	(1) Policy	(2) Policy	(3) Policy
gdp	0.267** (0.093)	0.083 (0.050)	-1.401 (0.944)
industry	-1.801*** (0.468)	-0.497 (0.435)	0.703 (0.700)

续表

	(1) Policy	(2) Policy	(3) Policy
population	-0.004 (0.018)	0.027** (0.010)	0.019 (0.012)
finance	0.098* (0.045)	-0.026 (0.034)	-0.046 (0.053)
area_land	-0.319*** (0.072)	-0.091* (0.045)	-0.357 (0.836)
temperature	-0.673** (0.225)	0.091 (0.122)	-0.217 (0.366)
precipitation	0.080 (0.088)	0.081 (0.051)	0.001 (0.024)
时间固定效应	无	有	有
个体固定效应	无	无	有
观测值	3 701	3 701	3 701
R^2	0.376	0.731	0.820

（二）黄河流域河长制水污染治理效果检验

根据模型（1）进行多期双重差分估计，检验河长制的政策效果，表4报告基准回归结果①。其中，第（1）~（4）列只控制了时间和个体固定效应，第（5）~（8）列中继续加入控制变量。结果显示，在控制时间和个体固定效应后，无论是否加入控制变量，河长制对河流水质具体评价指标如酸碱度（NPH）、溶解氧（DO）、化学需氧量（COD）、氨氮（NH_3N）的政策效果均是不显著的，其回归系数尚未通过至少10%的统计水平检验，表明河长制在黄河流域地方实践过程中并没有带来明显的水污染治理效果。从控制变量的影响效果看，经济发展水平（gdp）、人口增长率（population）、行政区域土地面积（area_land）对氨氮（NH_3N）的解释系数显著为正，说明随着地区经济发展水平的提高、人口增长率及土地面积的增加，人类生产生活等各项活动越频繁，对资源的消耗越快，水污染排放量也随之增加，居民的生产与生活活动成为河流氨氮污染的重要原因；工业化程度（industry）也加剧河流溶解氧（DO）、化学需氧量（COD）含量，说明随着工业化进程的推进，工业污染物排放不断增加，水环境质量呈现恶化态势。

① 用方差膨胀因子VIF对模型进行多重共线性检验，结果显示VIF值小于10，故无多重共线性问题。

表 4　河长制水污染治理效果基准回归

	(1) NPH	(2) DO	(3) COD	(4) NH_3N	(5) NPH	(6) DO	(7) COD	(8) NH_3N
Policy	0.153 (0.126)	−0.267 (0.187)	−0.106 (0.110)	0.064 (0.193)	0.084 (0.084)	−0.292 (0.181)	−0.027 (0.137)	0.129 (0.251)
gdp					−0.450 (0.881)	−0.356 (0.836)	0.205 (0.572)	1.654* (0.837)
industry					3.091 (1.826)	−1.784** (0.670)	1.998** (0.819)	−3.461 (2.112)
population					0.012 (0.023)	−0.018 (0.012)	0.008 (0.009)	0.040* (0.021)
finance					−0.021 (0.116)	0.390* (0.191)	−0.288* (0.137)	−0.277 (0.207)
area_land					2.046 (3.212)	−1.172 (0.783)	0.734 (1.225)	5.472** (2.062)
temperature					−2.663* (1.383)	0.417 (1.193)	1.142 (1.369)	0.766 (1.920)
precipitation					−0.044 (0.100)	−0.039 (0.074)	−0.046 (0.100)	0.231 (0.156)
时间固定效应	有	有	有	有	有	有	有	有
个体固定效应	有	有	有	有	有	有	有	有
观测值	3 971	3 957	3 951	3 977	3 693	3 682	3 673	3 698
R^2	0.265	0.417	0.742	0.703	0.309	0.449	0.751	0.711

虽然河长制致力于打破行政区划、以协同理念来考虑流域水污染治理问题，但上述实证结果表明其对黄河流域水质的改善效果并不显著。从现实看，河长制未能实现预期治理效果有其内在原因：黄河流域河长制协同治水面临监督和考核不足的现实困境，由此形成内在匮乏的治理动力和外在低强度的考核压力，很难支撑河长制完美运行。河长在身负统筹管理河湖污染治理职责的同时，亦有与地方经济发展相关的政绩考核要求。黄河流域的水环境污染问题与传统工业化模式的高消耗、高排放固有特点密切相关，在发展方式未能根本转变的情况下，维护生态权益往往会遭受经济发展的不利影响。在此情况下，河长对环境政策的执行动机和效果很大程度上取决于上级政府的监督和考核力度。在上级监管缺失或考核力度较弱时，地方政府对于河长制相关措施执行动机和执行力度相对较弱。从河长制考核实践来看，河长巡河走形式、巡河记录弄虚作假、不巡而报、巡河不查河、查河不治河、河长制公示牌下污染肆虐等现象并不鲜见，使得不少地方河长制陷入“形同虚设”的尴尬局面。反映出河长制考核责任压实和考核监督压力传递不到位，进一步佐证“河长制考核不力——治污成效不显著”影响路径。

（三）稳健性检验

为保证上述实证结果的可靠性，分别通过安慰剂检验、剔除异常值、替换被解释变量、增加控制变量等进行稳健性检验。

1. 安慰剂检验

为排除河长制对流域污染治理效果受政策滞后干扰的可能，通过构建虚假河长制推行时间进行安慰剂检验：假设将各地区河长制实施时间滞后 1 年，构造虚拟政策变量进行双重差分回归。回归结果见表 5 第（1）~（4）列显示，在假定不同时点的虚拟政策下，河长制对水质指标的影响系数均未通过至少 10% 的统计水平。表明即使考虑政策执行出现滞后等因素，河长制在黄河流域污染治理效果仍是不显著的。

2. 剔除异常值

为排除异常值干扰，对被解释变量进行缩尾处理，基于 2.5% ~97.5% 分位点数据进行回归，结果见表 5 第（5）~（8）列。结果显示，核心变量的符号与基准回归结果保持一致，河长制对各具体评价指标如酸碱度（NPH）、溶解氧（DO）、化学需氧量（COD）、氨氮（NH_3N）的政策效果均是不显著的，证实本文研究结论的稳健性。

表 5　稳健性检验 1

	(1)	(2)	(3)	(4)	(5)	(6)	(7)	(8)
	政策滞后一年				剔除异常值			
	NPH	DO	COD	NH_3N	NPH	DO	COD	NH_3N
Policy	-0.003 (0.079)	-0.223 (0.189)	-0.069 (0.164)	0.199 (0.243)	0.086 (0.078)	-0.193 (0.112)	-0.047 (0.124)	0.147 (0.207)
控制变量	有	有	有	有	有	有	有	有
时间固定效应	有	有	有	有	有	有	有	有
个体固定效应	有	有	有	有	有	有	有	有
观测值	3 693	3 682	3 673	3 698	3 693	3 682	3 673	3 698
R^2	0.309	0.446	0.751	0.711	0.332	0.520	0.768	0.719

3. 更换被解释变量

已有河长制的政策效应结果在不同水污染物排放上存在分歧。为排除水污染指标因变量对结果的影响，进一步采用河流综合水质（Quality）作为因变量进行回归。结果见表 6 第（1）列和第（2）列，无论是否加入控制变量，河长制对河流综合水质（Quality）的影响系数尚未通过显著性水平检验，说明河长制对黄河流域污染治理效果并不显著，这一基本结论未发生变化。

4. 增加控制变量

为进一步排除研究结论受遗漏变量干扰的可能，采用增加控制变量的方式进行稳健性检验。补充官员特征层面的控制变量，包括所在城市市长的年龄（age）、任期因素如是否任期第一年（first）、是否任期第五年（fifth）等。结果见表 6 第（3）~（6）列，结果显示河长制对各具体评价指标的系数仍不显著，与基本回归分析的结果一致。值得注意的是，市长年龄与河流中 COD、NH_3N 含量之间存在负向相关关系，即官员年龄越大，晋升的激励越小，污染的边际收益越低。为避免恶性环境事件带来的巨大惩罚成本，年长的地方官员更倾向于控制水污染问题。

表 6　稳健性检验 2

	(1)	(2)	(3)	(4)	(5)	(6)
	更换被解释变量		增加控制变量			
	Quality		NPH	DO	COD	NH_3N
Policy	0.021 (0.099)	0.012 (0.108)	-0.002 (0.079)	-0.334 (0.206)	0.025 (0.121)	0.286 (0.188)

续表

	(1)	(2)	(3)	(4)	(5)	(6)
	更换被解释变量		增加控制变量			
	Quality		NPH	DO	COD	NH_3N
age			0.031* (0.015)	0.014 (0.015)	-0.018** (0.006)	-0.062* (0.031)
first			0.124 (0.079)	0.027 (0.052)	-0.068 (0.052)	-0.204** (0.065)
fifth			-0.052 (0.065)	-0.025 (0.079)	0.030 (0.072)	-0.201* (0.102)
控制变量	否	有	有	有	有	有
时间固定效应	有	有	有	有	有	有
个体固定效应	有	有	有	有	有	有
观测值	3 921	3 961	3 693	3 682	3 673	3 698
R^2	0.799	0.807	0.322	0.451	0.754	0.724

（四）污染源分解的进一步分析

水环境质量的改善程度与污染源治理、水污染排放控制的有效性密切相关。根据2010年《第一次全国污染源普查公报》和2020年《第二次全国污染源普查公报》，工业污染、生活污染以及农业污染是水污染的三个主要来源。从河长制在各地的推行过程来看，从源头治理河流污染是河长制落实的重要措施。根据理论分析，选择性治理是河长制考核监督机制不完善时地方政府执行政策的具体表现。那么，黄河流域河长制治理效果不显著是否与地方政府选择性治理偏好相关？地方政府对工业污染、生活污染和农业污染治理的有效性如何？故进一步验证借助黄河流域沿线地级市①面板数据，从污染源分解视角考察河长制对水污染源治理的影响。基于数据的可获得性，分别选取人均工业废水排放量、污水处理厂集中处理率、单位播种面积农用化肥施用量衡量工业源（IND）、生活源（LIVE）和农业源（AGR）水污染治理水平。以河长制为解释变量，将上述变量作为被解释变量，分析河长制是否促进了水污染源治理水平的提升。具体的回归结果见表7。

① 借鉴岳立和薛丹（2020）根据《黄河文化百科全书》对黄河流域内66个地级市的整理，剔除数据不全的地区，最终确定研究对象为黄河流域的56个城市。

表7　　河长制对水污染源治理的影响：全流域

	(1) IND	(2) LIVE	(3) ARG	(4) IND	(5) LIVE	(6) ARG
Policy	-0.182** (0.072)	-0.014 (0.014)	-0.003 (0.043)	-0.143** (0.072)	-0.006 (0.015)	-0.006 (0.044)
控制变量	无	无	无	有	有	有
时间固定效应	有	有	有	有	有	有
个体固定效应	有	有	有	有	有	有
观测值	601	598	616	549	547	563
R^2	0.848	0.634	0.811	0.859	0.662	0.795

在控制个体和时间固定效应情况下，对于工业源治理而言，无论是否加入控制变量，河长制政策变量系数均显著为负，即河长制实施明显降低了流域整体的人均工业废水排放量，说明河长制在黄河流域整体取得显著的工业水污染治理效果。对于生活源和农业源水污染治理，河长制的影响系数均不显著，说明河长制实施对生活和农业水污染源治理的影响甚微。相较于工业水污染源而言，生活源和农业源污染成为黄河流域水污染治理中的短板。河长制治理效果因污染源而异，既是直接解释为什么河长制在黄河流域整体治理效果不显著，又揭示出在河长制工作污染源治理的实践进程中，地方政府可能存在选择性治理偏好，佐证了"河长制考核不力——选择性治理偏好——治污成效不显著"影响路径。考察地方政府选择性治理的形成，从各类污染源治理目标及任务的可监测性和考核的完善程度进行解释：多任务委托—代理模型认为，代理人往往倾向于完成容易监测或考核的任务，忽视那些不容易监测或考核的任务。从河长制在地方实践中所制定的污染源治理目标和任务来看，工业水污染防治任务多为落实工业污染源全面达标排放计划、治理工业集聚区水污染等，监测指标较为明确，多选择废水排放及达标率等；生活水污染防治目标一般为提升生活污水处理能力及污水处理达标率等；农业水污染防治目标多是实现主要农作物化肥及农药使用量零增长、实行畜禽养殖总量控制等。与工业点源污染不同，生活源兼具固定源和分散源特征，农业源多是面源污染，两类污染源涉及主体众多，且多是无组织排放或面源排放，面临着治理难度大、监管难度大等挑战。此外，农业面源污染很难通过管网及水处理设施等末端工程建设进行有效控制（张维理等，2020）。农业污染相关评估和监测等技术规范尚不健全、流域及区域尺度的污染监测网络尚未形成、缺乏可量化的农业污染治理考核体系，这些现实挑战进一步增加了农业污染治理和监管的难度。

进一步从黄河流域不同区段分析河长制对水污染源治理的影响，回归结果见表8。分区段回归结果显示：①河长制在上游和中游地区取得显著的工业水污染治理效果，在下游地区其治理效果则不明显。从流域工业布局来看，2008～2017年黄河下游规模以上工业企业数量在流域内平均占比达61%，工业总产值平均占比达55%以上。下游区域中较多城市正处于工业化快速推进阶段，资源消耗和污染排放压力较大，环境治理或者转型升级需要极大的成本和时间才能实现，在短时间内难以摆脱发展过程中对资源的过度依赖，河长制实施在短期内难以有效治理污染。②河长制在下游地区取得显著的生活水污染治理效果，但在上中游地区并没有产生显著的正效应。从治理实况来看，生活污水垃圾治理存在资金筹措难、运行维护成本高等问题，因此生活水污染治理效果的异质性与各地区地方政府的财政承担能力及财政支持相关。对比上中下游经济发展情况，黄河下游地区经济发展水平较高，2018年其人均GDP分别为上游和中游的1.16倍和1.31倍（张可云和张颖，2020）。相较之下，上中游地区的经济发展相对滞后使其对生活源水污染治理的财政投入以及技术支持相对薄弱，在一定程度上影响了污染治理成效。③在流域上中下不同区段，河长制实施对农业水污染源头治理的影响均不显著，说明农业水污染治理是各区段面临的亟待解决的现实问题。作为重要的农业生产基地，无论是上游宁蒙河套平原、中游汾渭盆地，或是下游黄淮海平原，均承担着粮食产量增产的重要发展目标，在农业发展尚未实现规模化、农业生产尚未形成严格技术规程或标准的情况下，再加上农业污染来源的广泛性和复杂性、排放过程中的不确定性和不可计量（杨林章和吴永红，2018）等，使得很难有效治理农业源水污染。

表8　河长制对水污染源治理的影响：分流域区段

	(1)	(2)	(3)	(4)	(5)	(6)	(7)	(8)	(9)
	上游地区			中游地区			下游地区		
	IND	LIVE	ARG	IND	LIVE	ARG	IND	LIVE	ARG
Policy	-0.377* (0.210)	-0.012 (0.052)	-0.066 (0.085)	-0.247** (0.114)	-0.014 (0.027)	0.080 (0.090)	-0.071 (0.094)	0.024* (0.013)	-0.041 (0.064)
控制变量	有	有	有	有	有	有	有	有	有
时间固定效应	有	有	有	有	有	有	有	有	有
个体固定效应	有	有	有	有	有	有	有	有	有
观测值	170	165	173	216	218	225	163	164	165
R^2	0.878	0.654	0.974	0.769	0.698	0.617	0.846	0.751	0.638

五、结论与政策建议

推动黄河流域生态保护和高质量发展要求沿黄各地政府要深入打好水污染防治攻坚战、持续改善水环境水生态。河长制作为流域治理的代表性制度设计，在黄河流域实践过程中对水污染的治理效果如何？借助于黄河流域河长制这一准自然实验，本文利用2008～2018年水质监测站数据及地级市面板数据，采用双重差分法研究河长制对流域水污染治理的政策效果。研究发现：（1）相对于河长制未推行地区，推行地区水体质量并未出现明显改善，河长制对河流中酸碱度（NPH）、溶解氧（DO）、化学需氧量（COD）、氨氮（NH_3N）等指标的影响均不显著，表明现阶段河长制政策尚未有效发挥污染治理效力，未能显著改善黄河流域水污染状况，稳健性检验结果强化了这一结论。（2）水污染源进一步分解表明，河长制有助于提升黄河流域工业源污染治理水平，但对生活源和农业源治理影响甚微，表明地方政府在源头控制上存在选择性治理偏好，监测和考核程度较明显的治理任务往往被优先完成，如在减少工业废水排放、提高污水集中处理率与减少化肥施用量之间，地方政府更偏好减少工业废水排放。（3）河长制对不同污染源的治理效果存在地区异质性，黄河流域下游工业源污染、上中游生活源污染、上中下游农业源污染均表现为治污效果不显著。“十四五”时期我国水污染防治攻坚战转向巩固提升阶段，“精细”“精准”成为水污染防治的主要方向，推动黄河流域生态保护和高质量发展更需要坚持因地制宜理念和问题导向。鉴于此，根据上述研究结论，在黄河流域水污染治理的过程中，应根据流域水资源环境特性对河长制进行完善与创新，构建系统精准的河长制制度体系。

第一，加强制度顶层设计，促进黄河流域保护和治理的系统性、整体性、协同性。从根本上解决黄河流域水污染治理效果不确定性问题，未来改革不能仅仅局限于地方政府视角，必须结合流域特性，从中央政府层面对河长制进行顶层设计，在跨省协作、跨部门协作、区域利益协调等方面设定基准，形成系统、整体、协同的流域大保护和大治理格局，从而保证各地河长制工作有章可循。（1）建立流域协调保护与跨省协作机制，提升属地治理与流域整体性治理的有效衔接度。省级河长作为现阶段黄河流域最高级别的河长，应该在跨省流域污染治理中充分发挥协调作用，协商解决联合治污、联合执法、水污染事故处置等难点问题，进一步提升属地水质达标与流域整体水达标的契合性。（2）强化跨部门协作，提升流域水生态各项要素的系统性治理水平。在明确部门职责分工的基础上，以河长为责任主体对河湖流域管理各部门功能进行有机协调与整合，以此提升保护水资源、防治水污染、治理水环境、修复水生态、强化水监管等各项工作之间的联动性和系统性。（3）构建跨行政区利益协调机制，以利益共荣共享推动流域协同共治。重点推进跨省流域上下游横向生态补偿，突破行政区域分隔，形成流域上下游协同，推动黄河水生态保护和治理行稳致远。

第二，健全河长制考核评价机制与监督问责机制。落实河长责任、实现流域长治，完善相应的考核及监督问责机制是关键。现阶段黄河流域河长制的推进仍然缺乏具体的考核评估机制，尚需配套监督问责机制。需要：（1）完善河长执行的考核评价机制。在考核方面，根据黄河流域不同区段的水质状况、水污染治理计划等合理设定短期和长期考核指标，避免地方政府为追求短期达标的运动式治理行为；考核指标设置上以水质真正改善为目的，除水污染物排放外，可考虑将清洁技术利用、绿色生产效率、公众满意度等纳入评价体系。（2）创新河长制工作监督问责机制。有赖于精准问责、执行有力、公众参与、信息公开等关键要素：其一，按精准监督问责的路径，遵循权责一致原则，分类制定各级河长及相关执行部门主体责任清单，明晰和细化各责任主体、追责主体及问责事项，夯实河长制监督问责法治基础。其二，强化河长制监督问责能力建设，提升河长制监督问责的执行力度和约束强度，压缩自由裁量空间。其三，加强河长制工作监督问责与社会公众参与、政府信息公开之间的协同，通过畅通公众参与监督问责渠道、推进监督问责工作全环节可视化等，创建良性契合的河长制监督问责运行生态。

第三，构建流域水污染源头精准治理的差异化制度安排。正本清源是河长制“有实”新阶段有效改善水环境质量的核心，为此需要识别河长制成效微弱的治污对象和治理地区，以问题为导向、因流域区段施策，对流域水污染源进行精准治理。（1）完善生活、农业等面源污染治理监管机制，并结合加强信息公开、强化公众参与、健全监测评估等措施，以减少地方政府在治污中的选择性治理行为。同时，在污染监测评估等过程充分应用大数据、人工智能技术，实时监测并上传污染现状及治理数据，确保监测的真实可靠性。（2）根据不同流域区段的治污需求制定针对性行动方案。在上游涵养水源、中游抓好水土保持和污染治理、下游做好保护工作的大治理格局下，根据各流域区段源头治理成效差异，进行精准施策弥补短板。其中，上中游地区应以提升生活源和农业源污染治理水平为重点，可通过中央转移支付制度等设置流域治污专用资金、构建上下游生态补偿机制等破解资金投入不足难题；与河长制成效显著地区建立河流污染监测及治理合作机制以破解技术薄弱等难题。下游地区则应将重点集中于加强工业污染源治理与监管、强化工业集聚区污水集中治理、发展清洁产业等方面制度创新。

参考文献

1. 陈晓东、金碚：《黄河流域高质量发展的着力点》，载于《改革》2019

年第 11 期。

2. 陈晓红：《我国生态环境监管体系的制度变迁逻辑与启示》，载于《管理世界》2020 年第 11 期。

3. 陈耀、张可云、陈晓东、廖元、宋丙涛：《黄河流域生态保护和高质量发展》，载于《区域经济评论》2020 年第 1 期。

4. 胡春艳、刘丽蓉：《环境污染事件中官员问责的结果差异研究》，载于《东北大学学报（社会科学版）》2019 年第 3 期。

5. 胡春艳、周付军、周新章：《河长制何以成功——基于 C 县的个案观察》，载于《甘肃行政学院学报》2020 年第 3 期。

6. 李汉卿：《行政发包制下河长制的解构及组织困境：以上海市为例》，载于《中国行政管理》2018 年第 11 期。

7. 李静、杨娜、陶璐：《跨境河流污染的“边界效应”与减排政策效果研究——基于重点断面水质监测周数据的检验》，载于《中国工业经济》2015 年第 3 期。

8. 李强：《河长制视域下环境分权的减排效应研究》，载于《产业经济研究》2018 年第 3 期。

9. 吕志奎、蒋洋、石术：《制度激励与积极性治理体制建构——以河长制为例》，载于《上海行政学院学报》2020 年第 2 期。

10. 沈坤荣、金刚：《中国地方政府环境治理的政策效应——基于“河长制”演进的研究》，载于《中国社会科学》2018 年第 5 期。

11. 沈亚平、韩超然：《制度性集体行动视域下“河长制”协作机制研究——以天津市为例》，载于《理论学刊》2020 年第 6 期。

12. 史玉成：《流域水环境治理“河长制”模式的规范构建——基于法律和政治系统的双重视角》，载于《现代法学》2018 年第 6 期。

13. 王班班、莫琼辉、钱浩祺：《地方环境政策创新的扩散模式与实施效果——基于河长制政策扩散的微观实证》，载于《中国工业经济》2020 年第 8 期。

14. 王雅琪、赵珂：《黄河流域治理体系中河长制的适配与完善》，载于《环境保护》2020 年第 18 期。

15. 吴建南、徐萌萌、马艺源：《环保考核、公众参与和治理效果：来自 31 个省级行政区的证据》，载于《中国行政管理》2016 年第 9 期。

16. 肖建忠、赵豪：《河湖长制能否起到保护水资源的作用？——基于湖北省经验数据》，载于《华中师范大学学报（自然科学版）》2020 年第 4 期。

17. 熊烨：《我国地方政策转移中的政策“再建构”研究——基于江苏省一个地级市河长制转移的扎根理论分析》，载于《公共管理学报》2019 年第 3 期。

18. 熊烨、赵群：《制度创新扩散中的组织退耦：生成机理与类型比较——基于江苏省两个地级市河长制实践的考察》，载于《甘肃行政学院学报》2020 年第 5 期。

19. 杨林章、吴永红：《农业面源污染防控与水环境保护》，载于《中国科学院院刊》2018 年第 2 期。

20. 岳立、薛丹：《黄河流域沿线城市绿色发展效率时空演变及其影响因素》，载于《资源科学》2020 年第 12 期。

21. 张可云、张颖：《不同空间尺度下黄河流域区域经济差异的演变》，载于《经济地理》2020 年第 7 期。

22. 张维理、张认连、冀宏杰、KOLBE H. 、陈印军：《中德农业源污染管控制度比较研究》，载于《中国农业科学》2020 年第 5 期。

23. Li H. and Lu J. , 2020, “Can regional integration control transboundary water pollution? A test from the Yangtze River economic belt”, Environmental Science and Pollution Research, Vol. 27, No. 22, pp. 28288 –28305.

24. Li J. , Shi X. , Wu H. and Liu L. , 2020, “Trade-off between economic development and environmental governance in China: An analysis based on the effect of river chief system”, China Economic Review, Vol. 60, P. 101403.

25. She Y. , Liu Y. , Jiang L. and Yuan H. , 2019, “Is China’s River Chief Policy effective? Evidence from a quasi-natural experiment in the Yangtze River Economic Belt, China”, Journal of Cleaner Production, Vol. 220, P. 919 –930.

26. Wang J. and Wei Y. D. , 2019, “Agglomeration, Environmental Policies and Surface Water Quality in China: A Study Based on a Quasi – Natural Experiment”, Sustainability (Basel, Switzerland), Vol. 19, No. 11, P. 5394.

27. Wang Y. and Chen X. , 2020, “River chief system as a collaborative water governance approach in China”, International Journal of Water Resources Development, Vol. 36, No. 4, P. 610 –630.

28. Xu X. , Wu F. , Zhang L. and Gao X. , 2020, “Assessing the Effect of the Chinese River Chief Policy for Water Pollution Control under Uncertainty——Using Chaohu Lake as a Case”, International Journal of Environmental Research and Public Health, Vol. 17, No. 9, P. 3103.

29. Zhang B. , Chen X. and Guo H. , 2018, “Does central supervision enhance local environmental enforcement? Quasi-experimental evidence from China”, Journal of Public Economics, Vol. 164, P. 70 –90.

Effect Evaluation and System Optimization of River Chief Water Pollution Control: Evidence from the Yellow River Basin

YANG Lin YU Hong ZHENG Xiao

(Business School, Shandong University, 264209)

[**Abstract**] The river chief system is an important institutional choice to meet the needs of ecological protection of watershed management, and its pollution control effect needs to be tested in practice. Based on the water quality monitoring data from 2008 to 2018, this paper takes the implementation of the river chief system in the Yellow River Basin as a quasi-natural experiment to build a framework for identifying the effect of the river chief system on the pollution control by DID method. It draws the following conclusions: (1) At present, the implementation of the river chief system has not significantly improved the water pollution situation in the Yellow River Basin, and the expected positive governance effect has not yet appeared. (2) The decomposition of pollution sources shows that the river chief system helps to improve the level of industrial pollution control in the Yellow River Basin, but has little effect on the governance of living sources and agricultural sources, indicating that local governments have selective governance preferences in source control, and the governance tasks with obvious monitoring and assessment levels are often completed preferentially. (3) There is regional heterogeneity in the governance effect of the river chief system on different pollution sources. The industrial pollution in the lower reaches of the Yellow River Basin, the domestic pollution in the upper and middle reaches, and the agricultural pollution in the upper, middle and lower reaches are all not significant. In view of this, In the future, in order to build an ecological Yellow River and a Happy Yellow River, and to realize the harmonious coexistence of people and water in the basin, we should strengthen the top-level system design to promote the systematicness, integrity and synergy of the protection and governance of the Yellow River Basin, perfect the river chief system assessment and supervision and accountability mechanism, and establish a differentiated institutional arrangement for precise control of the source of water pollution in the river basin.

[**Key Words**] River Chief System　Water Pollution Control　Governance Effect　Selective Preference　Source Precise Governance

JEL Classifications: H83　Q53　Q58

子女数量对劳动供给的影响*

——基于生育政策放松背景的实证研究

孟祥旭　傅扬帆**

【摘　要】本文利用2018年中国家庭追踪调查数据分别估计了子女数量对男性劳动力和女性劳动力劳动供给的影响，探究了子女数量与劳动供给之间的关系，并考察了子女数量对女性劳动力劳动供给的影响机制。实证结果表明：一方面，子女数量对男性劳动力的劳动供给并没有显著影响，子女数量的增加并不会改变男性劳动力的工作习惯；另一方面，子女数量显著减少了女性劳动力的劳动供给，干家务时长在子女数量对女性劳动力劳动供给的影响中起到了完全中介的作用，生育增加了女性照顾孩子和家庭所花费的时间和精力，从而导致了女性在家庭和工作上的冲突，进一步导致了工作时间的减少。本研究为我国老龄化和生育政策逐步放松背景下相关政策的制定提供了一定的经验参考。

【关键词】**生育决策　子女抚养　劳动供给　就业**

中图分类号：**F063.4**　文献标识码：**A**

一、引言与文献回顾

为了使人口增长与经济、社会发展相适应，1982年，我国实行了计划生育的基本国策。但进入21世纪以来，随着经济的快速发展，我国的人口平均寿命延长，家庭中子女数量迅速减少，老龄化问题日益突出。为了应对人口

* 本文作者感谢华侨大学李翔老师的有益评论。

** 孟祥旭，厦门大学经济学院博士生；地址：福建省厦门市思明区思明南路422号（361005）；E-mail：xiangxumeng@ stu. xmu. edu. cn。傅扬帆（通讯作者），厦门大学经济学院金融系硕士生；地址：福建省厦门市思明区思明南路422号（361005）；E-mail：1364420670@ qq. com。

老龄化问题，2013年党的十八届三中全会决定实施“单独二孩”政策，在此之后2015年10月党的十八届五中全会对生育政策又进行了一次调整，决定全面放开二孩。于是人口出生率在2016年有了较大幅度的增加，但到了2017年以后，人口出生率又逐渐趋于减少。2021年7月20日，中共中央、国务院发布《关于优化生育政策促进人口长期均衡发展的决定》，决定实施三孩生育政策及配套支持措施，开启了我国人口发展的新阶段。生育制度的变迁与家庭的生育决策和社会劳动供给息息相关，长期来看，生育政策的逐步放松有利于提高家庭的生育率，进而提高未来的劳动供给，但短期来看，对于家庭而言，生育需要花费大量的时间和精力，加大了家庭成员的时间投入和教育成本，与劳动形成了冲突和竞争的关系。特别是对于女性而言，子女数量增加可能会极大地影响女性的职业发展，中断女性的劳动参与，从而降低家庭的劳动供给，甚至难以有效提升家庭的生育意愿。在生育政策逐步放松的背景下，子女数量增加对家庭中男性和女性劳动供给的影响及其差异值得进一步研究，以便为我国生育支持政策和措施的进一步制定和完善提供参考。

子女数量对劳动供给的影响一直是劳动经济学领域研究的重要问题之一，已经有大量文献以美国和西方发达国家为样本进行研究，但是，基于我国尚处于发展中国家的基本国情和计划生育、单独二孩、全面二孩、全面三孩等生育制度变迁背景，对子女数量对劳动供给影响及其作用机制进行研究的文献仍然不足。新中国成立初期，男女平等被写入宪法，女性同男性一样，是重要的劳动力组成部分，众多女性劳动力投入社会、经济建设。但根据世界银行发展指数对中国劳动参与率的调查，1990年以来，我国15岁以上人口劳动参与率逐渐下降，其中女性人口劳动参与率从1990年的73.24%大幅下降到2020年的59.84%，共下降了13.40个百分点；然而同年龄段男性的劳动参与率仅从84.76%下降到74.84%，共下降了9.93个百分点（见图1）。与女性劳动参与率下降幅度相比，男性劳动参与率下降幅度比女性少了约3.5个百分点。由此可见，即便男性劳动参与率普遍比女性高10~15个百分点，女性劳动参与率的减少幅度依然更大。

在人口老龄化加重和生育政策逐步放松的背景下研究子女数量对劳动供给的影响对于分析我国就业形势的变化以及劳动参与方面的性别平等问题具有十分重要的意义。一方面，通过对子女数量对劳动供给影响的研究，可以进一步了解子女数量对男性劳动力和女性劳动力劳动供给影响的差异及其作用机制；另一方面，可以为我国进一步制定相应的人口和就业政策提供一定的经验依据，从而更好地在缓解老龄化的同时提高劳动参与率，促进经济的可持续和高质量发展。国内外学者关于劳动供给等相关问题已经做了大量的研究。

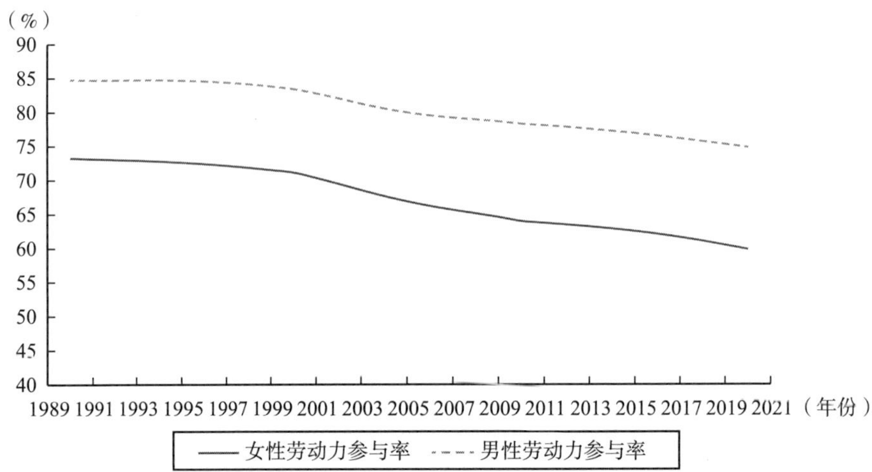

图1　中国劳动参与率的变化趋势

资料来源：世界银行数据库。

贝克尔（Becker，1985）、罗森茨威格和沃尔平（Rosenzweig and Wolpin，1980）等的研究结果表明，人口的生育率与劳动供给或劳动参与率之间呈负相关关系。伦德贝格和罗斯（Lundberg and Rose，2002）认为随着生育水平的提高，男性劳动力和女性劳动力双方都会大大减少其用于市场经济活动的时间和精力，即“家庭密集”效应。陈瑛和江鸿泽（2018）指出，在“多子多福”“养儿防老”等传统观念的影响下，已婚人口的劳动供给明显受到子女数量的制约，子女数量对流动女性劳动力的劳动参与有负面影响，生育孩子使年轻流动女性更容易退出劳动市场。子女数量递增对非农流动女性劳动参与没有显著影响，但会使农业流动女性的劳动参与概率显著降低。於嘉和谢宇（2014）还发现生育对我国女性工资率有着显著的负面影响，且这一负面影响随着生育子女数量的增加而变大。盛亦男（2019）进一步发现生育政策调整带来的已婚女性生育意愿和生育子女数量对女性劳动力的就业质量有负向影响。已有文献较多地关注了女性劳动供给。张川川（2011）研究了子女数量对已婚女性劳动供给和工资的影响，他首先考察了子女数量对已婚妇女是否参与劳动供给的影响，进而研究了子女数量对女性劳动力工作时间及其工资的影响，得出子女数量会显著降低城镇已婚女性的劳动供给，并且显著降低在业女性的工作时间投入和工资水平，子女数量的增加对农村已婚女性是否参与非农就业没有显著影响，对参与了非农就业女性的工资也没有显著影响，但是显著降低了其工作时间投入。弗罗德曼和米勒（Frodermann and Müller，2019）基于德国的数据，得出相较于没有孩子的女性，有孩子的女性有更低的再就业转化率的结论。张琳和张琪（2019）也指出，子女数量越多，女性参与劳动的概率越小，即子女数量会对女性的劳动参与决策产生消极影响。张琪和初立明（2020）考察了子女数量对女性家务劳动时间的影响，研究发现，随着子女数量增加，女性进行家务劳动的时间明显增加。而乐章和张艺珂（2019）实证研究了子女数量对城镇已婚女性劳动参与率的影响，研究发现，子女数量与已婚妇女劳动参与率之间呈“倒U形”结构，并且城镇已婚女性的周工作小时数随着子女数量而明显增加。孙继圣和周亚虹（2019）则发现与家中老人合住能够缓解已婚女性照顾子女的压力，甚至可以促进已婚女性劳动参与率的提高。

学者们在深入研究了子女数量对劳动供给的影响之后发现子女数量对劳动供给影响的方向并没有达成一致观点。且大多数关于子女数量和劳动供给之间关系的研究主要聚焦于子女数量对女性劳动力劳动供给的影响，而缺乏子女数量对男性劳动力劳动供给影响的研究。相比之下，本文使用2018年中国家庭追踪调查数据同时对子女数量对男性劳动力和女性劳动力劳动供给的影响以及二者之间的差异进行了定量研究。进一步的，本文对子女数量影响劳动供给的作用机制进行了实证检验，并依据研究结果，对未来生育支持政策的制定提出了建议。

本文余下内容的结构安排如下：第二部分为理论分析与研究假说；第三部分为研究设计，包括计量模型设定、数据与变量构建和描述性统计；第四部分为实证结果；第五部分为结论与政策启示。

二、理论分析与研究假说

（一）劳动供给

劳动供给是指在一定的市场工资率条件下，劳动力供给的决策主体（家庭或个人）愿意并且能够提供的劳动时间，它与个人对其所拥有的既定时间资源在劳动和闲暇两方面的分配有关。影响劳动供给的因素主要有三个方面：社会制度因素（工资制度、劳动制度等）、经济因素（劳动者的工作偏好、经济周期波动等）、自然因素（个人的身体条件、人口的自然结构以及人口规模等）（杨河清，2002）。劳动供给包括劳动参与以及工作时间的选择（Heckman，1993）。其中，劳动参与反映了潜在劳动者对于自己的工作收入与闲暇生活的选择性偏好。工作时间，是指劳动者为履行其工作义务，在法定限度内，在一昼夜或一周内从事各项劳动的时间。本文选取每周工作时间作为研究对象，使用每周工作时间来反映劳动力的劳动供给水平，并研究子女数量对劳动供给的影响。

（二）生育惩罚理论

生育惩罚理论是近年来学术界关注的焦点，也是解释劳动力市场上两性表现差异的主要理论之一。生育惩罚，又称生育代价，是指在劳动力市场中，由于生育而对其自身职业发展造成的负面影响，是生育与生产这对矛盾的体现（廖敬仪和周涛，2020）。生育对劳动供给的影响主要与三个因素有关。首先是受到个人因素的影响，个人的受教育经历和工作经验等是影响劳动供给的重要因素，一方面，受教育程度越高，收入水平越高，越有能力购买更多的产品来作为育儿和家务劳动的替代品，子女数量对劳动供给的影响就会减小。另一方面，教育经历及工作经验越高，获得收入的能力就越高，生育的机会成本也越高，子女数量对劳动供给的影响就越大。其次，家庭也是其中的一个重要影响因素。罗宾斯在 20 世纪 30 年代研究劳动供给曲线时曾明确指出，不同的性别有不同的劳动供给反应，其原因是男性劳动力和女性劳动力有不同的时间分配。与男性劳动力不同，女性劳动力的时间不仅花在劳动力市场的工作和休闲上，而且还要留部分时间给家庭工作（家务）上。家庭中一个比较传统、常见的性别分工为“男主外女主内”，男性更多地负责在外工作，而家庭内部的劳动往往由女性负责，这就导致子女数量给女性劳动力的工作带来的负面影响要大于男性劳动力。同时，家庭成员的结构也会对此产生影响，家庭中若有父母帮忙照料家务，子女数量对劳动供给的影响也会随之减小。最后，国家政策也是一个重要的影响因素，生育带来的成本在家庭、国家以及劳动力市场间的分配会因国家政策的变化而产生影响，进而改变子女数量对劳动供给的影响，例如产假政策以及对于儿童照料的支持政策都会影响生育后女性劳动力的劳动供给（甘春华，2017）。基于以上理论分析，本文提出如下有待检验的研究假说 1：

研究假说 1：子女数量对劳动供给有负面影响，尤其对女性劳动供给的负面影响更大。

（三）性别偏好

性别偏好是家庭或夫妻对所生子女某一性别的偏爱。在理想子女数一定的情况下，人们的性别偏好有如下几种情况：（1）偏爱男孩；（2）偏爱女孩；（3）男女都一样。对子女性别的偏好，由人们所处的社会经济环境和家庭条件决定。在中国，“重男轻女”是传统观念，一方面，男孩往往在家族中被认为是继承人，是家族的延续，另一方面，男性在劳动力市场上有着更高的回报率，因此家庭中往往在男孩身上有更多投入。国内外许多文献研究了父母的性别偏好对劳动供给的影响。安格斯（Angus，1988）认为，家庭往往给男孩提供更多的经济支持，女孩相比之下处于不利地位，存在一定的经济歧视。伦德贝格和伊莱娜（Lundberg and Elaina，2002）认为，子女数量对父亲的劳动供给有正向影响，并且男孩带来的正向影响更大，因为父母认为男孩可以带来更大的回报，对于父亲努力工作以承担教育等投入有激励作用。此外，在中国，性别偏好对劳动供给的影响还与固有观念有关。魏和张（Wei and Zhang，2011）认为中国家庭的高储蓄率与性别比例失衡有关，性别比例失衡使得婚姻市场上的竞争加剧，生育男孩的家庭会希望通过增加储蓄来提高自家男孩在婚姻市场上的竞争力，这就造成夫妻双方增加劳动供给以提高家庭储蓄的局面。因此，子女性别对劳动供给存在一定的影响。基于以上理论分析，本文提出如下有待检验的研究假说2：

研究假说2：子女中男性占比更高有利于提高劳动供给。

三、研究设计

（一）计量模型的设定

基于以上理论分析和研究假说，本文使用计量回归方法对子女数量对不同性别劳动力劳动供给影响的差异进行了定量研究。本文首先使用如下计量回归模型分别估计了子女数量对男性劳动力和女性劳动力劳动供给的影响：

$$Y_i = \alpha + \beta_1 X_i + \gamma C_i + \varepsilon_i \tag{1}$$

其中，Y_i 是因变量，为劳动供给，通过每周工作时间来体现，X_i 为子女数量，通过家庭中子女总数来体现，系数 β_1 为本文最为关心的系数，显示了子女数量对劳动供给影响的程度，其含义为子女数量每增加1人，相应的，劳动力每周工作时间会改变 β_1 单位。α 为截距项，C_i 是一系列可能影响劳动供给的控制变量，包括劳动力的家庭成员人数、年龄、最高学历、当前婚姻状态、健康状况、人均家庭纯收入、最大孩子年龄、最小孩子年龄、户口状况，ε_i 是随机扰动项。

进一步的，为了考察子女数量对劳动供给的影响在男性和女性之间的差异，本文在基准模型的基础上又引入了劳动力性别与其子女数量的交互项，并构建如下形式的计量回归模型：

$$Y_i = \alpha + \beta_1 X_i + \beta_2 Z_i + \beta_3 Z_i \times X_i + \gamma C_i + \varepsilon_i \tag{2}$$

其中，Z_i 为劳动力的性别，$Z_i \times X_i$ 为劳动力性别与其子女数量的交互项，劳动力性别与其子女数量交互项的系数显示子女数量对不同性别劳动力劳动供给影响的差异，其他变量的含义与度量方式与基准回归方程一致。

另外，为了进一步了解子女数量对女性劳动供给产生影响的作用机制，本文使用中介效应模型对子女数量影响劳动供给的作用机制进行检验，采用的检验方法为逐步检验法。

第一，分析子女数量对女性每周工作时间的影响，使用如下形式的计量回归模型：

$$Y_i = \alpha + \beta_4 X_i + \gamma C_i + \varepsilon_i \tag{3}$$

其中，Y_i 是本文的因变量，即女性每周工作时间，X_i 为本文的关键自变量，即子女数量，其他各变量的含义与基准回归方程一致。

第二，分析子女数量对女性工作日干家务时长的影响，使用如下形式的计量回归模型：

$$M_i = \alpha + \beta_5 X_i + \gamma C_i + \varepsilon_i \tag{4}$$

其中，M_i 是本文的中介变量，即女性工作日干家务时长，X_i 为本文的关键自变量，即子女数量，β_5 显示了子女数量对女性工作日干家务时长影响的程度，其大小表明孩子数量每增加 1 人，相应地，女性工作日干家务时长会改变 β_5 单位，其他变量的含义与度量方式与基准回归方程一致。

第三，分析加入女性工作日干家务时长后，子女数量对女性每周工作时间的影响，使用如下形式的计量回归模型：

$$Y_i = \alpha + \beta_4' X_i + \delta M_i + \gamma C_i + \varepsilon_i \tag{5}$$

其中，X_i 的系数 β_4'是在控制了中介变量女性工作日干家务时长的影响后，自变量子女数量对因变量女性每周工作时间的直接效应，如果 β_5、δ 显著且 β_4'显著，则表明存在显著的部分中介效应，如果 β_5、δ 显著且 β_4'不显著，则表明存在显著的完全中介效应。

（二）数据与变量构建

本文所使用的数据来源于中国家庭追踪调查（China Family Panel Studies，CFPS）。中国家庭追踪调查旨在通过跟踪收集个体、家庭、社区三个层次的数据，反映中国社会、经济、人口、教育和健康的变迁，并且重点关注了中国居民的经济与非经济福利，包括居民的经济活动、教育成果、家庭关系与家庭动态、人口迁移、健康等在内的诸多研究主题。本文使用的是 2018 年的调查数据。

本文的分析基于参与调查的 60 岁以下已婚人群。由于探究的是子女数量与劳动供给之间的关系，本文所采用的数据排除了失业、退出劳动力市场和在上学的样本，因为这部分样本可能会有完全不同的劳动供给行为，除此之外还排除了子女年龄都较大的样本，最终确定的样本数量为 4 055 个，其中男性2 281个，女性1 774个。

劳动供给包含劳动参与和工作时间选择（Heckman，1993）。本文选取每周工作时间作为劳动供给变量的度量指标。同时将每个家庭的子女进行加总，求得每个家庭的子女总数，作为子女数量变量的度量指标。

为了控制其他可能影响劳动力劳动供给的因素，本文加入了一系列的控制变量。包括家庭成员人数、年龄、最高学历、当前婚姻状态、健康状况、人均家庭纯收入、最大孩子年龄、最小孩子年龄、户口状况。其中原始数据的最高学历分为文盲/半文盲、托儿所、小学、初中、高中/中专/技校/职高、大专、硕士，本文将其归类为大学以下和大学及以上两类。最大孩子年龄和最小孩子年龄由家庭中每个孩子的出生年份计算得到，并取每个家庭的最大值和最小值。

（三）描述性统计

表1是按照劳动力的性别分别汇报了本文主要变量的描述性统计结果。在4 055个样本中，男性样本为2 281个，占总样本的56.25%，女性样本为1 774个，占总样本的43.75%。在4 055个样本中，男性样本的平均每周工作时间为54.1小时，每个男性平均有1.34个子女，女性样本的平均每周工作时间为46.5小时，每个女性平均有1.36个子女。另外，在男性样本中，学历为大学及以上的样本约占14%，而在女性样本中，学历为大学及以上的样本约占21%，相较于男性略高。

表1　描述性统计结果

	变量名	变量赋值	均值	方差	最小值	最大值
男性样本描述性统计结果						
自变量	子女数量	连续变量：个	1.343	0.943	0	7
因变量	每周工作时间	连续变量：小时	54.08	19.81	0.100	148
控制变量	家庭成员人数	连续变量：个	4.744	2.308	1	21
	年龄	连续变量：岁	32.15	5.480	21	59
	最高学历	大学及以上=1；大学以下=0	0.144	0.351	0	1
	当前婚姻状态	在婚（有配偶）=1；离婚或丧偶=0	0.957	0.204	0	1
	健康状况	一般及以上=1；不健康=0	0.059	0.236	0	1

续表

	变量名	变量赋值	均值	方差	最小值	最大值
控制变量	最大孩子年龄	连续变量：岁	5.077	4.425	0	23
	最小孩子年龄	连续变量：岁	2.607	1.999	0	6
	人均家庭纯收入	连续变量：万元	3.205	12.79	0	566
	户口状况	农业户口 =1；非农业户口 =0	0.740	0.439	0	1
女性样本描述性统计结果						
自变量	子女数量	连续变量：个	1.359	0.967	0	7
因变量	每周工作时间	连续变量：小时	46.52	20.35	0.100	144
控制变量	家庭成员人数	连续变量：个	4.943	2.317	1	21
	年龄	连续变量：岁	30.86	4.909	21	59
	最高学历	大学及以上 =1；大学以下 =0	0.210	0.408	0	1
	当前婚姻状态	在婚（有配偶）=1；离婚或丧偶 =0	0.980	0.139	0	1
	健康状况	一般及以上 =1；不健康 =0	0.048	0.215	0	1
	最大孩子年龄	连续变量：岁	5.296	4.491	0	22
	最小孩子年龄	连续变量：岁	2.769	2.018	0	6
	人均家庭纯收入	连续变量：万元	3.355	11.11	0	410
	户口状况	农业户口 =1；非农业户口 =0	0.717	0.451	0	1

数据来源：根据“中国家庭追踪调查 2018”得出。

四、实证结果

（一）基准回归结果

本文首先考察了子女数量分别对男性劳动力和女性劳动力劳动供给的影响。通过将样本分为男性样本和女性样本两组，本文使用计量回归模型分别研究了子女数量对两类劳动力劳动供给的影响。回归结果如表 2 所示。

表 2　　子女数量对劳动供给影响的回归结果

变量	(1) 女性每周工作时间	(2) 男性每周工作时间	(3) 女性每周工作时间	(4) 男性每周工作时间	(5) 每周工作时间
子女数量	-0.848 (0.541)	0.223 (0.479)	-1.636* (0.863)	-0.187 (0.748)	-1.465** (0.670)
性别					5.735*** (1.095)
性别×子女数量					1.167* (0.658)
年龄	-0.035 (0.104)	-0.052 (0.081)	-0.125 (0.120)	-0.133 (0.091)	-0.131* (0.072)
最高学历	-5.182*** (1.251)	-5.895*** (1.283)	-4.723*** (1.272)	-5.869*** (1.284)	-5.235*** (0.898)
当前婚姻状态	0.045 (3.495)	-1.154 (2.073)	0.006 (3.497)	-0.977 (2.081)	-0.806 (1.794)
健康状况	2.662 (2.246)	0.790 (1.759)	2.331 (2.250)	0.476 (1.758)	1.164 (1.385)
户口状况	1.552 (1.164)	3.005*** (1.044)	1.563 (1.175)	2.907*** (1.040)	2.384*** (0.775)
家庭成员人数			-0.235 (0.229)	-0.673*** (0.194)	-0.487*** (0.148)
最大孩子年龄			0.218 (0.222)	0.129 (0.185)	0.165 (0.142)
最小孩子年龄			0.388 (0.298)	0.707*** (0.254)	0.574*** (0.193)
人均家庭纯收入			-0.022 (0.044)	0.037 (0.032)	-0.031 (0.026)
截距项	48.57*** (4.939)	55.13*** (3.520)	51.37*** (5.364)	59.02*** (3.852)	52.72*** (3.157)
样本数	1 774	2 281	1 774	2 281	4 055
调整后的 R^2	0.016	0.022	0.019	0.033	0.059

注：括号内为 t 统计量；*、** 和 *** 分别代表在 10%、5% 和 1% 的显著性水平上统计显著。

其中，表 2 中的列（1）和列（3）为子女数量对女性劳动力劳动供给影响的估计结果，模型（1）为未加入与家庭相关的控制变量的回归结果。在该模型中，子女数量变量的系数为负，但并不显著，考虑到家庭特征对劳动供给产生的影响，模型（3）为在模型（1）的基础上加入了家庭成员人数、最大孩子年龄、最小孩子年龄、人均家庭纯收入四个家庭层面控制变量的估计结果，列（3）的回归结果表明，在控制其他变量不变的条件下，子女数量对女性劳动力劳动供给的影响显著为负，即子女数量的增加不利于女性劳动力劳动供给的增加。在控制与家庭相关的变量的情况下，子女数量每增加一个，女性的每周工作时间将减少 1.636 个小时，并在 10% 的水平上显著。可能的原因是，女性在生育之后，会在照顾孩子、照顾家庭上耗费大量时间和精力，造成家庭和工作的冲突，在工作方面有所松懈，从而对其自身职业发展造成负面影响。

表 2 中的列（2）和列（4）是子女数量对男性劳动力劳动供给影响的回归结果。其中列（2）是未加入与家庭相关的控制变量的计量回归结果，列（4）为在模型（2）的基础上加入家庭成员人数、最大孩子年龄、最小孩子年龄、人均家庭纯收入四个家庭层面控制变量的回归结果。从列（2）和列（4）的回归结果可以看出，无论是否加入控制变量，子女数量对男性每周劳动时间的影响都不显著。推测其原因，可能是因为在家庭中主要由女性负责家庭劳动，男性并不会因子女数量的增加改变工作习惯，子女数量增加减少的只是男性的闲暇时间，而非工作时间。

为了进一步考察子女数量对劳动供给的影响在男性劳动力和女性劳动力之间的差异，本文在基准模型中又引入了劳动力性别与其子女数量的交互项并进行计量回归检验，其中，在回归方程中，男性设为 1，女性设为 0，回归结果如表 2 的列（5）所示，列（5）的回归结果表明，子女数量对劳动力每周工作时间有负向影响，并在 5% 的显著性水平上显著。男性劳动力的工作时间要多于女性，平均而言，男性劳动力每周的工作时间要比女性多出 5.735 个小时。交互项“性别 × 子女数量”的系数为正，并在 10% 的显著性水平上显著，说明对于男性而言，子女数量带来的消极影响更小，而对于女性而言，子女数量增加会更大程度地减少工作时间，这一结果证实了前文的分析。

通过比较，我们可以看到子女数量对劳动力劳动供给的影响在不同性别之间存在显著差异。对于男性劳动力而言，子女数量并不会对劳动供给产生显著影响，但对于女性劳动力而言，子女数量显著降低了其工作时间，减少了女性劳动力的劳动供给。在家庭中，女性劳动力往往是承担更多劳动的角色，包括家务劳动、照料家人等，为了养育子女，女性劳动力不仅要负责家务劳动，还要照料子女的生活和学习，这就使得女性劳动力必须牺牲工作时间，以平衡工作与家庭，子女数量的增加会极大地影响女性劳动力的职业发展，中断女性劳动力的劳动参与。

在对控制变量的回归结果中，学历对劳动力每周的工作时间有显著的负向影响。这意味着，不论男性劳动力还是女性劳动力，受教育程度越高，工作时间越少。原因可能是，高学历人群更注重工作与生活之间的平衡，在工作的同时也会为家庭和其他休闲活动留出时间，注重生活质量的保障，且高学历人群收入较高、工作效率较高，而低学历人群需要依靠增大工作时间来弥补收入低、工作效率低的缺陷。

（二）子女性别对劳动供给的影响

性别偏好是家庭或夫妻对所生子女某一性别的偏爱，相应的，子女性别对劳动供给也会有一定影响（见表3）。为了进一步研究子女性别对劳动供给的影响，本文选取子女的男孩占比为自变量，进行计量回归检验。

表3　　子女性别对劳动供给的影响

变量	(1) 女性每周工作时间	(2) 男性每周工作时间
男孩占比	2.783** (1.191)	2.253** (1.003)
年龄	-0.0620 (0.119)	-0.118 (0.0900)
最高学历	-4.857*** (1.268)	-5.786*** (1.283)
当前婚姻状态	-0.616 (3.493)	-1.347 (2.079)
健康状况	2.283 (2.249)	0.356 (1.753)
户口状况	1.486 (1.171)	2.892*** (1.035)
家庭成员人数	-0.378* (0.220)	-0.699*** (0.186)
最大孩子年龄	-0.0955 (0.160)	0.0866 (0.134)
最小孩子年龄	0.226 (0.310)	0.546** (0.263)
人均家庭纯收入	-0.0189 (0.0441)	-0.0345 (0.0323)

续表

变量	(1) 女性每周工作时间	(2) 男性每周工作时间
截距项	49.47*** (5.350)	58.40*** (3.846)
样本数	1 774	2 281
调整后的 R^2	0.020	0.035

注：括号内为 t 统计量；*、** 和 *** 分别代表在 10%、5% 和 1% 的显著性水平上统计显著。

其中，列（1）是子女性别对女性劳动供给的影响，列（1）的回归结果表明，在控制其他变量不变的条件下，男孩占比对女性劳动力劳动供给的影响显著为正，即男孩占比的增加会导致女性劳动力劳动供给的增加，并在 5% 的水平上显著。列（2）是子女性别对男性劳动供给的影响，列（2）的回归结果表明，在控制其他变量不变的条件下，男孩占比对男性劳动力劳动供给的影响显著为正，即男孩占比的增加会导致男性劳动力劳动供给的增加，并在 5% 的水平上显著。基于回归结果，我们可以看到，不管是对于男性还是女性，子女性别对劳动供给都有着显著的影响，男孩占比的增加会导致劳动供给的增加。由于家庭模式、固有观念等的影响，父母认为提供给男孩更高的经济支持会有更好的回报率，有男孩的家庭为了给子代提供更好的经济条件，父母的劳动供给时间会增加，男孩对家庭的劳动供给具有激励作用。

（三）稳健性检验结果

为了对基准回归结果的稳健性进一步进行检验，本文进一步将研究样本按照劳动力的最高学历划分为两类，即大学及以上学历和大学以下学历，对其分别进行计量回归分析，从而考察基准回归结果是否稳健，稳健型检验的计量回归结果如表 4 所示。

表 4　稳健性检验结果

变量	(1) 女性每周工作时间		(2) 男性每周工作时间	
	大学以下	大学及以上	大学以下	大学及以上
子女数量	-2.245** (1.098)	-0.0542 (1.043)	-0.202 (0.833)	-1.248 (1.503)
年龄	-0.218 (0.144)	0.257 (0.172)	-0.186* (0.099)	0.489** (0.229)

续表

变量	(1) 女性每周工作时间		(2) 男性每周工作时间	
	大学以下	大学及以上	大学以下	大学及以上
当前婚姻状态	-1.010 (4.091)	6.600 (5.463)	-1.236 (2.271)	1.505 (4.900)
健康状况	1.917 (2.652)	4.447 (3.394)	-0.638 (2.021)	4.447 (2.862)
户口状况	0.744 (1.505)	3.188 ** (1.342)	2.848 ** (1.209)	3.144 * (1.641)
家庭成员人数	-0.448 (0.293)	0.294 (0.257)	-0.833 *** (0.216)	0.349 (0.384)
最大孩子年龄	0.345 (0.265)	-0.193 (0.329)	0.227 (0.205)	-0.633 (0.390)
最小孩子年龄	0.489 (0.357)	-0.097 (0.426)	0.628 ** (0.284)	1.022 ** (0.494)
人均家庭纯收入	-0.021 (0.125)	-0.007 (0.028)	-0.031 (0.035)	-0.111 (0.080)
截距项	56.79 *** (6.419)	25.76 *** (7.995)	61.54 *** (4.230)	29.39 *** (9.070)
样本数	1 401	373	1 953	328
调整后的 R^2	0.010	0.036	0.018	0.055

注：括号内为 t 统计量；*、** 和 *** 分别代表在 10%、5% 和 1% 的显著性水平上统计显著。

从表 4 的计量回归结果可以看出，对于女性劳动力而言，子女数量变量的系数都为负。对于最高学历在大学以下的女性群体，子女数量对工作时间的负向影响在 5% 的显著性水平上显著，即子女数量增加不利于大学以下学历女性劳动力劳动供给的增加。对于大学以下学历的女性劳动力而言，每增加一个孩子，每周工作时间将减少 2.245 个小时。但对于学历在大学以上的女性劳动力而言，子女数量的增加对其工作时间可能存在一定影响，却并不显著。可能的解释是，高学历女性劳动力的选择更趋于理性化，其更注重生活和工作之间的平衡，不愿意因生育而影响自身职业发展，往往在照顾好孩子的同时也兼顾好工作。对于男性劳动力而言，不论最高学历在何种水平，子女数量都不会对其劳动供给产生显著影响，因此可以看出，子女数量对男性劳动力劳动供给的影响并不大。

（四）作用机制检验结果

为了进一步了解子女数量对劳动供给产生影响的作用机制，本文使用中介效应模型对子女数量影响劳动供给的作用机制进行检验。由于在家庭中，女性劳动力往往是承担更多劳动的角色，包括家务劳动、照料家人等，随着子女数量的增加，女性劳动力要在家务劳动、子女的生活和学习上投入更多的时间，这就使得女性劳动力必须牺牲工作时间，以平衡工作与家庭，工作与家庭劳动形成了冲突的关系，子女数量的增加首先会导致家庭劳动时间的增加，进而一定程度上减少女性工作的时间，即减少劳动力供给。因此，本文选用女性在工作日干家务的时长作为中介变量，作用机制检验的计量回归结果如表5所示。

表5　　作用机制检验结果

变量	(1) 女性每周工作时间	(2) 女性工作日干家务时长	(3) 女性每周工作时间
子女数量	-1.636* (0.863)	0.169*** (0.065)	-1.259 (0.859)
女性工作日干家务时长			-1.978*** (0.316)
年龄	-0.125 (0.120)	0.037*** (0.009)	-0.056 (0.120)
最高学历	-4.723*** (1.272)	-0.194** (0.095)	-5.112*** (1.261)
当前婚姻状态	0.006 (3.497)	-0.126 (0.261)	-0.270 (3.461)
健康状况	2.331 (2.250)	0.483*** (0.168)	3.310 (2.233)
户口状况	1.563 (1.175)	0.646*** (0.088)	2.821** (1.181)
家庭成员人数	-0.235 (0.229)	0.027 (0.017)	-0.172 (0.227)
最大孩子年龄	0.218 (0.222)	0.019 (0.017)	0.243 (0.220)
最小孩子年龄	0.388 (0.298)	-0.021 (0.022)	0.343 (0.295)

续表

变量	(1) 女性每周工作时间	(2) 女性工作日干家务时长	(3) 女性每周工作时间
人均家庭纯收入	-0.022 (0.044)	-0.004 (0.003)	-0.030 (0.044)
截距项	51.37*** (5.364)	-0.101 (0.400)	51.26*** (5.311)
样本数	1 774	1 771	1 771
调整后的 R^2	0.013	0.107	0.034

注：括号内为 t 统计量；*、** 和 *** 分别代表在 10%、5% 和 1% 的显著性水平上统计显著。

表 5 中，列（1）是子女数量对女性劳动力每周工作时间影响的计量回归结果，回归结果显示，子女数量在 10% 的显著水平上不利于女性劳动力每周工作时间的增加，每增加一个子女，女性劳动力的每周工作时间将减少 1.636 个小时。列（2）是子女数量对女性工作日干家务时长影响的计量回归结果，回归结果显示，子女数量在 1% 的显著性水平上增加了女性工作日干家务时长，子女数量每增加 1 个，女性工作日干家务时长将增加 0.169 个小时，表明子女数量增加会增加女性劳动力的家务负担。列（3）为在列（1）的基础上加入女性劳动力在工作日干家务时长变量的计量回归结果，表现了子女数量和女性工作日干家务时长对女性每周工作时间的影响，回归结果显示，女性工作日干家务时长在 1% 的显著性水平上显著减少了女性劳动力的工作时间，且女性工作日干家务时长每增加 1 小时，其每周工作时间将减少 1.978 个小时，而子女数量的系数符号虽没有发生变化，但由 10% 的显著水平变为不显著，表明干家务时长在子女数量对劳动供给的影响中起到了完全中介的作用。子女数量增加增大了女性劳动力照顾孩子、家庭所花费的时间和精力，从而导致了女性劳动力在家庭和工作上的冲突，导致了女性劳动力工作时间的下降。

五、结论与政策启示

（一）结论

第一，子女数量对男性劳动力的劳动供给并没有显著影响。相较于女性，男性更多地从事社会劳动，男性并不会因子女数量的增加而改变工作习惯。

第二，子女数量增加显著减少了女性劳动力的劳动供给。子女数量越多，女性参加工作的时间就越低。由此可见，在劳动力市场上，仍然存在巨大的性别差异，孩子的生产、抚养过程为女性职业发展带来了阻碍，造成了生育率和女性劳动参与率同时降低的局面。

第三，不管是对于男性还是女性，子女性别对劳动供给都有着显著的影响，男孩占比的增加会导致劳动供给的增加。由于家庭模式、固有观念等的影响，父母认为提供给男孩更高的经济支持会有更好的回报率，有男孩的家庭为了给子代提供更好的经济条件，父母的劳动供给时间会增加。

第四，干家务时长在子女数量对劳动供给的影响中起到了完全中介的作用。子女数量通过影响干家务时长，对劳动供给产生影响。女性更多地从事家务劳动，子女数量的增加增大了女性在家务上耗费的时间和精力，与工作形成了冲突的关系，导致了女性劳动力工作时间的下降。

（二）政策启示

在人口老龄化加剧，生育政策逐步放松的背景下，本文的研究能够为当前面临的人口问题提供一定的经验参考。由本文的研究结论可知，子女数量增加显著降低了女性劳动力的劳动供给，这就导致了大量女性劳动力不愿生育，从而导致整体生育率下降、年轻劳动力不足的问题，因此有必要采取相应措施缓解这一不利局面。我们认为，首先，企业应该改变单纯长产假的模式，允许在夫妻之间分配产假时长，引导夫妻之间共同分担育儿的责任，逐渐改变“男主外，女主内”的传统思想；支持和鼓励弹性工作制度，提倡企业采取产假和弹性工作制相结合的方式，用弹性工作时间来替代产假时间。其次，对于政府而言，应通过改善社会福利制度，例如生育保险、养老保险等，来减轻养育孩子的家庭负担；为托幼市场提供支持和帮助，推动社会力量对各类托幼机构的关注和投资，满足各种层次的育儿服务需求，使得不同收入水平的家庭都能从中受益。最后，鼓励代际间的帮扶和相互照料，减轻家庭照顾儿童的负担，并推动男女平等文化的教育和弘扬，改变人们固有的性别观念，为女性劳动力创造良好的就业环境。

参考文献

1. 陈瑛、江鸿泽：《子女数量对我国流动女性劳动参与的影响——基于M型与倒U型劳动参与曲线的分析》，载于《南方人口》2018年第2期。

2. 甘春华：《“生育工资惩罚”的表现及作用机理：研究现状梳理》，载于《劳动经济研究》2017年第3期。

3. 廖敬仪、周涛：《女性职业发展中的生育惩罚》，载于《电子科技大学学报》2020 年第 1 期。

4. 盛亦男：《生育政策调整对女性就业质量的影响》，载于《人口与经济》2019 年第 3 期。

5. 孙继圣、周亚虹：《居住模式、幼年子女数量与已婚女性的劳动供给——基于儿童看护视角的讨论》，载于《财经研究》2019 年第 6 期。

6. 杨河清：《劳动经济学》，中国人民大学出版社 2002 年版。

7. 於嘉、谢宇：《生育对我国女性工资率的影响》，载于《人口研究》2014 年第 1 期。

8. 乐章、张艺珂：《收入还是替代：子女数量与中国女性劳动参与》，载于《南方人口》2019 年第 3 期。

9. 张川川：《子女数量对已婚女性劳动供给和工资的影响》，载于《人口与经济》2011 年第 5 期。

10. 张琳、张琪：《我国青年女性生育状况对劳动参与决策的影响——基于 CLDS 数据的分析》，载于《中国青年研究》2019 年第 5 期。

11. 张琪、初立明：《养育孩子会使女性家务劳动时间增加多少？——家务劳动时间细分的视角》，载于《人口与经济》2020 年第 5 期。

12. Becker, G., 1985, "Human Capital, Effort, and the Sexual Division of Labor", *Journal of Labor Economics*, Vol. 3, No. 1, January, pp. S33 – S58.

13. Angus, D., 1988, "The allocation of goods within the household: adults, children and gender", *World Bank Working Paper*, No. LSM 39, July.

14. Frodermann, C., and Dana, M., 2019, "Establishment closures in Germany: the motherhood penalty at job search durations", *European Sociological Review*, Vol. 35, No. 6, September, pp. 845 – 859.

15. Heckman, J., 1993, "What Has Been Learned about Labor Supply in the Past Twenty Years?", *American Economic Review*, Vol. 83, No. 2, May, pp. 116 – 121.

16. Lundberg, S., and Elaina, R., 2002, "The Effects of Sons and Daughters on Men's Labor Supply and Wages", *Review of Economics and Statistics*, Vol. 84, No. 2, May, pp. 251 – 268.

17. Rosenzweig, M., and Kenneth, W., 1980, "Life – Cycle Labor Supply and Fertility: Causal Inferences from Household Models", *Journal of Political Economy*, Vol. 88, No. 2, April, pp. 328 – 348.

18. Wei S., and Xiaobo Z., 2011, "The Competitive Saving Motive: Evidence from Rising Sex Ratios and Savings Rates in China", *Journal of Political Economy*, Vol. 119, No. 3, June, pp. 511 – 564.

The Influence of the Number of Children on Labor Supply

—An Empirical Study Based on the Background of Relaxation of Fertility Policy

MENG Xiangxu　FU Yangfan

(School of Economics, Xiamen University, 361005)

[**Abstract**] We use the data of the 2018 Chinese Family Tracking Survey to estimate the impact of the number of children on the labor supply of male and female labors, using the econometric regression model to explore the relationship between the number of children and labor supply, and examining the mechanism of the impact of number of children on labor supply of women. The empirical results show that, on the one hand, the number of children has no significant impact on the labor supply of male labor, and the increase of the number of children will not change the working habits of male labor. On the other hand, the increasing of the number of children can significantly reduce the labor supply of female labor. The length of time doing housework plays a complete intermediary role in the impact of the number of children on the labor supply of female labor. The increase of Child's number increases the time and energy that women spend in caring for children and the family, which leads to conflicts between women's family and work, and further leads to the reduction of working hours. This research provides a certain empirical reference for the formulation of related policies in the context of aging and the relaxation of the fertility policy.

[**Key Words**] Fertility Decision-making　Child Support　Labor Supply　Employment

JEL Classifications: J13　J22

人力资本配置与经济创新发展*

——基于竞争性和垄断性两部门考察

李欣泽　樊仲琛　周灵灵**

【摘　要】中国人力资本配置的测度及其对创新发展的影响，在理论和经验上都存在诸多未竟难题。从经济现实看，精确分析和评估人力资本配置不能忽视制度性部门间不稳定因素影响人力资本流动这一基本事实。鉴于此，本文在构建两部门人力资本配置静态理论框架时，纳入了部门间不稳定因素，并借助2004年中国经济普查数据，在测度地区层面人力资本错配程度的基础上，实证检验了人力资本错配对创新发展的影响。结果显示，第一，2004年中国东部地区和西部地区的人力资本错配程度均高于中部地区地人力资本错配程度；第二，在地区层面上，人力资本错配导致区域创新水平下降，这一结论在企业层面上同样显著。本研究可为精确评估人力资本错配提供新的思路和标准，也能为优化人力资本空间配置、培育经济持续增长的创新动力指明政策方向。

【关键词】**人力资本配置　创新发展　竞争性部门　垄断性部门**

中图分类号：**F019.6**　　　文献标识码：**A**

---

* 本文得到国家社科基金青年项目“经济高质量发展的区域型产业政策转型研究”（19CJL037）的资助。

** 李欣泽，经济学博士，山东大学经济研究院助理研究员，地址：山东省济南市山大南路27号，邮编：250100，电子邮箱：xinzeli@ sdu. edu. cn；樊仲琛，北京大学国家发展研究院博士生，地址：北京市海淀区颐和园路5号，邮编：100871，电子邮箱：zcfan2017@ nsd. pku. edu. cn；周灵灵（通讯作者），经济学博士，国务院发展研究中心副研究员，地址：北京市东城区朝阳门内大街225号，邮编：100010，电子邮箱：zhoulingling1985@ 163. com。

一、问题的提出

创新驱动发展战略是新形势下我国经济实现高质量发展的重要国家战略。特别是，面对美国的技术封锁和突如其来的新冠肺炎疫情等冲击，我们必须“把创新摆在国家发展全局的核心位置”，以创新驱动经济发展，持续涵养经济增长动能。人力资本积累和配置是影响创新的重要因素（Schumpeter，1934），精确识别并测度中国人力资本配置状况探究人力资本配置对区域创新发展的影响机制，研判促进区域人力资本流动的方向和举措，对我国实施创新驱动发展战略具有重大意义，是实现区域高质量发展的必然要求和题中之义。

有别于发达经济体，中国人力资本配置具有明显的部门偏向现象。相关研究发现中国生产性部门的人力资本强度①远低于非生产性部门（中国经济增长前沿课题组，2014；李静等，2017a；李静和楠玉，2019a），从国际比较看，中国生产性部门的人力资本强度远低于美国、欧盟等发达国家，非生产性部门的人力资本强度则比美国、欧盟等发达国家高很多。中国这种人力资本部门偏向特征，会使得生产性、非生产性部门之间发生人力资本错配，造成生产性部门面临人力资本配置无法满足提高生产效率的需求，从而严重阻碍经济增长（中国经济增长前沿课题组，2014；纪雯雯和赖德胜，2018；李世刚和尹恒，2017）。即便在生产性部门内部，也同样面临人力资本错配问题。

在理论上，由于政府干预与管制程度、政策性扶持力度等制度性因素在各生产部门间实施的程度不同（李勇等，2021），引致各生产性部门在倒闭风险、职工报酬等方面存在差异，这些制度性因素所导致的摩擦会干扰要素市场人力资本流动的方向，造成人力资本可能从生产效率较高的部门流向了生产效率较低的部门，从而产生生产部门间的“人力资源错配”，导致整个经济效率的损失（陈言和李欣泽，2018；葛晶和李勇，2019）。具体地，人力资本会根据所处行业或企业面临的倒闭风险、职工报酬等条件在部门间流动，一些高垄断性、低效率的行业会因其低风险等综合原因吸引更多高水平人力资本。这种制度性不稳定因素引起的倒闭风险、职工报酬等条件长期地影响人力资本流向，可能会对经济发展造成严重负面影响。显然，构建符合中国现实的人力资本配置一般均衡理论框架，探究并理解人力资本配置与创新发展的内在逻辑至关重要。

① 我们借鉴中国经济增长前沿课题组（2014）对人力资本强度的定义：“各行业大学本科以上学历劳动力比例除以该行业增加值占 GDP 的比例”。

基于上述考虑，我们综合中国就业人员受教育水平、经济整体技术水平等指标，提炼出以下几个特征事实：第一，随着时间推移，中国就业人员受教育水平逐步上升，与此同时，中国专利申请数和受理数均呈指数级增长（见图1）；第二，随着时间推移，中国工业部门全要素生产率与就业人员受教育水平也都在逐年上升（见图2）；第三，在工业行业内部，按照国有企业就业人数和国有部门增加值占比划分为垄断性部门和竞争性部门，垄断性部门就业人员的平均受教育年限远高于竞争性部门就业人员的平均受教育年限，但垄断性部门的劳动生产率要低于竞争性部门的劳动生产率（见图3、图4）。综上，我们发现在过去十多年里，中国人力资本积累已经带来创新水平和创新能力的提升，但依然存在阻碍人力资本要素自由流动的因素，导致人力资本要素市场发生扭曲，使得人力资本从效率较高的部门流向了效率较低的部门，进而导致经济效率严重损失。在此背景下，探讨部门间的人力资本配置状况，以及人力资本配置对创新水平的影响，具有较强的理论价值和实践意义。

鉴于此，我们首先基于一个纳入部门间不稳定因子的两部门人力资本错配模型，测算并分析各地区人力资本错配的程度；其次，在测算人力资本错配程度的基础上，分别在地区和企业双重层面上实证检验了人力资本配置对经济创新发展的影响。本研究主要在以下两个方面进行了扩展：第一，本文首次考察了部门间不稳定因素所引起的人力资本错配程度，拓展了现有的中国人力资本错配成因研究；第二，本文首次分别在地区和企业层面上探究了人力资本配置对经济创新发展的影响，为降低人力资本错配、提升创新绩效提供科学依据。

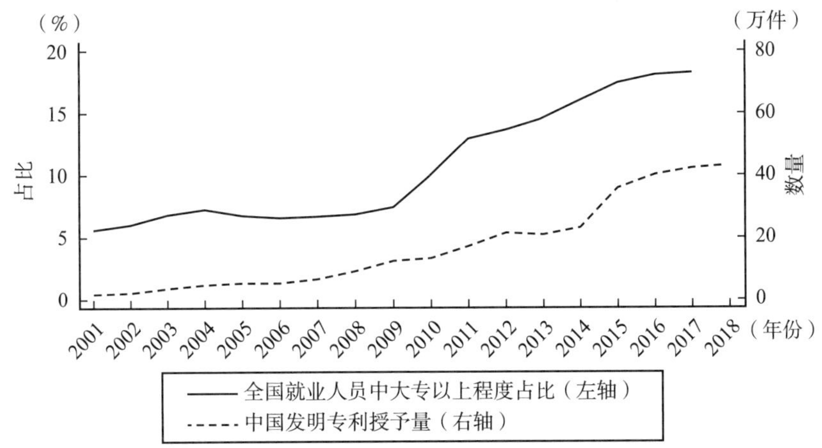

图1　中国就业人员大专及以上学历占比和发明专利授予量趋势

资料来源：《中国统计年鉴》及 WIPO Statistics Database。

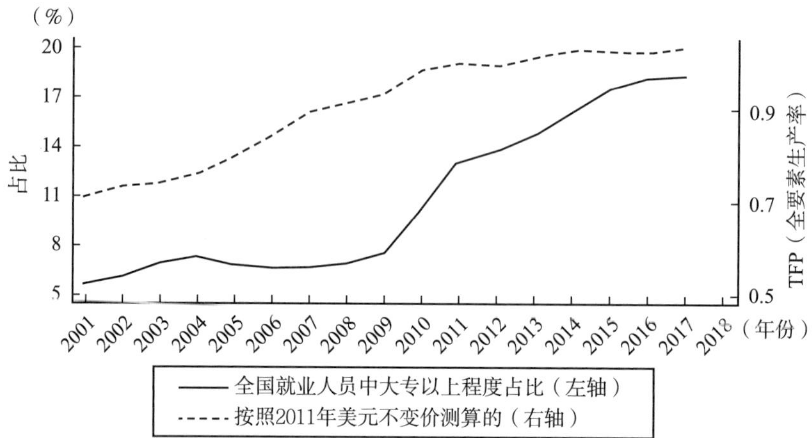

图2　中国就业人员大专及以上学历占比和发明全要素生产率趋势

资料来源：《中国统计年鉴》及 PWT9.1。

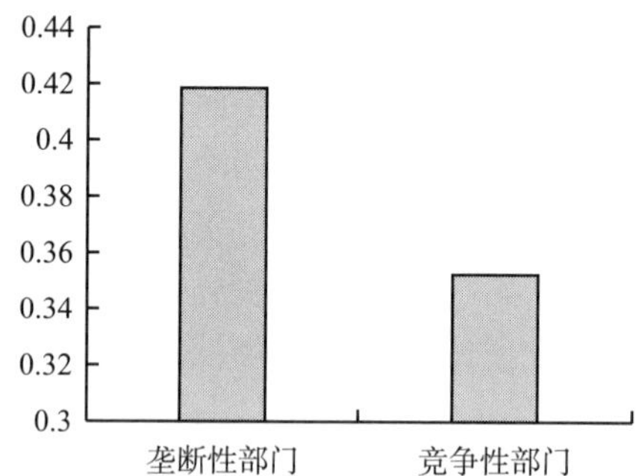

图3　中国工业行业内部竞争性部门与垄断性部门的高学历就业人员占比

资料来源：2004 年中国经济普查数据。

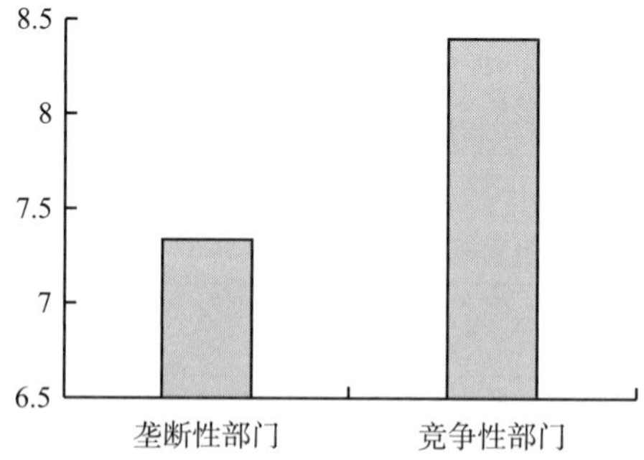

图4　中国工业行业内部竞争性部门与垄断性部门的平均全要素生产率

资料来源：2004 年中国经济普查数据。

二、文献回顾与理论模型

（一）文献回顾

从研究脉络看，舒尔茨（Schultz，1961）首次界定了人力资本概念，并将人力资本要素纳入经济增长理论体系。卢卡斯（Lucas，1988）正式将人力资本作为等同于劳动、资本等生产要素纳入生产函数中，罗默（Romer，1990）也认为人力资本是经济增长的源泉，但假定人力资本是外生的。此后，阿吉翁和豪伊特（Aghion and Howitt，1998）进一步将人力资本内生化，带来了人力资本研究热潮（Acemoglu and Autor，2012）。本文在借鉴既有人力资本文献基础上，测算并识别中国人力资本配置对区域创新和企业创新的异质性影响，主要涉及资源错配（Resource Misallocation）的相关研究。

经过十多年的发展，资源错配理论已经形成比较完整的基于微观基础解释宏观机制的理论体系（Restuccia and Rogerson，2008；Hsieh and Klenow，2009；Brandt et al.，2013；Bartelsman et al.，2013）。作为资源错配领域开创性研究，谢和克列诺（Hsieh and Klenow，2009）通过构建规模报酬不变的异质性企业垄断竞争模型，发现行业内企业 TFP 离散度越大，导致资源错配越严重。在此基础上，勃兰特（Brandt，2013）和青木昌彦（Aoki，2012）构建异质性多部门一般均衡框架测算了不同部门资源错配程度。皮得斯（Peters，2020）考察了企业异质性加成率导致的资源错配对经济绩效的影响。此外，不少学者发现解雇税、失业保险、金融摩擦等都会造成不同程度的资源错配（Midrigan and Xu，2014；Itskhoki and Moll，2019）。

尽管随着改革开放实践的深入推进，中国各方面的体制机制在不断健全完善，但仍然存在阻碍要素自由流动的障碍，导致一定程度的资源错配。中国资源错配的测度、后果及成因问题已经引起了国内外学者的广泛关注。研究者发现若中国制造业的资源配置效率能够达到美国水平，其 TFP 水平至少可以提高 30%～50%（Hsieh and Klenow，2009），而且部门间资源错配程度要比地区间严重（Brandt et al.，2013）。在谢和克列诺（2009）的理论框架下，国内学者也对资源错配问题进行了相关研究，发现政治干预、贸易政策、借贷约束差异、高房价等因素造成中国资源错配（朱喜等，2011、2015；聂辉华和贾瑞雪，2011；龚关和胡关亮，2013；周黎安等，2013；陈斌开等，2013；钱学锋等，2018）。近期越来越多的学者开始关注人力资本错配对经济增长的影响。例如，中国经济增长前沿课题组（2014）发现中国生产性、非生产性部门之间存在的人力资本错配严重阻碍了中国经济增长。同样地，政府部门和企业间也存在严重的人力资本错配，由于更多的优质人力资本配置到公共部门、垄断部门，导致企业部门、竞争性部门优质人力资本不足，导致经济社会效率损失（李世刚和尹恒，2017；纪雯雯和赖德胜，2018）。进一步地，谭莹和李昕（2019）将技术进步纳入一般均衡框架，发现当公共部门平均工资水平为私人部门的59% 时，才能获得经济社会的最优创新规模。李静等（2019）将在企业生产中存在的“高技术劳动力从事低技术性生产”定义为人力资本错配，构建了同时考虑研发投入和技术应用效率的增长模型，探求企业研发投入和技术应用效率均衡条件。

不难发现，上述文献从中国经验出发，探究了造成中国人力资本错配的诸多因素，并测度了人力资本错配造成的经济损失。在现有文献基础上，我们构建了两部门人力资本配置静态理论框架，纳入部门间不稳定因素，借助2004 年中国经济普查数据在地区层面上测算部门间人力资本错配程度，并使用城市和企业数据分别检验了人力资本配置对区域创新和企业创新的影响。与现有研究相比，本文在以下几个方面进行了拓展：首先，对造成人力资源错配成因研究进行了拓展。现有人力资本错配方面的研究，主要关注生产性部门（企业）、非生产性部门（政府部门）的错配（中国经济增长前沿课题组，2014；纪雯雯和赖德胜，2018；李世刚和尹恒，2017；李静等，2017a、2017b)，较少关注引起人力资本错配因素的一般均衡模型。鉴于此，本文构建更符合中国现实的、包含部门间不稳定因素的一般均衡模型，为分析中国人力资本错配问题提供新的理论框架。其次，科学识别了人力资本错配对经济创新发展的影响。本文在构建一般均衡理论框架基础上，实证检验了人力资本错配影响区域及企业创新的异质性效果，能为科学优化人力资本配置提供理论指导。

（二）人力资本错配的理论框架

工业部门作为最为重要的生产性部门，工业行业内部各行业也面临不稳定性差异，人才会根据各行业的不稳定差异进行跨行业流动，这可能会造成人力资本错配。相对于垄断性部门，竞争性部门会面临较高的倒闭风险，不稳定因素更高。因此，我们引入部门不稳定风险因子，构建垄断性部门和竞争性部门的一般均衡理论框架，测算由于部门间不稳定因素导致的人力错配程度。

1. 模型设定

为简便计，假定竞争性部门面临倒闭风险这种不稳定性因素，而垄断性部门不存在倒闭风险。

（1）经济体的基本设定。

经济体中有1单位相同的风险厌恶的家户，每个家户有H单位熟练劳动力和L单位非熟练劳动力。中间品生产由2个部门实现，分别是竞争性部门和垄断性部门，每个部门中有1单位连续统（Continuum）数量的企业。最终品由两个部门的中间品加总得到，并且所有产品和要素的市场结构均为完全竞争。

（2）家户设定。

家户的效用函数如式（1）所示：

$$U = C \tag{1}$$

其中，家户需要在两个生产部门中进行工作选择，所有的工资收入都用作消费。

（3）生产部门设定。

竞争性部门（M）容易受到外部环境的冲击，有 $1-\delta$ 的可能性倒闭（$\delta<1$），δ 主要由营商环境等外部因素决定。竞争性部门每个企业i使用非熟练劳动力L和熟练劳动力H，生产函数如式（2）：

$$Y_{Mi} = A_M L_{Mi}^{\alpha_1} H_{Mi}^{1-\alpha_1} \tag{2}$$

其中，A_M是竞争性部门企业的劳动生产率，每个企业都相同。H_{Mi}是竞争性部门企业i所使用的人力资本数量。竞争性部门的产出由每个企业的产出进行不变替代弹性（Constant Elasticity of Substitution）加总，如式（3）所示：

$$Y_M = \left(\int_0^1 Y_{Mi}^{\frac{\epsilon-1}{\epsilon}} 1(d=1)\,di\right)^{\frac{\epsilon}{\epsilon-1}},\ \epsilon > 1 \tag{3}$$

$$1(d=1)\begin{cases}1,\ 企业存活,\ d=1\\0,\ 企业倒闭,\ d=0\end{cases}$$

其中，$1(d=1)$ 为指示函数，企业存活时取值为1，企业倒闭时取值为0。

垄断性部门工作较为稳定，不受外部环境冲击。垄断性部门每个企业i的生产函数如式（4）所示：

$$Y_{Si} = A_S L_{Si}^{\alpha_2} H_{Si}^{1-\alpha_2} \tag{4}$$

其中，A_S 是垄断性部门企业的劳动生产率，每个企业都相同，且 $A_S < A_M$。垄断性部门相比竞争性部门更加人力资本密集，$\alpha_2 < \alpha_1$。H_{Si}是竞争性部门企业i所使用的人力资本数量。垄断性部门的产出由每个企业的产出进行不变替代弹性（Constant Elasticity of Substitution）加总，如式（5）所示：

$$Y_S = \left(\int_0^1 Y_{Si}^{\frac{\epsilon-1}{\epsilon}}\,di\right)^{\frac{\epsilon}{\epsilon-1}},\ \epsilon > 1 \tag{5}$$

两个部门的产出再经过不变替代弹性（CES）加总得到总产出，如式（6）所示：

$$Y = \left(Y_M^{\frac{\sigma-1}{\sigma}} + Y_S^{\frac{\sigma-1}{\sigma}}\right)^{\frac{\sigma}{\sigma-1}},\ \sigma > 1 \tag{6}$$

其中，σ 为替代弹性。

2. 模型求解

记竞争性部门企业的非熟练劳动力工资为 w_{ML}，熟练劳动力工资为 w_{MH}，垄断性部门企业的非熟练劳动力工资为 w_L，熟练劳动力工资为 w_H。家户在两个部门工作的期望收入无差异，如式（7）所示：

$$\delta w_{ML} = w_L, \ \delta w_{MH} = w_H \tag{7}$$

其中，这里得到一个工资楔子 δ。这个楔子的经济学直觉是，由于存在倒闭风险，如果家户从事较高风险的职业，需要企业承诺一个更高的收入，其确定性等价即为无风险部门的收入。

通过式（7），由两个部门生产函数的一阶条件得到：

$$\frac{H_{Mi}}{L_{Mi}} = \frac{w_L}{w_H}\frac{1-\alpha_1}{\alpha_1}$$
$$\frac{H_{Si}}{L_{Si}} = \frac{w_L}{w_H}\frac{1-\alpha_2}{\alpha_2} \tag{8}$$

通过式（7），也可以获得 α_1 和 α_2 的表达式。

根据生产的完全竞争，得到两个部门企业的产品价格，分别如下：

$$p_{Si} = \frac{w_{SL}^{\alpha_2} w_{SH}^{1-\alpha_2}}{A_S \alpha_2^{\alpha_2}(1-\alpha_2)^{1-\alpha_2}}, \ p_{Mi} = \frac{w_L^{\alpha_2} w_H^{1-\alpha_2}}{\delta A_M \alpha_1^{\alpha_1}(1-\alpha_1)^{1-\alpha_1}}$$

此时记 $\mu_1 = \alpha_1^{\alpha_1}(1-\alpha_1)^{1-\alpha_1}$，$\mu_2 = \alpha_2^{\alpha_2}(1-\alpha_2)^{1-\alpha_2}$。

由于每个部门中的企业都对称，根据大数定律，我们得到竞争性部门有 δ 连续统的企业存活，竞争性部门实际的产出如式（9）所示：

$$Y_M = (\delta Y_{Mi}^{\frac{\epsilon-1}{\epsilon}})^{\frac{\epsilon}{\epsilon-1}}, \ \epsilon > 1 \tag{9}$$

由价格的不变替代弹性加总，我们得到竞争性部门总产出的价格，如式（10）所示：

$$P_M = \left(\int_0^1 p_{Mi}^{1-\epsilon} 1(d = 1)di\right)^{\frac{1}{1-\epsilon}} = \delta^{-\frac{\epsilon}{\epsilon-1}} \frac{w_L^{\alpha_1} w_H^{1-\alpha_1}}{A_M \mu_1} \tag{10}$$

其中，$\delta^{\frac{\epsilon}{1-\epsilon}}$是由于企业数量下降导致分工程度降低带来的负外部性。

同理得到，垄断性部门总产出的价格由 1 单位对称的企业价格按照 CES 加总得到，如式（11）所示：

$$P_S = \left(\int_0^1 p_{Si}^{1-\epsilon} di\right)^{\frac{1}{1-\epsilon}} = \frac{w_L^{\alpha_2} w_H^{1-\alpha_2}}{A_S \mu_2} \tag{11}$$

由总产出的一阶条件得到竞争性部门和垄断性部门在产出和价格上的关系，如式（12）所示：

$$\frac{Y_M}{Y_S} = \left(\frac{P_M}{P_S}\right)^{-\sigma} = \delta^{\frac{\epsilon}{\epsilon-1}\sigma}\left(\frac{A_S \mu_2}{A_M \mu_1}\left(\frac{w_H}{w_L}\right)^{\alpha_2-\alpha_1}\right)^{-\sigma} \tag{12}$$

$$\delta^{\frac{\epsilon}{\epsilon-1}} = \left(\frac{P_M Y_M}{P_S Y_S}\right)^{\frac{1}{\sigma-1}} \frac{A_S \mu_2}{A_M \mu_1}\left(\frac{w_H}{w_L}\right)^{\alpha_2-\alpha_1}$$

进一步，我们得到竞争性部门和垄断性部门人力资本数量和技术的关系，如式（13）所示：

$$\frac{Y_{Mi}}{Y_{Si}}=\frac{A_M\left(\frac{\alpha_1}{1-\alpha_1}\frac{w_H}{w_L}\right)^{\alpha_1}H_{Mi}}{A_S\left(\frac{\alpha_2}{1-\alpha_2}\frac{w_H}{w_L}\right)^{\alpha_2}H_{Si}}$$

$$\frac{H_M}{H_S}=\frac{\delta H_{Mi}}{H_{Si}}=\delta^{\frac{\epsilon}{\epsilon-1}\sigma-\frac{1}{\epsilon-1}}\left(\frac{A_S\mu_2}{A_M\mu_1}\left(\frac{w_H}{w_L}\right)^{\alpha_2-\alpha_1}\right)^{1-\sigma}\frac{1-\alpha_1}{1-\alpha_2} \tag{13}$$

当倒闭风险等不稳定因素导致人力资本配置扭曲时，根据式（13）可以获得人力资本错配程度：

$$HCM=\delta^{\frac{\epsilon}{\epsilon-1}\sigma-\frac{1}{\epsilon-1}}=\frac{H_M}{H_S}\Big/\left[\left(\frac{A_S\mu_2}{A_M\mu_1}\left(\frac{w_H}{w_L}\right)^{\alpha_2-\alpha_1}\right)^{1-\sigma}\frac{1-\alpha_1}{1-\alpha_2}\right] \tag{14}$$

其中，$\alpha_1=\frac{w_Lw_H}{w_Lw_H+H_ML_M}$和$\alpha_2=\frac{w_Lw_H}{w_Lw_H+H_SL_S}$分别为竞争性部门和垄断性部门的劳动力弹性。此公式意味着由于竞争性部门的不稳定性（倒闭风险的负外部性）带来人力资本配置扭曲，造成部门间人力资本错配，造成经济效率损失。

由式（3）、式（4）、式（6）、式（13）获得社会总体劳动生产率，如式（14）所示：

$$A=\frac{Y}{H}=\left(\left(\frac{Y_M}{H}\right)^{\frac{\sigma-1}{\sigma}}+\left(\frac{Y_S}{H}\right)^{\frac{\sigma-1}{\sigma}}\right)^{\frac{\sigma}{\sigma-1}}=((\delta^{\frac{\epsilon}{\epsilon-1}}A_M s_M)^{\frac{\sigma-1}{\sigma}}+(A_S(1-s_M))^{\frac{\sigma-1}{\sigma}})^{\frac{\sigma}{\sigma-1}} \tag{15}$$

其中，$s_M=\frac{H_M}{H_M+H_S}$，即竞争性部门中人力资本占总人力资本的份额。由于工资楔子的存在，将劳动生产率较高的竞争性部门的人力资本转移到了劳动生产率较低的垄断性部门。另外，竞争性部门倒闭的负外部性也导致总劳动生产率降低。如果相对于竞争性部门，垄断性部门工作稳定程度上升，由家户的风险厌恶，将造成更高的工资楔子，进而带来更大的人力资本错配，使得平均劳动生产率下降。

在最优情况下，$\delta=1$，不存在倒闭风险等不稳定因素，总劳动生产率如下：

$$A^*=((A_M s_M^*)^{\frac{\sigma-1}{\sigma}}+(A_S(1-s_M^*))^{\frac{\sigma-1}{\sigma}})^{\frac{\sigma}{\sigma-1}}$$

其中，$s_M^*=\frac{s_M}{\delta^{\frac{\epsilon}{\epsilon-1}\sigma-\frac{1}{\epsilon-1}}(1-s_M)}$。相比之下，没有企业倒闭风险时，劳动生产率较高的竞争性部门获得了较大的人力资本份额，且不存在负外部性损失。

在竞争性部门，由于存在倒闭风险等不确定性因素，全社会总体劳动生产率的相对损失度为 1 - D，其中 $D=\frac{A}{A^*}$。由于人力资本被完全利用，可以得到两种状态下总产出的比就是劳动生产率的比，即 $D=\frac{A}{A^*}$。当 D 越靠近 1，人力资本错配程度越低，实际的 TFP 越趋近最优水平；当 D 越靠近 0，人力资本错配程度越严重，TFP 的损失度越高。

（三）人力资本配置与经济创新发展的理论假说

1. 人力资本配置对经济创新发展的影响分析

首先，研究国家间或地区间人均收入差距是经济学界长期关注的重要问题。从 20 世纪 60 年代舒尔茨（Schultz，1961）首次将人力资本视作一种同资本、劳动力一样的生产要素，是拉动经济增长的源泉之一；到 20 世纪 80 年代的内生增长理论的代表——卢卡斯（Lucas，1988）的人力资本增长模型，他认为经济最优增长率取决于人力资本增长率，人力资本要素是影响国家或地区间人均收入的长期差距的决定性因素。其次，资源错配理论认为，在传统经济学定义的完美竞争经济中，因不存在阻碍生产要素自由流动的摩擦，所有生产要素可以完全自由流动，此时资源配置达到帕累托（Pareto）最优状态，能够实现全社会经济效率最高（Hsieh and Klenow，2009；Bartelsman et al.，2013）。而当经济中存在阻碍生产要素自由流动的摩擦时，要素市场发生扭曲，使资源从全要素生产率高的部门流向全要素生产率低的部门，导致资源配置状况偏离帕累托最优状态，进而造成全社会效率损失。人力资本作为重要的生产要素之一，其配置状况会直接影响全社会经济效率（Bandyopadhyay et al.，2019）。简言之，优化人力资本配置状况，提高全要素生产率水平，是实现经济高质量增长的关键路径之一。最后，创新驱动发展战略是新时代中国实现经济高质量发展的战略之一。优化创新要素的空间配置，提升区域创新水平是推动创新驱动发展战略、实现区域经济创新发展的关键路径。而提升区域科技创新水平的关键在于人力资本的积累及配置状况，区域人力资本积累的提升和人力资本配置状况优化，能够加快该区域技术、知识等创新要素集聚，释放并发挥自主创新能力，提升区域科技创新水平，进而推动区域产业结构合理化和高级化的演进。

基于上述分析，提出理论假说 1：在其他条件不变的前提下，一个地方的人力资本错配程度越高，越不利于该地区经济创新发展，即优化人力资本配置会提升区域创新水平。

2. 人力资本配置对经济创新发展的异质性分析

在区域层面上，中国各地区在要素禀赋、经济发展、社会条件、开放程度等方面存在显著差异，这会影响人力资本跨区域流动方向和规模，可能会使更多高水平人力资本从经济发展和社会环境相对较弱的中西部内陆地区逐渐流入经济发展和社会环境较好的东部沿海地区，导致东部沿海地区出现了人力资本冗余现象。1999 年推行的高等教育扩张政策迅速提升了高水平人力资本存量的绝对规模和相对增速（邢春冰和李实，2011），但每年数百万大学毕业生的就业却表现出“东部沿海城市热”和“国有部门热”的地域和部门倾向性，导致地域和部门出现严重的人力资本冗余，导致区域间人力资本错配，降低了人力资本创新性活动的比例，阻碍了经济创新发展（张车伟等，2008）。进一步拓展到微观企业层面上，企业所在地区的经济基础、社会条件等综合因素通过影响人力资本流入的规模和增速，出现由于人力资本冗余导致企业创新活动比例下降的现象。此外，城市人力资本错配程度对不同类型的企业创新水平会存在差异。众所周知，相对国有企业，非国有企业倒闭风险更高、相对劳动报酬和福利待遇更低，但当企业其所在地区人力资本冗余，可能会导致非国有企业人力资本创新效率下降更快。

因此，提出理论假说 2：人力资本错配对城市创新水平可能存在区域异质性、经济开放程度异质性、区域垄断势力的异质性，即在东部地区、高开放程度、垄断程度高的城市人力资本错配对创新水平阻碍作用更大。

理论假说 3：人力资本错配对企业创新水平可能存在地区异质性、所有制异质性，即人力资本错配更大程度上降低了东部地区的非国有企业创新水平。

三、数据介绍和基本描述

（一）数据介绍

鉴于本文主要探究各地区（城市）工业行业内的人力资本错配程度，由于数据的可得性，我们使用以下几个数据集：（1）2004 年中国经济普查数据；（2）中国城市经济活动数据；（3）中国专利数据库；（4）中国工业企业数据库与中国专利数据库匹配处理。

1. 2004 年中国经济普查数据

囿于数据可得性，本文使用的企业数据来源于国家统计局建立的 2004 年中国经济普查企业数据库①，其中包括规上工业企业大约 27.9 万家和规下工业企业大约 117 万家，统计了 2004 年所有在中国境内企业的基本信息、财务

① 2004 年中国经济普查数据虽然相隔时间较久，但能够帮助我们讨论一般性的经济规律，且后续的 2008 年和 2013 年未提供微观数据。

报表信息和生产销售信息。鉴于该数据库存在指标缺失以及变量定义混乱等缺陷，我们参考布兰德特等（Brandt et al.，2012）的做法按照以下规则剔除异常样本：（1）资产总额小于流动资产总额，或小于固定资产总额；（2）主营业务收入、资产总额或者职工人数缺失。最终根据需要选取与本研究相关的工业总产值、就业人数、就业人员受教育水平等相关变量。

2. 中国城市经济活动数据

本文使用的城市经济活动数据来源于2004年《中国城市统计年鉴》，统计了2004年中国各地级市经济活动数据。我们按照研究需要选取了外商直接投资、财政收入、第二产业增加值、第三产业增加值等相关经济变量。

3. 中国专利数据库

本文所使用的专利数据来源于国家知识产权局，该数据库详细记录了每条专利的专利名称、专利号、申请时间、专利申请人姓名、申请地址等基本信息，其中1985～2016年申请的发明专利、实用新型、外观数据三类专利总和超过1 700万条记录。我们基于研究需要选取了2004年7万余条工业专利数据。

4. 中国工业企业数据库与中国专利数据库匹配处理

我们借鉴何子欣等（He et al.，2016）的方法，利用企业名称，对中国工业企业数据库与中国专利数据库进行匹配，构建中国工业企业专利数据（Chinese Patent Data Project）。一方面，考虑到本文在微观企业层面主要检验2004年人力资本错配程度对企业创新的影响，同时考虑到工业企业创新行为一般发生在规上企业，综合这两方面因素，我们最终利用2004年中国经济普查中规上工业企业与中国专利数据库进行匹配。通过对专利与企业名称的匹配、检查与确认，在2004年匹配上的专利数量为68 841个，全部专利对应276 474家工业企业。

（二）人力资本错配程度估算

1. 参数设定与行业划分

基于上文构建的理论模型，估算各地区人力资本错配需要以下步骤：首先，借鉴谢和克列诺（2009），设定σ和ϵ为3。其次，我们将高中及以上设定为高教育水平，低于高中水平为低教育水平，根据美国北卡大学中国研究中心公布的2004年“中国健康与营养调查”（China Health and Nutrition Survey，CHNS）数据库，测算出高教育水平工人平均工资与低教育水平工人工资之比约为5∶1。然后，借鉴纪雯雯和赖德胜（2018）的做法，按照行政垄断力量干预程度不同将生产性行业划分为：垄断生产行业部门和竞争生产行业部门（简称：垄断性部门和竞争性部门）。我们采用生产性部门内各行业的国有企业就业人数和国有部门增加值衡量生产性部门内各行业的行政垄断力量干预程度。所以，我们根据2004年中国经济普查数据，按照《国民经济行业代码标准（GB/T4754－2002）》对39个二位码行业分别按照行业内国有企业劳动就业占比、国有企业工业总产值占比排名进行部门分类，将其划分为竞争性部门和垄断性部门，具体参考表1。

表1　　39个二位码工业行业划分

行业名称	劳动就业占比排名	工业总产值占比排名	部门分类
家具制造业	1	2	竞争性部门
皮革、毛皮、羽毛（绒）及其制品业	2	4	竞争性部门
工艺品及其他制造业	3	3	竞争性部门
文教体育用品制造业	4	6	竞争性部门
废弃资源和废旧材料回收加工业	5	5	竞争性部门
其他采矿业	6	1	竞争性部门
纺织服装、鞋、帽制造业	7	7	竞争性部门
塑料制品业	8	8	竞争性部门
金属制品业	9	12	竞争性部门
通信设备、计算机及其他电子设备制造业	10	9	竞争性部门
电气机械及器材制造业	11	11	竞争性部门
造纸及纸制品业	12	13	竞争性部门
木材加工及木、竹、藤、棕、草制品业	13	10	竞争性部门
非金属矿物制品业	14	17	竞争性部门
农副食品加工业	15	16	竞争性部门
食品制造业	16	18	竞争性部门
橡胶制品业	17	19	竞争性部门
纺织业	18	14	竞争性部门
仪器仪表及文化、办公用机械制造业	19	15	竞争性部门
通用设备制造业	20	21	竞争性部门

续表

行业名称	劳动就业占比排名	工业总产值占比排名	部门分类
医药制造业	21	23	垄断性部门
饮料制造业①	22	22	垄断性部门
非金属矿采选业	23	24	垄断性部门
印刷业和记录媒介的复制	24	25	垄断性部门
化学原料及化学制品制造业	25	26	垄断性部门
化学纤维制造业	26	20	垄断性部门
石油加工、炼焦及核燃料加工业	27	31	垄断性部门
专用设备制造业	28	27	垄断性部门
黑色金属矿采选业	29	30	垄断性部门
交通运输设备制造业	30	29	垄断性部门
有色金属冶炼及压延加工业	31	28	垄断性部门
有色金属矿采选业	32	32	垄断性部门
黑色金属冶炼及压延加工业	33	33	垄断性部门
煤炭开采和洗选业	34	36	垄断性部门
燃气的生产和供应业	35	35	垄断性部门
石油和天然气开采业	36	34	垄断性部门
电力、热力的生产和供应业	37	38	垄断性部门
水的生产和供应业	38	37	垄断性部门
烟草制品业	39	39	垄断性部门

2. 测算结果分析

根据式（14）测算出各个区域的人力资本错配程度。为更直观反映各省的人力资本错配程度，我们绘制图 5，反映了 2004 年各省份的人力资本错配程度。由图 5 可知，广东省在 31 个省份中人力资本错配程度最高，甘肃省的人力资本错配程度最低。进一步地，我们绘制了 2004 年东、中、西部地区的人力资本错配程度（如图 6 所示），发现东部地区的人力资本错配程度高于西部地区，西部地区的人力资本错配程度高于中部地区。换言之，人力资本错配呈现出东部地区高于西部地区、中部地区，东部沿海省份高于内陆省份

① 由于数据等其他问题，将饮料制造业劳动就业占比和工业总产值占比都排在第 22 位次，故本文将其划定为垄断性部门。

的基本格局。造成这种局面的原因可能是：一方面和各地区对人才的吸引程度不同有关，东部地区在经济、文化等方面优于中西部地区，使得大量人力资本由中西部地区流向东部地区，造成东部地区出现人力资本冗余，而西部地区则存在人力资本匮乏。另一方面可能和各地区的行业稳定性有关，东部地区吸引了大量人力资本，但由于行业存在不稳定因素，这些从中西部吸引过来的人力资本更多流入垄断性部门。简言之，地区和行业特性都会影响人力资本跨地区、跨行业的配置状况。那么，人力资本错配程度差异会对经济创新发展产生怎样的影响？这是本文接下来要探讨的话题。

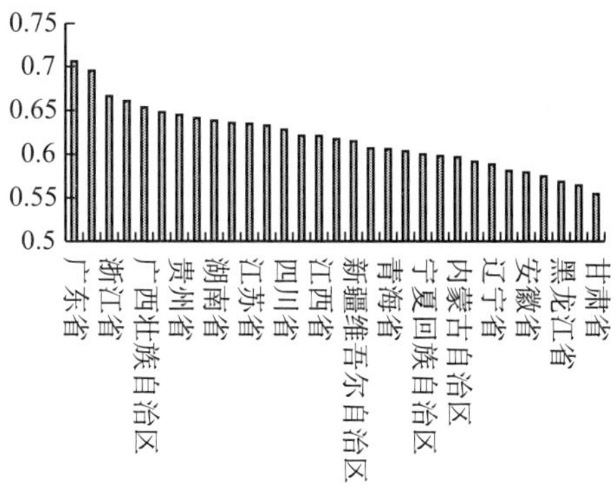

图5　2004 年中国各省份人力资本错配程度

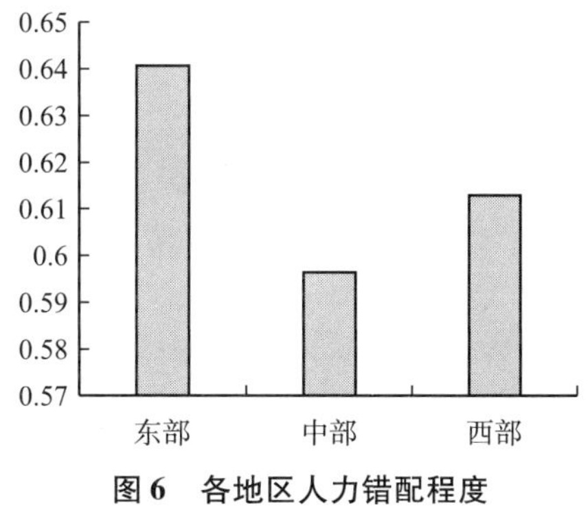

图6　各地区人力错配程度

四、人力资本配置与经济创新发展的实证检验

我们根据式（13）核算了 2004 年各地级市的人力资本错配程度。在此基础上，本部分首先在城市层面检验人力资本错配对区域创新水平的异质性影响，其次在微观企业层面检验人力资本错配对企业创新的影响机理。

（一）城市层面的实证分析

构建的基准计量模型如下：

$$citypatent_i = \beta_0 + \beta_1 misallocation_i + Z_i\gamma + \eta_i + \varepsilon_i \quad (16)$$

其中，采用城市专利申请总量及发明专利、实用新型和外观设计三类专利申请总量代表城市的创新发展水平。具体地，被解释变量 $citypatent_i$ 表示城市创新水平，它是由城市 i 在 2004 年的专利申请数量加 1 后取自然对数，也即发明专利、实用新型和外观设计三类专利申请数量总和加 1 后取自然对数。核心解释变量 $misallocation_i$ 表示城市 i 的人力资本错配程度，它是根据式（15）测算而得。系数 β_1 即本文所关注的城市人力资本错配程度对区域创新的作用效果，若其显著小于 0，则说明人力资本错配能显著降低城市的专利申请数量，即人力资本错配程度会降低城市的创新水平。Z_i 表示城市层面的控制变量，我们控制了城市的经济发展水平，用城市 GDP 取自然对数 lngdp 替代；城市的产业结构，用各城市第三产业与第二产业增加值的比 indstr 替代；城市教育水平，用每万人高校在校生人数 ustud 以及每万人中学老师人数 mteacher 替代；城市基础设施状况，用该城市人均公路客运量取对数 passengerhiway 替代；城市开放程度，用该城市外商直接投资取对数 fdi 替代；城市财政支出能力，用该城市财政支出占该地区国内生产总值比 fisexp 替代。本文还用 η_i 代表城市固定效应，用来控制不随时间变化、可能会影响城市创新水平的特征。ε_i 为稳健标准误。

1. 基准分析

表 2 汇报了城市人力资本错配对城市创新水平的基准回归结果。其中，列（1）和列（2）报告了以城市三类专利申请总量为被解释变量的回归结果，结果显示无论是否加入控制变量，城市人力资本错配程度都不显著，表明在平均意义上城市人力资本错配并不会影响城市三类专利的申请数。进一步地，我们分别检验城市人力资本错配对发明专利、实用新型及外观设计的影响，故在列（3）~（8）分别报告了以城市发明专利申请数量、实用新型申请数量和外观设计申请数量为被解释变量的回归结果。列（3）和列（4）显示，不论是否加入控制变量，人力资本错配对城市发明专利申请数有副作用，表明在平均意义上人力资本错配显著降低了城市的发明专利申请数量。同样地，列（5）和列（6）表明，人力资本错配的回归系数显著为负，意味着人力资本错配也会显著降低城市的实用新型申请数量。对其他控制变量而言，列（2）、（4）、（6）、（8）的结果显示，当地的经济发展水平提高，高校在校生人数增加，外商直接投资都会提高三类专利、发明专利、实用新型及外观设计的申请数量。简言之，当地经济发展水平提升、人力资本积累增加以

及开放程度加大，都会提高当地的创新水平。综合来讲，人力资本错配主要阻碍了当地发明专利和实用新型的申请数，而对外观设计没有显著影响，这在一定程度上可以说明人力资本错配阻碍了城市创新水平的提升。

2. 异质性分析

本文从三个方面检验了城市人力资本错配对城市创新水平的异质性效应。

第一，区域异质性。考虑到东部地区的人力资本错配程度高于西部地区、西部地区的人力资本错配程度高于中部地区，那么不同区域的城市人力资本错配对城市创新水平的影响可能也存在差异，为此我们将全样本分为东部地区、中部地区及西部地区重新考察。对于东部地区，表 3 列（1）~（4）的结果显示，城市人力资本错配阻碍了发明专利和实用新型的申请数，但却提高了外观设计的申请数；对于中部地区，表 3 列（5）~（8）的结果表明人力资本错配阻碍了发明专利的申请数；对于西部地区，表 3 列（9）~（12）显示人力资本错配对城市创新水平的四种类型均不显著。综上，我们发现人力资本错配对创新水平确实存在区域异质性影响。

第二，不同地区由于开放程度存在差异，与之对应的营商环境也会存在差异，我们按照外商直接投资（FDI）的高低将城市分为高开放程度和低开放程度。表 4 汇报了城市人力资本错配与区域创新水平的“经济开放程度异质性”的回归结果，表明仅在高开放程度的城市，人力资本错配阻碍了区域创新水平提高，而在低开放程度城市并没有显著影响。

第三，垄断势力的异质性。各个城市的国有企业占比差异也可能会影响区域的创新水平，所以我们按照各地区国有经济的占比大小将全部城市划分为高垄断势力和低垄断势力。表 5 汇报了城市人力资本错配与区域创新水平的“垄断势力异质性”回归结果。结果显示，对于发明专利和实用新型而言，垄断程度高的城市人力资本错配会阻碍区域创新水平提高。

3. 稳健性检验

为确保基准回归结果的稳健性，我们分别做了以下检验：一是替换创新水平指标。用城市劳动生产率替换城市创新水平指标。由表 6 列（1）可知，人力资本错配的回归系数在 10% 的统计学意义上显著为负，表明城市人力资本错配阻碍了城市创新水平提高。二是删除样本。考虑到行政级别、经济发展程度等差异，直辖市及省会城市相对于地级市的创新水平可能也会有差异，故表 6 中列（2）~（5）分别删除了直辖市、省会城市样本重新进行检验，结果与表 2 的基本结论一致。综上，城市层面的回归结果是基本稳健的。

表 2　城市人力资本错配与区域创新水平的基准回归

变量	三类专利		发明专利		实用新型		外观设计	
	(1)	(2)	(3)	(4)	(5)	(6)	(7)	(8)
misallocation	-1.3190 (1.299)	-0.5250 (0.679)	-2.2555 * (1.206)	-1.8093 ** (0.793)	-2.1735 * (1.121)	-1.2151 * (0.627)	2.6073 (1.583)	2.1563 (1.505)
城市 GDP 取对数		1.1379 *** (0.076)		1.1694 *** (0.075)		1.0831 *** (0.059)		1.3608 *** (0.105)
城市的产业结构		-0.1252 *** (0.039)		-0.2566 *** (0.061)		-0.0874 * (0.048)		-0.2727 *** (0.085)
每万人高校在校生人数		0.1550 *** (0.044)		0.2581 *** (0.053)		0.1616 *** (0.042)		0.0582 (0.074)
每万人中学老师人数		0.5914 * (0.348)		0.5289 (0.399)		1.3337 *** (0.315)		-0.6393 (0.557)
城市人均公路客运量取对数		-0.0459 (0.080)		-0.1565 * (0.089)		-0.0751 (0.071)		0.0727 (0.125)
城市外商直接投资取对数		0.7882 ** (0.345)		0.9471 ** (0.472)		0.4561 (0.373)		1.3780 ** (0.658)
城市财政支出占比		0.1595 (0.131)		0.2358 (0.143)		0.1620 (0.113)		-0.0042 (0.200)
地区固定效应	No	YES	No	YES	No	YES	No	YES
观测值	326	284	326	284	326	284	326	284
调整的 R^2	0.512	0.877	0.291	0.845	0.477	0.887	0.446	0.789

注："（）"内为稳健标准误，"***""**""*"分别表示在1%、5%、10%的显著性水平下显著，本文下同。

表 3　城市人力资本错配与区域创新水平的“地区异质性”回归结果

变量	东部地区				中部地区				西部地区			
	(1)	(2)	(3)	(4)	(5)	(6)	(7)	(8)	(9)	(10)	(11)	(12)
	三种专利	发明专利	实用新型	外观设计	三种专利	发明专利	实用新型	外观设计	三种专利	发明专利	实用新型	外观设计
misallocation	−0.9433 (1.646)	−2.6030** (1.226)	−2.6737* (1.487)	5.0472** (2.150)	−0.8615 (0.805)	−2.0507* (1.199)	−1.2325 (0.803)	2.1465 (1.644)	−0.7830 (2.691)	−1.7916 (4.728)	−0.4472 (2.874)	1.9701 (3.447)
控制变量	YES	YES	YES	YES	YES	YES	YES	YES	YES	YES	YES	YES
地区效应	YES	YES	YES	YES	YES	YES	YES	YES	YES	YES	YES	YES
观测值	113	113	113	113	108	108	108	108	63	63	63	63
调整的 R^2	0.816	0.868	0.847	0.771	0.857	0.801	0.854	0.569	0.856	0.736	0.860	0.736

注：控制变量包括城市的经济发展水平，城市产业结构，城市教育水平，城市基础设施状况，城市开放程度，城市财政支出能力等，本文下同。

表 4　城市人力资本错配与区域创新水平的“经济开放程度异质性”回归结果

变量	三种专利		发明专利		实用新型		外观设计	
	（1）	（2）	（3）	（4）	（5）	（6）	（7）	（8）
	高开放	低开放	高开放	低开放	高开放	低开放	高开放	低开放
misallocation	-0. 6386 （1. 253）	-0. 5005 （0. 835）	-3. 9818** （1. 546）	-0. 3483 （1. 115）	-1. 6516 （1. 040）	-0. 5922 （0. 847）	4. 7852 （5. 101）	1. 2990 （1. 513）
控制变量	YES	YES	YES	YES	YES	YES	YES	YES
地区效应	YES	YES	YES	YES	YES	YES	YES	YES
观测值	139	145	139	145	139	145	139	145
调整的 R^2	0. 911	0. 704	0. 894	0. 630	0. 921	0. 777	0. 845	0. 504

表 5　城市人力资本错配与区域创新水平的“垄断势力异质性”回归结果

变量	三种专利		发明专利		实用新型		外观设计	
	（1）	（2）	（3）	（4）	（5）	（6）	（7）	（8）
	高垄断	低垄断	高垄断	低垄断	高垄断	低垄断	高垄断	低垄断
misallocation	−0.3061 （0.818）	−0.3828 （1.226）	−1.8157 * （1.037）	−1.6787 （1.649）	−1.5411 * （0.784）	−0.2814 （1.165）	4.6262 *** （1.290）	4.3378 ** （2.083）
控制变量	YES	YES	YES	YES	YES	YES	YES	YES
地区效应	YES	YES	YES	YES	YES	YES	YES	YES
观测值	152	123	152	123	151	122	148	118
调整的 R^2	0.907	0.760	0.867	0.636	0.903	0.824	0.851	0.507

表 6　　　　城市人力资本错配与区域创新水平的稳健性检验

变量	(1)	(2)	(3)	(4)	(5)
	劳动生产率	三种专利	发明专利	实用新型	外观设计
misallocation	-0.5346* (0.287)	-0.5434 (0.631)	-1.7891** (0.799)	-1.0564* (0.602)	3.4414*** (1.130)
控制变量	YES	YES	YES	YES	YES
地区效应	YES	YES	YES	YES	YES
观测值	344	279	279	279	279
调整的 R^2	0.555	0.885	0.830	0.896	0.775

（二）企业层面的实证分析

为进一步考察人力资本错配对创新发展的影响，接下来我们在微观企业层面进行实证检验，评估人力资本错配对企业创新的影响效果。基准计量模型设置如下：

$$firmpatent_i = \beta_0 + \beta_1 misallocation_i + Z_i\gamma + X_i v + \eta_p + u_c + \varepsilon_i \qquad (17)$$

我们采用企业专利申请总量及发明专利、实用新型和外观设计三类专利申请总量代表企业的创新水平。具体地，被解释变量 $firmpatent_i$ 表示企业 i 在 2004 年的专利申请数量加 1 后取自然对数。核心解释变量 $misallocation_i$ 表示企业 i 所属城市的人力资本错配程度，它是根据公式（15）测算而得。系数 β_1 即本文关注的城市人力资本错配程度对企业创新的作用效果，若其显著小于 0，则说明人力资本错配能显著降低企业的专利申请数量，即人力资本错配程度会降低企业创新水平。Z_i 表示企业层面的控制变量，我们控制了企业的年龄，用 2004 开业年份加 1 后取自然对数 lnage；企业规模，用企业总资产加 1 后取自然对数；企业所有制形式，own 是虚拟变量 own =1 表示国有企业，own =0 表示其他企业；企业利润率，用主营业务收入与总利润的比 tprofit_r。X_i 表示城市层面的控制变量，我们还控制了城市的经济发展水平，用城市 GDP 取自然对数 lngdp 替代；城市的产业结构，用各城市第三产业与第二产业增加值的比 indstr 替代；城市基础设施状况，用该城市人均公路客运量取对数 passengerhiway 替代；城市开放程度，用该城市外商直接投资取对数 fdi 替代。我们还引入 η_i 城市固定效应和 u_c 四分位行业固定效应，用来控制不随时间变化的各城市及所在行业可能会影响城市创新水平的特征。ε_i 为稳健标准误。

1. 企业层面的基准回归

表7汇报了人力资本错配对企业创新的基准回归结果。列（2）~（8）分别报告了以企业发明专利申请数量、实用新型申请数量和外观设计申请数量为被解释变量的回归结果。列（2）和列（5）结果显示，不论是否加入控制变量，人力资本错配对城市发明专利申请数有副作用，表明在平均意义上人力资本错配显著降低了企业发明专利申请数量。同样地，列（3）和列（6）显示，人力资本错配的回归系数显著为负，意味着人力资本错配也会显著降低企业实用新型申请数量。综合而言，人力资本错配主要阻碍了企业的发明专利和实用新型的申请数，这在一定程度上说明了人力资本错配会阻碍城市创新水平的提升。

2. 异质性分析

我们从地区异质性、所有制异质性两个方面检验了人力资本错配影响企业创新的异质性效应。

第一，地区异质性。不同地区由于基础设施建设、医疗卫生和教育等条件差异会影响人力资本流动，因此，我们按照企业所在地划分为东部地区、中部地区、西部地区，并重新检验人力资本错配对企业创新的影响。表8列（1）~（12）的结果显示，对东部地区企业而言，人力资本错配对企业的三种专利、发明专利、实用新型的申请数均在5%和1%的统计意义上显著为负；对中部地区和西部地区而言，表8列（5）~（12）显示人力资本错配对企业的三种专利、发明专利、实用新型、外观设计并没有影响。

第二，所有制异质性。众所周知，相较于非国有企业，国有企业的倒闭风险和不稳定性更低。对企业而言，其自身的所有者性质会影响城市人力资本错配程度对企业创新水平的影响。表9汇报了人力资本错配对企业创新的“所有制异质性”回归结果。由表可知，人力资本错配不会显著影响国有企业的创新水平，但会降低民营企业和外资企业创新水平。综上，人力资本错配对企业创新的影响存在“地区异质性”和“所有制异质性”，证明假说3成立。

表 7　人力资本错配对企业创新的基准回归

变量	(1)	(2)	(3)	(4)	(5)	(6)	(7)	(8)
	三种专利	发明专利	实用新型	外观设计	三种专利	发明专利	实用新型	外观设计
misallocation	-0.0154 (0.011)	-0.0174*** (0.005)	-0.0161** (0.007)	0.0218*** (0.007)	-0.0262** (0.012)	-0.0118** (0.006)	-0.0233*** (0.008)	0.0082 (0.008)
企业年龄					0.0019*** (0.001)	0.0004 (0.000)	0.0016*** (0.000)	0.0004 (0.000)
企业规模					0.0318*** (0.001)	0.0104*** (0.000)	0.0165*** (0.000)	0.0128*** (0.000)
企业所有制					-0.0022 (0.002)	0.0028** (0.001)	0.0005 (0.002)	-0.0056*** (0.001)
企业利润率					0.0283*** (0.002)	0.0112*** (0.001)	0.0155*** (0.001)	0.0097*** (0.001)
城市 GDP 取自然对数					0.0022** (0.001)	0.0014*** (0.000)	0.0005 (0.001)	0.0005 (0.001)
城市外商直接投资取对数					0.0213*** (0.006)	0.0000 (0.002)	0.0102*** (0.004)	0.0202*** (0.004)
城市产业结构					-0.0005 (0.001)	0.0003 (0.001)	-0.0006 (0.001)	-0.0002 (0.001)
城市基础设施					-0.0045*** (0.001)	-0.0016*** (0.000)	-0.0026*** (0.001)	-0.0020*** (0.001)
地区效应	YES	YES	YES	YES	YES	YES	YES	YES
行业效应	YES	YES	YES	YES	YES	YES	YES	YES
观测值	271 824	271 824	271 824	271 824	252 923	252 923	252 923	252 923
调整的 R^2	0.035	0.021	0.029	0.025	0.062	0.034	0.047	0.035

表 8　人力资本错配对企业创新的“区域异质性”回归结果

变量	东部地区				中部地区				西部地区			
	(1)	(2)	(3)	(4)	(5)	(6)	(7)	(8)	(9)	(10)	(11)	(12)
	三种专利	发明专利	实用新型	外观设计	三种专利	发明专利	实用新型	外观设计	三种专利	发明专利	实用新型	外观设计
misallocation	-0.0392** (0.016)	-0.0169** (0.007)	-0.0339*** (0.011)	0.0048 (0.010)	-0.0028 (0.020)	-0.0034 (0.010)	-0.0085 (0.014)	0.0166 (0.011)	0.0184 (0.056)	0.0397 (0.030)	-0.0009 (0.030)	0.0095 (0.039)
控制变量	YES	YES	YES	YES	YES	YES	YES	YES	YES	YES	YES	YES
地区效应	YES	YES	YES	YES	YES	YES	YES	YES	YES	YES	YES	YES
行业效应	YES	YES	YES	YES	YES	YES	YES	YES	YES	YES	YES	YES
观测值	196 548	196 548	196 548	196 548	39 964	39 964	39 964	39 964	16 363	16 363	16 363	16 363
调整的 R^2	0.062	0.035	0.046	0.034	0.073	0.038	0.065	0.045	0.088	0.055	0.071	0.055

注：企业的年龄，企业规模，企业所有制形式，企业利润率；以及城市的经济发展水平；城市的产业结构，城市基础设施状况，城市开放程度等，本文下同。

表 9　人力资本错配对企业创新的“所有制异质性”回归结果

变量	国有企业				非国有企业			
	(1)	(2)	(3)	(4)	(5)	(6)	(7)	(8)
	三种专利	发明专利	实用新型	外观设计	三种专利	发明专利	实用新型	外观设计
misallocation	0.0242 (0.041)	0.0300 (0.022)	-0.0076 (0.033)	0.0161 (0.019)	-0.0316** (0.012)	-0.0158*** (0.006)	-0.0242*** (0.008)	0.0063 (0.008)
控制变量	YES	YES	YES	YES	YES	YES	YES	YES
地区效应	YES	YES	YES	YES	YES	YES	YES	YES
行业效应	YES	YES	YES	YES	YES	YES	YES	YES
观测值	17 424	17 424	17 424	17 424	235 474	235 474	235 474	235 474
调整的 R^2	0.092	0.062	0.077	0.061	0.063	0.034	0.047	0.035

五、结论及政策含义

创新作为引领发展的第一动力，是建设现代化经济体系的战略支撑。人力资本配置作为影响创新的重要因素，对培育经济持续增长的创新动力至关重要。鉴于此，我们将人力资本面临部门间不稳定性引发的扭曲纳入一般均衡静态模型中，使用2004年中国经济普查数据在地区和部门层面核算了人力资本错配的程度，并在模型估算基础上，分别从地区和微观企业层面探究了人力资本错配对创新水平的影响。实证结果显示，在地区层面上，城市人力资本错配会降低该城市发明专利和实用新型的申请数，且城市人力资本错配对城市创新水平存在“地区异质性”“城市开放程度异质性”和“垄断程度异质性”；在微观企业层面上，人力资本错配会降低企业发明专利和实用新型的申请数，而且人力资本错配对企业创新也存在“地区异质性”和“所有制异质性”。

基于本文的研究发现，可以得出如下政策含义：一是进一步扩大中西部地区的高等教育规模，努力提高中西部地区教育质量，加大中西部地区人才引进力度。比如，加大人才安家费的补贴力度，解决人才子女上学问题等。二是进一步加大中西部地区的开放程度，持续打造市场化、法治化、国际化营商环境，为引进人才和培育创新土壤创造良好基础条件。三是加大对竞争性部门的扶持力度。为了将更多更优质的人力资本引入高生产效率的竞争性部门，可以对竞争性部门人才采取适当补贴，提高在岗职工福利待遇，降低竞争性部门的就业风险。

参考文献

1. 陈斌开、金箫、欧阳涤非：《住房价格、资源错配与中国工业企业生产率》，载于《世界经济》2015年第4期。

2. 陈言、李欣泽：《行业人力资本、资源错配与产出损失》，载于《山东大学学报（哲学社会科学版）》2018年第4期。

3. 盖庆恩、朱喜、程名望、史清华：《要素市场扭曲、垄断势力与全要素生产率》，载于《经济研究》2015年第5期。

4. 葛晶、李勇：《中国人力资本错配的测算及成因研究——基于行政垄断的视角》，载于《产业经济研究》2019年第1期。

5. 龚关、胡关亮：《中国制造业资源配置效率与全要素生产率》，载于《经济研究》2013年第4期。

6. 纪雯雯、赖德胜：《人力资本配置与中国创新绩效》，载于《经济学动态》2018 年第 11 期。

7. 李静、刘霞辉、楠玉：《提高企业技术应用效率加强人力资本建设》，载于《中国社会科学》2019 年第 6 期。

8. 李静、楠玉、刘霞辉：《中国经济稳增长难题：人力资本错配及其解决途径》，载于《经济研究》2017 年第 3 期。

9. 李静、楠玉：《人才为何流向公共部门——减速期经济稳增长困境及人力资本错配含义》，载于《财贸经济》2019 年第 2 期。

10. 李静、楠玉：《人力资本错配下的决策：优先创新驱动还是优先产业升级?》，载于《经济研究》2019 年第 8 期。

11. 李世刚、尹恒：《寻租导致的人才误配置的社会成本有多大?》，载于《经济研究》2014 年第 7 期。

12. 李世刚、尹恒：《政府—企业间人才配置与经济增长——基于中国地级市数据的经验研究》，载于《经济研究》2017 年第 4 期。

13. 李勇、葛晶、李桥鸽：《国有产权、人力资本错配和全要素生产率损失》，载于《中国经济问题》2021 年第 1 期。

14. 聂辉华、贾瑞雪：《中国制造业企业生产率与资源误置》，载于《世界经济》2011 年第 7 期。

15. 钱学锋、毛海涛、徐小聪：《中国贸易利益评估的新框架——基于双重偏向型政策引致的资源误置视角》，载于《中国社会科学》2018 年第 12 期。

16. 谭莹、李昕：《人才配置、创新与经济增长：理论与实证》，载于《财贸经济》2019 年第 9 期。

17. 邢春冰、李实：《扩招“大跃进”、教育机会与大学毕业生就业》，载于《经济学（季刊）》2011 年第 10 期。

18. 张车伟、薛欣欣：《国有部门与非国有部门工资差异及人力资本贡献》，载于《经济研究》2008 第 4 期。

19. 中国经济增长前沿课题组：《中国经济增长的低效率冲击与减速治理》，载于《经济研究》2014 年第 12 期。

20. 周黎安、赵鹰妍、李力雄：《资源错配与政治周期》，载于《金融研究》2013 年第 3 期。

21. 朱喜、史清华、盖庆恩：《要素配置扭曲与农业全要素生产率》，载于《经济研究》2011 年第 5 期。

22. Acemoglu D.，David A.，2012，“What Does Human Capital Do? A Review of Goldin and Katz's the Race between Education and Technology”，*Journal of Economic Literature*，50（2），pp. 426 – 463.

23. Aghion P.，Howitt P.，1998，*Endogenous Growth Theory*，Cambridge,

MA: The MIT Press.

24. Aoki S., 2012, "A Simple Accounting Framework for the Effect of Resource Misallocation on Aggregate Productivity", *Journal of the Japanese and International Economies*, 26 (4), pp. 473–494.

25. Bandyopadhyay D, King I, Tang X, 2019, "Human capital misallocation, redistributive policies, and TFP", *Journal of Macroeconomics*, 60, pp. 309–324.

26. Brandt L., Van Biesebroeck J., Zhang Y., 2012, "Creative Accounting or Creative Destruction? Firm-level Productivity Growth in Chinese Manufacturing", *Journal of Development Economics*, 97 (2), pp. 339–351.

27. Brandt L., Tombe T., Zhu X. D., 2013, "Factor Market Distortions Across Time, Space and Sectors in China," *Review of Economic Dynamics*, 16, pp. 39–58.

28. He Z. X., Tong T. W., Zhang Y., He W. L., 2016, "Construction of a Database Linking Sipo Patents to Firms in China's Annual Survey of Industrial Enterprises 1998–2009".

29. Hsieh C. T., Klenow P. J., 2009, "Misallocation and manufacturing TFP in China and India", *Quarterly Journal of Economics*, 124 (4), pp. 1403–1448.

30. Itskhoki O., Moll B., 2019, "Optimal Development Policies with Financial Frictions", *Econometrica*, 87 (1), pp. 139–173.

31. Lucas R. E., 1988, "On the Mechanics of Economic Development", *Journal of Monetary Economics*, 22 (1), pp. 3–42.

32. Midrigin V., Xu D., 2014, "Finance and Misallocation: Evidence from Plant-level Data", *National Bureau of Economic Research Working Papers*, 104 (15647), pp. 422–458.

33. Peters M., 2020, "Heterogeneous Markups, Growth, and Endogenous Misallocation", *Econometrica*, 88 (5), pp: 2037–2073.

34. Restuccia D., Rogerson R., 2008, "Policy Distortions Aggregate Productivity with Heterogeneous Establishments", *Review of Economic Dynamics*, 11 (4), pp. 707–720.

35. Romer P. M., 1990, "Endogenous Technological Change", *Journal of Political Economy*, 98 (5), pp. 71–102.

36. Schultz T. W., 1961, "Investments in Human Capital", *American Economic Review*, 51 (1), pp. 1–17.

37. Schumpeter J. A., 1934, *The Theory of Economic Development*, Cambridge: Harvard University Press.

Human Capital Allocation and the Economic Innovation-driven Development

—Based on the Investigation of Competitive and Monopolistic Sectors

LI Xinze

(The Center for Economic Research, Shandong University, 250100)

FAN Zhongchen

(National School of Development, Peking University, 100871)

ZHOU Lingling

(Development Research Center, the State Council, 100010)

[**Abstract**] There are many theoretical and empirical problems in the measurement of human capital allocation and its impact on the development of innovation in China. From the perspective of economic reality, accurate analysis and evaluation of human capital allocation cannot ignore the basic fact that inter departmental instability factors affect the flow of human capital. In view of this, when constructing the static theoretical framework of human capital allocation in two departments, this paper takes into account the inter departmental instability factors, measures and empirically tests the impact of human capital misallocation on the development of innovation at the regional and enterprise levels with the help of China's Economic Census data in 2004. The theoretical model shows that the degree of human capital misallocation in Eastern and Western China in 2004 is higher than that in Central China. The empirical results show that at the regional level, human capital misallocation leads to the decline of regional innovation level. Similarly, at the enterprise level, human capital misallocation also reduces the level of enterprise innovation. This study can provide new ideas and standards for the accurate evaluation of China's human misallocation, and also point out the policy direction for optimizing the spatial allocation of resources and cultivating the innovation power of sustainable economic growth.

[**Key Words**] Human Capital Allocation Innovation-driven Development Competitive Sectors Monopoly Sector

JEL Classifications: J22

合法合规优惠券对农产品电商发展的影响*

冉　曦　李　树**

【摘　要】农产品电商真的有必要提供优惠券吗？是不是农产品电商所提供的不同种类的优惠券都有成效？围绕这两个核心问题，以微观调查数据为例来进行实证研究，结果发现：合法合规优惠券对提升农产品电商的偿债能力、营运能力和盈利能力均具有显著的积极作用；即便是消除内生性问题后，前者对后者的积极作用进一步加强。同时，研究还发现：不同类型的合法合规优惠券对农产品电商发展的影响存在异质性，且合法合规优惠券对不同视角下的农产品电商发展的影响也存在异质性。进一步的机制分析表明，合法合规优惠券主要通过提升电商店铺的复购比例、提升电商店铺搭配销售商品数量以及培育电商店铺自身品牌等方面来促进农产品电商的发展。

【关键词】优惠券　合法合规优惠券　农产品电商　农产品电商发展　电子商务

中图分类号：**F724.6**　文献标识码：**A**

一、引　言

随着市场经济的快速发展，我国市场上农产品的种类极为丰富，农产品电商之间的竞争也更为激烈。为了在激烈的市场竞争中获得优势，农产品电

* 本文系国家社会科学基金重点项目《财政金融配合深化与农村产业内需动力释放研究》（项目编号：21AJY006）资助的研究成果。

** 冉曦（通信作者），重庆大学公共管理学院助理研究员；地址：（400044）重庆市沙坪坝区沙正街174号重庆大学公共管理学院；E-mail：173686521@qq.com。李树，西南政法大学经济学院教授，博士生导师；地址：（401120）重庆市渝北区回兴街道宝圣大道301号西南政法大学经济学院；E-mail：lishu64@163.com。

商通常会千方百计采取不同的营销工具，以优惠券为代表的促销工具也经常被农产品电商选择。当然，优惠券的提供必须合规合法，违法违规的优惠券即便在短期内能够给农产品电商带来收益，但从长期来看，农产品电商的违法乱纪行为必然会受到法律的制裁。以淘宝网为例，常见的优惠券就有现金券、体验券、礼品券、折扣券、特价券、换购券以及通用券等；虽然优惠券的种类不同，且不同优惠券的具体功能又会存在差异，但从总体上来看，这些优惠券的最主要作用仍然相同；对农产品电商而言，采用不同的优惠券最终的目的仍然是促进其自身的健康稳定可持续发展。从现实来看，农产品电商所提供的优惠券是否真的能促进其自身发展以及是不是所有类型的优惠券都能够促进其自身发展，对此还有必要进行进一步的研究。洪涛（2019）认为，以市场为导向、以回归市场需求为核心价值的“拉式供应链”理念在农产品产销领域的进一步推广，必将为农产品电商在未来的发展带来新的机遇，农产品电商发展的深度和广度在未来不可限量。在此大的背景下，更有必要对上述问题进行进一步的研究。

早在 19 世纪 20 年代末，优惠券（Coupon）就在法国开始使用；随着 20 世纪 70 年代宝洁公司（P&G）率先在美国发行优惠券以来，优惠券的使用得到前所未有的发展，蒂克戈尔等（Dickinger et al.，2008）认为，优惠券目前正朝着电子优惠券方向发展；特别是随着社交网络和移动技术的发展，使得电子优惠券成为实体商家构筑 SOLOMO 营销模式的重要手段（刘芬，2019）。在优惠券的具体功效研究方面，国外较早研究优惠券的布莱特格等（Blattberg et al.，1981）认为，优惠券对既有消费者重新购买同种商品正向影响显著，且优惠券的广告效应对潜在消费者有巨大的吸引力；克拉克等（Clark et al.，2013）则认为，优惠券对于维护客户关系、提高顾客忠诚度有积极意义，司银元等（2020）也得出了类似的研究结论。在使用优惠券的影响因素研究方面，许等（Hsu et al.，2006）认为，消费者个人对优惠券的认知，直接制约其最终是否会使用优惠券；贾雅辛格等（Jayasingh et al.，2009）、李宗活等（2020）认为，用户使用优惠券的便利性及其实际可能获得的价值性，直接决定了用户如何使用优惠券；陆平和陈笑天（2019）、王林等（2020）认为，优惠券折扣率对于用户使用优惠券行为起着决定性影响。此外，约翰森（Jackson，2002）还从社会福利的视角对优惠券进行研究，认为虽然优惠券可以作为商家有效的促销工具，但优惠券的使用对于增进消费者社会福利有积极意义。

与既有文献相比，本文的贡献主要体现为：第一，发行优惠券的主体越来越多，农产品电商也是优惠券发行的重要主体，但学者们在此方面的研究还相对较少，特别是对合法合规优惠券的研究更少。与既有研究单纯从宏观视角下的商家层面研究优惠券不同的是，本文从更为微观的视角切入的做法对于拓展合法合规优惠券研究提供了新的视角。第二，国家在如何促进农产品电商发展方面出台了大量的政策文件，地方政府也在如何引导、支持和鼓励农产品电商发展方面进行了有益的探索；但是，从微观视角探究如何促进农产品电商发展仍有很大的空间，本文研究在一定程度上可以为农产品电商的健康稳定可持续发展提供新的思路。

二、合法合规优惠券对农产品电商发展影响的理论分析

要从理论上弄清楚合法合规优惠券对农产品电商发展的影响机理，首先必须弄清楚优惠券的概念内涵。基于研究的实际需要，结合淘宝网的规章制度，可以认为：所谓的优惠券，指的是电商店铺在遵守国家法律法规和淘宝网规章制度前提下，基于自身健康稳定可持续发展考虑，专门针对消费者而设计并发出的优待凭证；很显然，优惠券的设计与发行必须合法合规，优惠券自身是合法合规前提下的营销模式。依据媒介的不同，优惠券可以分为纸质优惠券和电子优惠券两种，后者是前者的电子形式，后者更为常见。对农产品电商而言，可以选择在邮寄农产品的同时附带邮寄合法合规的纸质优惠券，消费者在收到优惠券后可以通过扫二维码的方式获得农产品自身及相关农产品的信息，也可以在扫二维码的同时获得电商店铺的直接返利。当然，电商店铺在邮寄农产品的同时，还可以直接将合法合规电子优惠券发给消费者，也可以在电商店铺网站直接提供合法合规电子优惠券供消费者领取。与纸质优惠券相比，电子优惠券（又可称为移动优惠券）不仅具有无处不在、随时随地、无纸化且兑现率更高等特点，还具有帮助电商店铺引导线上消费者到线下消费并准确追踪消费记录进而实现精准营销的特点，电子优惠券是纸质优惠券发展的最终趋势（罗美玲等，2017）。无论哪种形式的优惠券，只要是合法合规的，其对农产品电商发展作用均大同小异。合法合规优惠券对农产品电商发展的影响主要体现在以下四个方面：

第一，优惠券的广告传递效应，能够显著促进农产品电商的发展。在钱货两清的传统贸易模式下，贸易双方以货币为媒介，无论双方之间的贸易最终是否顺利实现，贸易双方之间都缺乏更多的了解；在互联网信息时代，这种状况则发生了根本性变化。以农产品电商交易为例，一旦消费者下单，无论最终是否成交，农产品电商均可以精准地获悉消费者一定程度上的个人信息和个人偏好；以此为基础，农产品电商可以开展更有针对性的推销，优惠券就是农产品电商常见的选择。从现实来看，当获悉消费者的个人信息后，农产品电商往往会选择通过邮寄纸质优惠券或发送电子优惠券的方式强化与

消费者之间的沟通。无论是纸质优惠券，还是电子优惠券，农产品电商均会精准地传递消费者所购买的农产品价格优惠信息，还会传递与消费者所购买的农产品密切相关的其他产品的相关信息。很显然，优惠券可以扮演重要的广告角色。在竞争激烈的电商市场，农产品电商通过优惠券的方式不仅可以宣传目标农产品的信息，还可以宣传自身店铺所能够供给的其他产品信息，这有利于强化消费者对电商店铺的关注度，有利于挖掘电商店铺可持续发展的潜力。

第二，优惠券的消费诱导效应，能够显著促进农产品电商的发展。效价理论认为，理性的消费者具备典型经济人的特质，他们对自身感知正效用和负效用的比较结果直接决定其最终的行为意图（汪明远、赵学锋，2015）。康等（Kang et al.，2006）和卡尔姆等（Kim et al.，2009）认为：在电子商务环境下，理性消费者的购买意图受感知收益、感知风险和信任的直接影响，三者的共同作用直接决定着理性消费者的最终决策。从现实来看，在信任确立的前提下，如果消费者的感知收益明显大于感知风险，则消费者购买意图实现的可能性显然会增大；反之，消费者的购买意图实现的可能性要小。从农产品电商交易过程来看，消费者下单购买农产品，至少可以说明消费者自身信任农产品电商店铺，没有任何信任基础的农产品电商交易双方往往很难达成交易；在信任的前提下，农产品电商凭借优惠券，不仅可以向消费者展示农产品价格的优惠信息，还可以向消费者展示与农产品相关的且自身能够有效供给的其他商品信息，这不仅可以进一步强化双方之间的沟通，还可以迅速增加消费者的感知收益，降低消费者的感知风险；从短期来看，优惠券能够有效挖掘消费者的潜在消费能力，提升农产品电商店铺的销售量；从长期来看，优惠券能够极大地聚集人气，为店铺自身的可持续发展夯实基础。进一步地讲，通过优惠券自身所展示的具体信息，能够在很大程度上影响消费者的消费心理，直接诱导消费者强化消费行为，进而促进农产品电商的发展。

第三，优惠券的波动平抑效应，能够显著促进农产品电商的发展。虽然消费者的行为具有复杂性，但“物美价廉”则是理性消费者的永恒追求。要在竞争激烈的电商市场赢得发展先机，除可以积极参与淘宝网组织的大型商品推广活动外，电商店铺还可以有针对性地推出优惠券，在提升店铺销售量的同时，维持消费者对店铺的关注度。从现实来看，任何一家电商店铺的商品价格都绝非孤立，而是会直接受到市场上商品供给状况和其他同类电商店铺商品价格的影响。在瞬息万变的电商市场，在某些特殊的情况下，电商店铺的商品价格难免会出现显著高于其他店铺的情况；当然，也有可能是为了促销的需要，电商店铺会先大幅度提高商品价格然后再打折出售。无论是哪种情况，理性消费者均会从价格和质量两个最主要的维度衡量电商店铺，如果电商店铺商品价格存在偏高的情况且店铺自身所售的商品无显著的质量优势，必然会降低理性消费者对电商店铺的信任度，最终会直接影响电商店铺的发展。对理性的电商店铺而言，作为一种有效的促销和广告策略，优惠券往往比单纯的广告和简单的降价行为更有吸引力，因为高质量的优惠券具有明显的平抑商品价格波动的成效。也就是说，当电商店铺意识到自身的商品可能存在价格问题时，为避免虚高的价格对消费者所造成的心理伤害，可以选择采用优惠券的方式强化与消费者之间的沟通，切实在一定程度上降低消费者的经济负担，维持自身的竞争优势。

第四，优惠券的黏度强化效应，能够显著促进农产品电商的发展。与其他商品不同的是，电商店铺所销售的农产品普遍存在同质化低价竞争的困境；即便是销售地理标志农产品的电商店铺，仍然难以垄断的方式进行销售，同类且基本同质的农产品供给尤为充足。对电商店铺而言，能够精准地获悉潜在消费者的基本个人信息和个人偏好难度极大；因此，一旦获悉了相关的信息，电商店铺需要深度挖掘潜在消费者的消费潜力。当消费者下单购买农产品时，电商店铺需要高度重视消费者的购物体验，需要不断地与消费者加强沟通，力求吸引消费者长期关注电商店铺，优惠券是电商店铺最为常见的选择工具。从消费者消费心理的角度来看，如果消费者成功选购了电商店铺的农产品，即便交易已经达成，消费者也会经常关注自己曾经购买的农产品；当有合适价格时，消费者继续购买的可能性极大。不仅如此，相当部分尤其是女性消费者往往会在购物后，继续关注并比对所购买的农产品的价格，以便确认购物过程和结果中是否出现失误。简兆权和柯云（2019）的研究成果表明：遭遇过程失误的消费者更期望获得心理补救，遭遇结果失误则更期望获得实质补救；作为心理补救和实质补救的重要选择，优惠券往往会带来更高的消费者二次满意，这显然有利于增加消费者对电商店铺的黏度，有利于巩固消费者对电商店铺的顾客忠诚度，有利于促进电商店铺的健康稳定可持续发展。

三、合法合规优惠券对农产品电商发展影响的实证分析

（一）变量选择与模型构建

首先，被解释变量，即农产品电商发展状况。2019 年 1 月 1 日正式实施的《中华人民共和国电子商务法》第二章第十条规定：电子商务经营者需要

依法办理市场主体登记，但是，对于个人销售自产农副产品、家庭手工业品等的则不需要进行登记。很显然，农产品电商具备现代企业的组织性、经济性、商品性、盈利性以及独立性等特征，但农产品电商不用纳税，并不是严格意义上的企业。沿袭既有学者们的做法，本文拟从偿债、营运和盈利等三个维度来测度农产品电商的发展状况（鲁钊阳，2020）。在调查问卷中，课题组专门设计的与农产品电商偿债、营运和盈利相关的问题分别是"请问排除其他外在因素，您觉得您所经营的电商店铺今年与去年相比偿债能力发生了哪些变化?""请问排除其他外在因素，您觉得您所经营的电商店铺今年与去年相比营运能力发生了哪些变化?""请问排除其他外在因素，您觉得您所经营的电商店铺今年与去年相比盈利能力发生了哪些变化?"；针对这三个问题，问卷设计的选项均是"A. 减弱，B. 一般，C. 增强"。在本文具体实证过程中，"减弱""一般"和"增强"对应的赋值分别是 -1、0 和 1①。

其次，核心解释变量，即农产品电商提供合法合规优惠券的实际情况②。优惠券的种类依据不同的分类标准可以分为不同的类型，除按照媒介不同可以分为纸质优惠券和电子优惠券两种外；依据优惠券具体内容的不同，还可以分为现金券、礼品券以及折扣券等。在调查问卷中，与农产品电商提供合法合规优惠券实际情况密切相关的问题分别是"请问你在借助网络销售农产品过程中是否提供合法合规优惠券？A. 有；B. 无""如果你在借助网络销售农产品过程中提供过合法合规优惠券，请问你提供的优惠券是哪一种？A. 现金券；B. 礼品券；C. 折扣券；D. 其他"。在实证过程中，"有"和"无"对应的赋值分别是 1 和 -1，而对于"现金券""礼品券""折扣券""其他"对应的赋值则分别为 1、2、3 和 4。

再次，其他控制变量。从我国的实际情况来看，农产品电商的诞生、成长直至壮大，不仅需要电商户主自身具有内在的创新创业动力，还需要电商家庭的密切配合，更离不开电商所在地区政府的支持、鼓励和引导。没有电商户主的创新创业动力，绝大多数农业经营主体只可能沿袭既有的农产品产销模式，而很少会借助互联网拓展生存空间；考虑到农产品电商交易的实际流程，单纯依靠电商户主的个人努力，农产品电商交易往往很难在约定的时间内完成；电商发展不仅需要硬件支持，还需要软件支持，只有两者的密切配合才可能让电商发展得更快，而这些在很大程度上直接取决于电商所在地区政府的努力。基于此，本文研究设定三组控制变量，分别是农产品电商户

① 从问卷数据描述性统计分析结果来看，农产品电商偿债能力的均值、标准差分别是 0.6215 和 0.2165，农产品电商营运能力的均值、标准差分别是 0.6149 和 0.2045，农产品电商盈利能力的均值、标准差分别是 0.6211 和 0.2118。

② 需要特别说明的是，为在竞争激烈的电商市场中赢得竞争优势，一些农产品电商提供的优惠券可能存在违法违规的情况；基于研究的实际需要，本文仅探究合法合规优惠券对农产品电商发展的影响。

主层面变量、农产品电商家庭层面变量以及农产品电商所在地区层面变量。有关农产品电商户主层面的变量，拟设定的具体指标为户主性别、户主年龄、户主户籍、户主婚姻状况、户主健康状况以及户主文化程度；有关电商家庭层面的变量，拟设定的具体指标为家庭经济类型、家庭经济收支情况、家庭劳动力人数以及家中村民代表情况；有关电商所在地区的变量，拟设定的指标为地区农业基础设施状况、农业技术培训状况、农村治安状况、农村教育状况以及农村普法教育状况（鲁钊阳，2021）。各变量的赋值情况及其描述性统计分析结果如表1所示。

表1　相关变量的赋值情况及其描述性统计分析结果

变量	变量具体赋值情况	均值	标准差
户主性别	男赋值1，女赋值0	0.5015	0.1892
户主年龄	30岁以下赋值1，30~39岁赋值2，40岁及以上赋值3	2.7885	0.1986
户主户籍状况	城镇赋值1，农业和非城镇蓝印户籍赋值0	0.5429	0.2025
户主婚姻状况	未婚赋值1，已婚无配偶赋值2，已婚有配偶赋值3	2.1518	0.8812
户主健康状况	良好赋值1，一般赋值2，差赋值3	2.4519	0.2218
户主文化程度	小学及以下赋值1，初中赋值2，高中及以上赋值3	2.6215	0.1289
家庭经济类型	专职电商赋值1，兼职电商赋值0	0.5012	0.1135
经济收支情况	实际收入/实际支出	0.9815	0.2569
家庭劳动力人数	1人及以下赋值1，2人赋值2，3人及以上赋值3	2.2317	0.1345
村民代表情况	有赋值1，无赋值0	0.4018	0.4028
合法合规优惠券提供情况	是赋值1，否赋值0	0.5982	0.1005
农业基础设施	非常不满意赋值-2，不满意赋值-1，一般赋值0，满意赋值1，非常满意赋值2	1.7865	0.2018
农业技术培训	非常不满意赋值-2，不满意赋值-1，一般赋值0，满意赋值1，非常满意赋值2	1.8519	0.1117
农村治安状况	不满意赋值1，一般赋值2，满意赋值3	1.7512	1.5617
农村教育状况	不满意赋值1，一般赋值2，满意赋值3	2.2128	0.1117
农村普法教育	不满意赋值1，一般赋值2，满意赋值3	2.2215	0.2402

基于此，本文研究拟将优惠券对农产品电商发展影响的基准模型设定如下：

$$Y_{iz} = \theta_0 + \theta_i O_n + \theta_j \sum_{j=1}^{K} X_{ji} + \varepsilon_i \tag{1}$$

在式（1）中，Y 表示农产品电商发展状况，下标 i、z、n 和 j 分别表示第 i 个农产品电商、农产品电商发展状况的三个维度、农产品电商是否提供过合法合规优惠券的情况以及影响农产品电商发展的第 j 个因素。其中，当 z 取 1、2 和 3 时，分别表示农产品电商偿债能力状况、营运能力状况和盈利能力状况；n 取 1 和 -1 时，分别表示农产品电商在借助网络销售农产品过程中提供合法合规优惠券和不提供合法合规优惠券；j 的取值范围为 1 到 K，K 取正整数。θ 表示模型的待估参数。O_n 表示虚拟变量。X_{ji} 表示影响农产品电商发展的其他因素。ε 为随机误差项。

（二）数据来源说明

本文研究样本为我国东、中、西部的 15 个省级单位，分别是北京、上海、浙江、广东、福建、江苏、山东、辽宁、安徽、湖北、湖南、河南、四川、云南和新疆。虽然与传统贸易模式相比，农产品电商交易能够在很大程度上规避地域限制，但对于区域农产品电商的可持续发展而言，区域农业综合竞争力和农产品电商发展基础仍然非常重要，强劲的农业综合竞争力和雄厚的农产品电商发展基础有利于促进农产品电商的良性发展；基于此，本文研究所选择的样本均为其所在地区农业综合竞争力和电商发展基础具有显著优势的省级单位。之所以如此，主要是因为：地区农业综合竞争力是农产品电商发展的坚实基础，而电商发展基础则是农产品电商健康稳定可持续发展的重要保障。在确定样本省级单位后，课题组先后依据地区层面和区县层面 GDP 总量排名情况，将 GDP 排名居中的选为调查问卷发放区域。课题组在每个样本省级单位发放调查问卷 150 份，累计发放调查问卷 2 250 份，实际回收调查问卷 2 236 份，剔除缺乏关键信息的调查问卷 55 份，实际回收的有效问卷为 2 181 份①；其中，使用淘宝和天猫的有效调查问卷数量为 1 217 份，这是本文研究的基础数据来源。

（三）基准回归结果

本文首先分别进行方差膨胀因子（VIF）检验和 White 异方差检验，确保

① 除北京市和上海市外，在其他的 13 个省级单位，课题组依据前一年各省级单位下属的地级市地区生产总值排名情况，选择排名居中的地级市作为调查问卷发放区域；进一步地，采用同样的方法，最终确定调查问卷发放的具体区县；而对于北京市和上海市，课题组则直接根据其下属的区县前一年地区生产总值排名情况，选择地区生产总值排名居中的 2 个区县作为调查问卷发放地区。需要特别说明的是，首次调查问卷发放时间为 2015 年 5 月至 8 月，2017 年 12 月至 2018 年 2 月、2019 年 5 月到 9 月课题组分别对重点区域进行补充调研。本文研究所使用的数据来源于 2019 年 5 月到 9 月课题组补充调研所获取的数据。

模型不存在严重的多重共线性、不具有明显的异方差①。本文先不考虑控制变量因素，直接实证核心解释变量与被解释变量之间的关系，随后，将控制变量纳入模型中进行实证②，结果如表2所示。从表2中的结果来看，无论被解释变量取哪个维度的农产品电商发展状况，合法合规优惠券提供情况的系数在1%显著性水平时显著为正，这就说明电商店铺提供合法合规优惠券能够有效促进其自身的发展，这与前文的理论分析相一致。作为电商店铺和消费者之间特殊的桥梁和纽带，优惠券能够有效传递多方面的信息。从农产品电商层面来看，农产品电商可以借助优惠券传递更多其他信息，有意识地挖掘消费者潜在的消费能力；还可以借助优惠券给予消费者相应的现金返利（如“扫码返利”），有意识地强化消费者对电商店铺的忠诚度。从消费者层面来看，由于不同地区不同食俗的差异，特别是我国幅员辽阔，不同地区饮食习惯千差万别，南方消费者不可能完全了解北方某些农产品的具体食用方法，北方消费者对产自南方的农产品也存在同样的问题，优惠券的出现能够有效解决此类问题；不仅如此，那些自带“扫码返利”功能的优惠券还可以强化消费者对电商店铺的关注度。

表2　　合法合规优惠券对农产品电商发展影响的回归结果

	偿债能力维度		营运能力维度		盈利能力维度	
	模型1	模型2	模型1	模型2	模型1	模型2
合法合规优惠券提供情况	0.1889*** (0.0026)	0.1902*** (0.0042)	0.2025*** (0.0035)	0.2129*** (0.0041)	0.1885*** (0.0000)	0.1934*** (0.0057)
户主性别	0.1542 (0.1029)	0.1627 (0.2214)	0.1542 (0.1102)	0.1438 (0.1952)	0.1725 (0.2023)	0.1801 (0.1836)
户主年龄	-0.1225*** (0.0000)	-0.1137*** (0.0000)	-0.1356*** (0.0000)	-0.1228*** (0.0032)	-0.1429*** (0.0000)	-0.1332*** (0.0009)
户主户籍状况	0.1627 (0.1163)	0.1725 (0.1025)	0.1544 (0.1158)	0.1632 (0.2028)	0.1523 (0.2215)	0.1468 (0.1456)
户主婚姻状况	0.1335*** (0.0000)	0.1437*** (0.0021)	0.1528*** (0.0000)	0.1615*** (0.0021)	0.1426*** (0.0038)	0.1578*** (0.0000)

① 从VIF检验和White检验结果来看，各变量VIF的最大值均明显小于10，White异方差检验相应的伴随概念明显大于0.05，这说明模型不存在严重的多重共线性、不具有明显的异方差。结果备索。

② 当被解释变量分别取农产品电商的偿债能力、营运能力和盈利能力时，不纳入控制变量和纳入控制变量后核心解释变量的系数正负及其显著性水平并未发生实质性的变化。受篇幅限制，文中展示的实证结果均为纳入控制变量后的实证结果；同时，为了解释的连贯性，对实证结果的解释仍然按照不纳入控制变量和纳入控制变量的完整结果来进行分析。下文类似问题，不再做单独说明。

续表

	偿债能力维度		营运能力维度		盈利能力维度	
	模型 1	模型 2	模型 1	模型 2	模型 1	模型 2
户主健康状况	-0.1335 *** (0.0037)	-0.1201 *** (0.0025)	-0.1425 *** (0.0000)	-0.1328 *** (0.0025)	-0.1337 *** (0.0000)	-0.1213 *** (0.0000)
户主文化程度	0.1341 *** (0.0023)	0.1428 *** (0.0000)	0.1525 *** (0.0026)	0.1628 *** (0.0057)	0.1551 *** (0.0000)	0.1667 *** (0.0079)
家庭经济类型	-0.1622 *** (0.0000)	-0.1544 *** (0.0026)	-0.1625 *** (0.0000)	-0.1547 *** (0.0000)	-0.1526 *** (0.0000)	-0.1427 *** (0.0038)
经济收支情况	0.1763 (0.1109)	0.1825 (0.2219)	0.1525 (0.2021)	0.1642 (0.2425)	0.1766 (0.1889)	0.1825 (0.2219)
家庭劳动力人数	0.1522 *** (0.0037)	0.1612 *** (0.0042)	0.1436 *** (0.0078)	0.1536 *** (0.0000)	0.1637 *** (0.0052)	0.1734 *** (0.0062)
村民代表情况	0.1425 *** (0.0000)	0.1501 *** (0.0036)	0.1336 *** (0.0042)	0.1462 *** (0.0057)	0.1327 *** (0.0025)	0.1446 *** (0.0043)
农业基础设施	0.1765 *** (0.0027)	0.1838 *** (0.0036)	0.1679 *** (0.0021)	0.1729 *** (0.0035)	0.1801 *** (0.0044)	0.1938 *** (0.0000)
农业技术培训	0.1552 *** (0.0000)	0.1611 *** (0.0058)	0.1702 *** (0.0000)	0.1825 *** (0.0069)	0.1602 *** (0.0000)	0.1724 *** (0.0043)
农村治安状况	0.1602 *** (0.0037)	0.1725 *** (0.0046)	0.1802 *** (0.0000)	0.1928 *** (0.0000)	0.1662 *** (0.0000)	0.1745 *** (0.0058)
农村教育状况	0.1559 *** (0.0000)	0.1678 *** (0.0075)	0.1602 *** (0.0000)	0.1724 *** (0.0059)	0.1836 *** (0.0028)	0.1927 *** (0.0031)
农村普法教育	0.1369 *** (0.0037)	0.1423 *** (0.0041)	0.1522 *** (0.0000)	0.1604 *** (0.0000)	0.1489 *** (0.0059)	0.1526 *** (0.0026)
地区变量	YES	YES	YES	YES	YES	YES
R^2	0.1569	0.1665	0.1602	0.1768	0.1701	0.1811
F 统计量	23.3217	44.4218	30.2309	55.5627	33.2317	79.5612
观测值	1 217	1 217	1 217	1 217	1 217	1 217

注：①*、**、*** 分别表示 10%、5% 和 1% 的显著性水平。②括号中的数值是稳健性标准差，2SLS 估计中汇报的 R^2 指的是中心 R^2。③模型 1 为采用最小二乘法实证的回归结果，模型 2 为采用两阶段最小二乘法实证的回归结果。④若无特殊说明，下文表中关于显著性水平、稳健性标准差以及 R^2 等相关解释与本表中的相同，不再做另外说明。

从表 2 中，还可以看出：性别、户籍和经济收支情况等变量未能通过显著性检验，而其他的控制变量则均通过显著性检验。作为一种全新的经济形态和典型的创新创业动力引擎，农产品电商发展一直以来备受国家和地方政府的高度重视；特别是要确保到2020年所有贫困地区和贫困人口一道迈入全面小康社会的目标，以农产品电商为代表的农户创业几乎不再有任何实质性的障碍；进一步地讲，个体能否从事农产品电商业务，更多的是取决于个体的创新创业意愿，而与个体的性别、户籍及其家庭收支情况没有必然联系，这些因素也不会对农产品电商发展带来直接的影响。与中老年群体相比，青壮年群体在密切关注电商店铺动态方面具有显著优势。婚姻不仅有利于个体心智的进一步成熟，还可以带来或多或少的社会资本，这些有利于农产品电商的发展。健康是个体从事各项活动的重要基础，强健的体魄是农产品电商稳步发展的关键。与文化素质低的电商群体相比，高素质的电商群体能够更快更好地吸收和采用各种先进的技术手段拓展自身的生存和发展空间。与兼业电商相比，专职电商自身生存压力更大，他们往往会以更加拼搏的态度对待自身的业务，在大多数时候往往也会取得更好的业绩。足够的人手投入是确保农产品电商交易顺利进行的关键，在劳动力供给方面具有优势的家庭在此方面也具有优势。家庭中村民代表的存在可以在很大程度上直接规避信息不对称问题，有利于农产品电商及时获取更多的政策资源。完善的农业基础设施和科学的农业技术培训，有利于农产品的生产和供给，这是农产品电商发展的重要基础。农村治安状况的好坏在很大程度上直接影响农产品的产销，是农产品电商借助互联网实现“农产品进城”的重要保障。农村教育和农村普法教育具有很强的正向外溢性，这不仅关系到农产品的科学生产，还关系到农产品电商的发展壮大。

（四）内生性问题①

从现实来看，本文研究的核心解释变量与因变量之间极有可能存在双向因果关系。一方面，作为一种重要的营销手段，合法合规优惠券对于企业发展的促进作用不容忽视，这对农产品电商而言亦是如此；与销售同类农产品的电商店铺相比，凡是积极使用合法合规优惠券的农产品电商更具发展活力。另一方面，在激烈电商市场中取得发展先机的农产品电商，为了维持可持续发展的动力，必然会采取措施不断开发并提高合法合规优惠券的实际使用效率。通过对调查问卷的全面梳理，本文研究拟将农产品电商每天通过网络查看财经信息的时间作为工具变量。从现实来看，几乎100%的农产品电商上网关注财经信息的同时，都会登录各自的在线交易客户端，两者基本上是同时进行；进一步地讲，随着互联网信息技术的飞速发展，精准营销变得越来越常见；只要登录淘宝、京东等在线交易客户端，有关优惠券使用的情况就

① 受篇幅限制，本部分未展示全部工具变量实证回归结果，具体结果备索。

会不断地反馈回来。换句话来说，农产品电商对财经信息的关注基本上等同于对合法合规优惠券使用的关注。工具变量的选择是否科学呢？本文研究首先判断所选择的工具变量是否是弱工具变量。当被解释变量取农产品电商的偿债能力时，"Cragg - Donald Wald F" 统计量为 10.1217，大于 15% 显著水平临界值（10% maximal IV size：13.3117，15% maximal IV size：9.4126），这说明不存在明显的弱工具变量问题；不仅如此，在对工具变量与内生解释变量之间的相关性进行检验时也发现，工具变量的系数在 1% 显著性水平上显著，且 F 统计量临界值为 36.6218，远远大于 10，这也进一步说明了不存在明显的弱工具变量问题。此外，"Kleibergen - Paap rk LM" 统计量为 13.1529，相应的 p 值为 0.0042，这也拒绝了本文研究所选择的工具变量不可识别的原假设。也就是说，本文研究所选择的工具变量是合适的①。基于此，本文研究采用二阶段最小二乘法（2SLS）对模型进行重新估计，结果如表 2 所示。很明显，消除内生性问题后，优惠券对农产品电商发展的正向影响进一步强化。

（五）异质性检验

前文结果表明：合法合规优惠券会促进农产品电商的发展，这种促进表现在优惠券对农产品电商不同维度发展状况的正向影响方面；但是，是不是不同类型的合法合规优惠券对农产品电商的影响都相同呢？合法合规优惠券对农产品电商发展的影响是否存在异质性呢？

第一，不同类型合法合规优惠券对农产品电商发展的影响。从表 3 中的结果来看，现金券和折扣券对农产品电商发展的正向影响显著，而礼品券对农产品电商发展的影响则不显著，这说明不同类型合法合规优惠券对农产品电商发展的影响存在异质性。对消费者而言，现金券和折扣券能够直接带来"立竿见影"的效果，能够减轻消费者自身的经济负担；而礼品券则不一样，礼品券的诱导消费功能更为突出。如果消费者消费额度达不到电商店铺的具体要求，则礼品券往往难以发挥作用；为了发挥礼品券的作用，消费者要么凑单确保消费金额达到相关要求，要么是放弃礼品券的使用。对于理性的消费者而言，他们往往更为青睐现金券和折扣券，而对于礼品券可能没有太多的需求。换句话来说，电商店铺推出的现金券和折扣券，因为能够直接减轻消费者的实际支出，其对于农产品电商发展的积极作用更为显著；而礼品券诱导消费者消费的功能更为突出，其对于理性消费者的吸引力不够大，自然

① 当被解释变量分别取农产品电商的营运能力和盈利能力时，将农产品电商每天通过网络查看财经信息的时间作为工具变量仍然合适；受篇幅限制，"Cragg - Donald Wald F" 统计量和 "Kleibergen - Paap rk LM" 统计量的相关结果未展示，有兴趣的读者可以直接向作者索取。

对于农产品电商发展的影响不显著。

表 3　不同类型合法规范优惠券对农产品电商发展影响的回归结果

	现金券 =1，其他优惠券 = -1					
	偿债能力维度		营运能力维度		盈利能力维度	
	模型 1	模型 2	模型 1	模型 2	模型 1	模型 2
合法合规现金券	0.1887 *** (0.0018)	0.1905 *** (0.0000)	0.1763 *** (0.0000)	0.1826 *** (0.0075)	0.1822 *** (0.0021)	0.1927 *** (0.0035)
地区变量	YES	YES	YES	YES	YES	YES
R^2	0.1702	0.1811	0.1675	0.1761	0.1569	0.1682
F 统计量	20.0217	35.2318	26.6327	42.1587	33.2311	65.5619
观测值	1 217	1 217	1 217	1 217	1 217	1 217
	礼品券 =1，其他优惠券 = -1					
	偿债能力维度		营运能力维度		盈利能力维度	
	模型 1	模型 2	模型 1	模型 2	模型 1	模型 2
合法合规礼品券	0.1627 (0.1422)	0.1769 (0.4215)	0.1662 (0.2024)	0.1568 (0.1019)	0.1522 (0.2426)	0.1669 (0.3038)
地区变量	YES	YES	YES	YES	YES	YES
R^2	0.1558	0.1611	0.1555	0.1633	0.1632	0.1775
F 统计量	30.2357	49.6927	38.2185	75.5612	40.0127	65.3672
观测值	1 217	1 217	1 217	1 217	1 217	1 217
	折扣券 =1，其他优惠券 = -1					
	偿债能力维度		营运能力维度		盈利能力维度	
	模型 1	模型 2	模型 1	模型 2	模型 1	模型 2
合法合规折扣券	0.1663 *** (0.0002)	0.1702 *** (0.0056)	0.1568 *** (0.0000)	0.1622 *** (0.0069)	0.1459 *** (0.0000)	0.1527 *** (0.0028)
地区变量	YES	YES	YES	YES	YES	YES
R^2	0.1638	0.1756	0.1601	0.1766	0.1702	0.1837
F 统计量	21.1217	45.5623	39.3631	58.5624	40.0015	95.2321
观测值	1 217	1 217	1 217	1 217	1 217	1 217

注：同表 2。

第二，合法合规优惠券对不同户籍农产品电商发展的影响。从表 4 中的结果来看，合法合规优惠券对不同户籍农产品电商发展的影响截然相反，其对城镇户籍农产品电商不同维度发展状况的影响显著，而对农村户籍农产品电商不同维度发展状况的影响则不显著，说明合法合规优惠券对不同户籍农产品电商不同维度发展状况的影响存在异质性。虽然在国家和地方政府的大力支持下，个体农户在创业开展农产品电商业务时并没有门槛限制；但是，要推动农产品电商业务的健康稳定可持续发展，离不开农户自身的努力。与农村户籍农产品电商相比，城镇户籍农产品电商大多具有更强的商品意识，不仅注重稳步提升所销售的农产品品质，还高度重视多种营销手段的使用。以优惠券为例，与农村户籍农产品电商相比，城镇户籍农产品电商不仅高度重视优惠券的开发，还高度重视优惠券实际使用效率的提升，甚至一些城镇户籍的农产品电商还会采取联合销售的方式来借助优惠券拓展自身的生存空间。

表 4　　合法合规优惠券对不同户籍农产品电商发展影响的回归结果

		偿债能力维度		营运能力维度		盈利能力维度	
		模型 1	模型 2	模型 1	模型 2	模型 1	模型 2
合法合规优惠券提供情况	城镇	0.1945*** (0.0068)	0.2028*** (0.0000)	0.1885*** (0.0035)	0.1936*** (0.0041)	0.1998*** (0.0062)	0.2029*** (0.0000)
	农村	0.1882 (0.2022)	0.1769 (0.5621)	0.1569 (0.2023)	0.1665 (0.2219)	0.1761 (0.1017)	0.1668 (0.3107)
地区变量	城镇	YES	YES	YES	YES	YES	YES
	农村						
R^2	城镇	0.1523	0.1623	0.1498	0.1547	0.1555	0.1692
	农村	0.1642	0.1735	0.1645	0.1769	0.1709	0.1801
F 统计量	城镇	23.2127	42.2318	32.3657	60.2317	29.3617	56.5622
	农村	35.3269	50.3214	28.5657	50.0212	38.2356	79.5621
观测值	城镇	485	485	485	485	485	485
	农村	732	732	732	732	732	732

注：同表 2。

第三，合法合规优惠券对不同品牌[①]农产品电商发展的影响。从表 5 中的结果来看，合法合规优惠券对著名品牌和知名品牌农产品电商不同维度发

① 农产品电商销售的农产品到底是属于著名品牌的农产品、知名品牌的农产品还是一般品牌的农产品，调查问卷中已有明确说明，且让农产品电商对照说明根据自身的实际情况来对所销售的农产品品牌进行判断。调查问卷中的说明是：凡是具有农产品地理标志的则属于著名品牌农产品，不具有农产品地理标志但符合《2006 年中国名牌农产品评选认定办法》规定的则是知名品牌农产品（各地均有备案，农产品电商清楚），其他的则归为一般品牌农产品。

展状况的影响并不显著，但对一般品牌农产品电商不同维度发展状况影响显著，说明合法合规优惠券对不同品牌农产品电商不同维度发展状况的影响存在异质性。在激烈的电商市场竞争中，能够成为著名品牌和知名品牌的农产品电商绝对在所销售的农产品质量方面具有显著优势，否则，电商店铺很难拥有稳定的消费者群体，自身品牌也很难培育并不断成长。当然，农产品电商店铺一旦成功培育了自身的品牌，特别是培育成功了著名品牌或知名品牌，往往会在市场竞争中具有显著优势。以地理标志农产品电商为例，不少以专门销售地理标志农产品为主的电商店铺很少推出优惠券，更多的是采取以质取胜的方式吸引消费者。对于一般品牌的农产品电商而言，如果不能够与时俱进并及时推出优惠券，店铺自身的流量很难维持。从现实来看，信息时代的理性消费者在网络购物之前都会货比三家，都会考虑优惠券对自身的好处，除非不得不购买著名品牌和知名品牌农产品电商的商品，由此不难理解优惠券对不同品牌农产品电商发展的影响存在异质性。

表 5　　合法合规优惠券对不同品牌农产品电商发展影响的回归结果

		偿债能力维度		营运能力维度		盈利能力维度	
		模型 1	模型 2	模型 1	模型 2	模型 1	模型 2
合法合规优惠券提供情况	著名	0.1558 (0.2027)	0.1625 (0.1029)	0.1422 (0.3211)	0.1569 (0.1068)	0.1668 (0.1227)	0.1522 (0.2027)
	知名	0.1627 (0.1017)	0.1763 (0.2012)	0.1559 (0.2023)	0.1662 (0.1548)	0.1752 (0.1127)	0.1667 (0.1345)
	一般	0.1885*** (0.0000)	0.1925*** (0.0056)	0.1776*** (0.0000)	0.1817*** (0.0000)	0.1925*** (0.0000)	0.2098*** (0.0067)
地区变量	著名 知名 一般	YES	YES	YES	YES	YES	YES
R^2	著名	0.1511	0.1627	0.1555	0.1637	0.1488	0.1547
	知名	0.1512	0.1605	0.1419	0.1541	0.1567	0.1601
	一般	0.1649	0.1775	0.1601	0.1735	0.1632	0.1749
F 统计量	著名	26.3621	39.3412	44.2145	69.3624	26.3621	53.3217
	知名	34.4215	50.1257	28.6215	54.4512	42.1214	90.2315
	一般	29.5692	62.2314	30.0124	58.8915	30.0128	68.5622

续表

		偿债能力维度		营运能力维度		盈利能力维度	
		模型 1	模型 2	模型 1	模型 2	模型 1	模型 2
观测值	著名	295	295	295	295	295	295
	知名	336	336	336	336	336	336
	一般	586	586	586	586	586	586

注：同表 2。

第四，合法合规优惠券对不同生命周期①农产品电商发展的影响。从表 6 中的结果来看，合法合规优惠券对处于初创期和成长期农产品电商不同维度发展状况具有显著的积极作用，而对于处于成熟期农产品电商不同维度发展状况而言影响则不显著，说明合法合规优惠券对不同生命周期农产品电商不同维度发展状况的影响存在异质性。在竞争激烈的电商市场，对处于创初期和成长期的农产品电商而言，如果不采取措施提高消费者对自身的关注度，店铺销量很难提升；而对处于成熟期的农产品电商而言，这方面的压力则相对较小。作为电商市场最常用的营销手段，优惠券自身的作用不容忽视，其

表 6　合法合规优惠券对不同生命周期农产品电商发展影响的回归结果

		偿债能力维度		营运能力维度		盈利能力维度	
		模型 1	模型 2	模型 1	模型 2	模型 1	模型 2
合法合规优惠券提供情况	初创	0. 2245 *** (0. 0000)	0. 2317 *** (0. 0056)	0. 2129 *** (0. 0000)	0. 2215 *** (0. 0000)	0. 2417 *** (0. 0000)	0. 2518 *** (0. 0000)
	成长	0. 2126 *** (0. 0000)	0. 2208 *** (0. 0000)	0. 2003 *** (0. 0000)	0. 2122 *** (0. 0058)	0. 2367 *** (0. 0000)	0. 2405 *** (0. 0057)
	成熟	0. 1856 (0. 1219)	0. 1963 (0. 2027)	0. 1725 (0. 1022)	0. 1668 (0. 2045)	0. 1696 (0. 2325)	0. 1773 (0. 1002)
地区变量	初创	YES	YES	YES	YES	YES	YES
	成长						
	成熟						

① 在征求 C 市商务委电商处和江苏省 S 市商务局相关专业人士意见的前提下，本文研究粗略地将成立 1 年及 1 年以内的农产品电商归为农产品电商发展的初创阶段，将成立 1 年以上 2 年及 2 年以内的或虽成立 2 年以上但发展不稳定（无稳定的人员投入、无稳定的供货渠道、无稳定的物流服务以及无稳定的盈利能力）的农产品电商归为农产品电商发展的成长阶段，将成立 2 年以上且有稳定人员投入、有稳定供货渠道、有稳定物流服务且盈利能力稳定的农产品电商归为农产品电商发展的成熟阶段。

续表

		偿债能力维度		营运能力维度		盈利能力维度	
		模型 1	模型 2	模型 1	模型 2	模型 1	模型 2
R^2	初创	0.1602	0.1725	0.1638	0.1725	0.1617	0.1758
	成长	0.1615	0.1739	0.1615	0.1711	0.1608	0.1714
	成熟	0.1573	0.1622	0.1552	0.1628	0.1499	0.1549
F 统计量	初创	45.5627	75.2114	30.0217	78.5624	25.3571	59.5627
	成长	35.2517	59.6241	69.3621	100.2157	32.2315	68.8614
	成熟	24.4219	38.3417	33.3617	56.6621	40.0148	101.2317
观测值	初创	496	496	496	496	496	496
	成长	436	436	436	436	436	436
	成熟	285	285	285	285	285	285

注：同表2。

不仅可以切实减轻消费者的经济负担，还可以有力地扩大店铺自身的知名度，其对处于初创期和成长期的农产品电商而言至关重要。据笔者对淘宝网 50 余家农产品电商店铺持续数年的观察发现：对于成熟期的农产品电商店铺而言，基本上只是在特定节假日推出相应的优惠券，而在平时，允许优惠券使用的频率并不高；即便如此，一些专门销售地方特色农产品的电商店铺依然生意红火，甚至在很多时候农产品销售会出现有价无市的现象。

四、合法合规优惠券对农产品电商发展影响的机制检验

前文的研究已经证实，从整体上来看，合法合规优惠券对农产品电商的偿债能力、营运能力和盈利能力具有显著的积极意义，其对于农产品电商发展具有促进作用。合法合规优惠券到底是怎么样促进农产品电商发展的呢？还有必要对合法合规优惠券促进农产品电商发展的机制进行进一步的验证①。本文研究认为，合法合规优惠券主要通过提升电商店铺的复购比例、提升电商店铺搭配销售商品数量以及培育电商店铺自身品牌等方面来促进农产品电

① 受篇幅限制，不同类型优惠券对农产品电商以及优惠券对不同户籍、不同品牌和不同生命周期视角下农产品电商发展的影响机制未展示，仅展示整体视角（宏观视角）下优惠券促进跨境农产品电商发展的机制。事实上，机制检验的所有结果均稳健。有兴趣的读者，可以直接向作者索取相关结果。

商的发展。

（一）合法合规优惠券通过提升复购比例促进农产品电商发展

对农产品电商而言，销量至关重要，没有足够的销量作保证，农产品电商无法逐步发展壮大。在电商环境下，农产品电商之间的竞争尤为激烈，完全依靠挖掘新的消费者来确保销量并不现实，根源在于挖掘新的消费者面临着更多的额外支出（卢美丽等，2019）；相反，如果能够很好地挖掘既有消费者的消费潜力，通过提高既有消费者重复购买的方式来提升销量则更为经济也更为现实。虽然影响既有消费者重复购买的因素复杂，但不可否认的是，优良的商品品质和愉悦的购物体验是既有消费者重复购买的关键，因为这两者的共同作用会强化既有消费者对电商店铺的信任度。正常情况下，理性的消费者经过仔细比对并最终下单购买农产品，只要农产品的品质、电商店铺的服务态度以及物流服务等不出现大的纰漏，消费者往往会比较满意；在此过程中，如果消费者能够得到优惠券，则绝大多数消费者的再次购物意愿会被强化，这有利于刺激消费者在今后的重复购买相同的农产品。

在调查问卷中，有一个问题与通过合法合规优惠券提升复购比例促进农产品电商发展密切相关。这个问题是“在排斥其他因素干扰的情况下，请问您觉得您的电商店铺通过提供合法合规优惠券的方式对既有消费者（以往在您家网购过农产品的消费者）再次在您家购物有什么影响？A. 没有任何影响，B. 影响很小，C. 一般，D. 影响较大，E. 影响非常大”。本文将此问题的答案作为被解释变量，对通过合法合规优惠券提升复购比例促进农产品电商发展的机制进行验证，结果如表 7 所示。从表 7 中的结果来看，电商店铺通过提供合法合规优惠券的方式可以对既有消费者的复购行为产生显著的正向影响，有利于提高店铺的复购比例。在当前激烈的电商竞争环境下，只要是在法律法规允许范围内且不违背相关电商平台规章制度的手段都可以用来提高店铺的复购率。现实中，可能有相当部分消费者对所购买的农产品并不满意，但考虑到所购买农产品的价值不高，他们可能会选择“习惯性好评”的方式对待电商店铺，他们基本上不会再在购物体验差的店铺重复购买农产品，“顾客沉默”问题难以有效规避。作为理想的营销手段，优惠券能够在很大程度上解决“顾客沉默”的现实问题，能够在事前补救消费者可能出现的不满情绪，全面改善消费者的购物体验，显著提高电商店铺的复购比例，进而促进农产品电商自身的进一步发展。

表7　　合法合规优惠券影响农产品电商发展的机制检验结果

	复购比例维度		搭配销售维度		店铺价值维度	
	模型1	模型2	模型1	模型2	模型1	模型2
合法合规优惠券提供情况	0.2022***	0.2118***	0.2159***	0.2235***	0.2007***	0.2198***
地区变量	YES	YES	YES	YES	YES	YES
R^2	0.1636	0.1728	0.1572	0.1629	0.1651	0.1713
F统计量	40.0128	65.2312	38.2321	95.2172	88.5217	55.2123
观测值	1 217	1 217	1 217	1 217	1 217	1 217

注：同表2。

（二）合法合规优惠券通过搭配销售商品促进农产品电商发展

除极少数兼职电商单纯销售单一品种农产品外，绝大多数农产品电商都会采取搭配销售的方式来拓展业务。从搭配销售的具体农产品来看，这些农产品有些是互补关系，有些是替代关系，还有些甚至完全是异质性关系。从理性消费者购物的实际情况来看，他们更多的是瞄准目标农产品，以物美价廉为目标来进行选择，而对于电商店铺非目标农产品关注则较少。对电商店铺而言，通过消费者购物至少可以获取两个方面的信息，一是消费者需要某具体的农产品，二是消费者有再次网络购物的潜在可能性，至少是消费者有网络购物的能力；基于此，电商店铺可以通过优惠券的方式有效宣传自身店铺所售卖的其他农产品信息，特别是那些互补性农产品的信息极有可能成功挖掘消费者潜在的消费能力。与其他广告宣传不一样的是，借助合法合规优惠券所传递的电商店铺实际销售的具有互补性农产品的信息，具有很鲜明的针对性，是典型的精准营销，实际成效可能会更好。对电商店铺而言，依靠售卖单品的方式很难发展壮大，而借助搭配销售的方式不仅可以带来更多的农产品销量，还有利于维持消费者对店铺的持续关注度，有利于促进农产品电商的发展。

在调查问卷中，有一个问题与合法合规优惠券通过搭配销售商品促进农产品电商发展密切相关。这个问题是“在排斥其他因素干扰的情况下，请问您觉得您的电商店铺通过提供合法合规优惠券的方式对既有消费者（以往在您家网购过农产品的消费者）的搭配购买行为有什么影响？A. 没有任何影响，B. 影响很小，C. 一般，D. 影响较大，E. 影响非常大”。本文将此问题的答案作为被解释变量，对合法合规优惠券通过搭配销售商品促进农产品电商发展的机制进行验证，结果如表7所示。从表7中的结果来看，农产品电商店铺提供的合法合规优惠券对其自身的搭配销售行为具有显著的正向影响。

从现实来看，可能每一位既有消费者都非常理性，但并非每一位既有消费者对其所购买的农产品都非常熟悉，甚至是一些既有消费者并不清楚自身所购买的农产品到底与哪些农产品是互补关系或替代关系；因此，能够传递大量信息的优惠券就显得非常重要。因为在优惠券上，电商店铺可以精准地介绍既有消费者所不熟悉的农产品相关信息，对既有消费者未来购买行为产生直接影响；这种购买行为既可以是重复购买以往的农产品，也可以是搭配购买新的农产品；考虑到理性消费者的消费心理，除非既有农产品确实物美价廉且消费者也有进一步的需要，否则的话，理性消费者搭配购买新的农产品的可能性更大。

（三）合法合规优惠券通过培育店铺品牌促进农产品电商发展

从现实来看，影响电商店铺品牌培育的因素尤为复杂，既有电商店铺自身的原因，也有电商店铺所在平台的原因，还与电商店铺所在地区政府的扶持力度密切相关。对地理标志农产品而言，电商店铺品牌培育相对更为容易，因为地理标志自身的文化内涵及其广泛的消费者认同，能够有力地支撑品牌的发展壮大，有利于品牌价值的充分发挥。而对于一般的农产品而言，市场上同类产品竞争激烈，如果没有卓有成效的营销手段，电商店铺很难培育自身的品牌。作为最常见的营销手段，优惠券一直以来备受关注，也经常被广大农产品电商采用。从短期来看，优惠券的广告效应能够迅速宣传电商店铺，能够吸引更多消费者对电商店铺的关注；从长期来看，随着越来越多消费者对电商店铺的密切关注，电商店铺的转化率会逐步得到提升，电商店铺品牌价值也将日益凸显。正常情况下，借助电商店铺的品牌价值，农产品电商不仅能够更好地拓展市场生存空间，还能够通过品牌溢价获得更多的利润。

在调查问卷中，有一个问题与合法合规优惠券通过培育店铺品牌促进农产品电商发展密切相关。这个问题是“在排斥其他因素干扰的情况下，请问您觉得您的电商店铺通过提供合法合规优惠券的方式对您培育店铺品牌有什么影响？A. 没有任何影响，B. 影响很小，C. 一般，D. 影响较大，E. 影响非常大”。本文将此问题的答案作为被解释变量，对合法合规优惠券通过培育店铺品牌促进农产品电商发展的机制进行验证，结果如表 7 所示。从表 7 中的结果来看，电商店铺提供的合法合规优惠券对其自身培育店铺品牌具有显著的正向影响。从现实来看，店铺品牌的培育对任何农产品电商而言都具有重要的意义，因为品牌具有价值，品牌能够给农产品电商带来显著的收益。要培育店铺品牌既需要巩固好与既有消费者之间的关系，也需要不断开拓新的消费者；没有相当数量的消费者作保证，农产品电商店铺品牌无法发展壮大，农产品电商的发展也会受到直接的影响。作为一种高效的营销工具，合法合规优惠券的多重功能有利于巩固与既有消费者之间的关系；不仅如此，优惠券所传递的农产品信息对于潜在消费者也具有一定的吸引力。实践已经证明，成功开发并高效使用优惠券，能够有效培育农产品电商的店铺品牌，这对农产品电商的稳健发展也具有重要的促进作用。

五、研究结论及对策建议

农产品电商真的有必要提供优惠券吗？是不是农产品电商所提供的不同种类优惠券都有成效？围绕这两个核心问题，本文研究以微观调查数据为例来进行实证，结果发现：合法合规优惠券对提升农产品电商不同维度发展状况均具有显著的积极作用；即便是消除内生性问题后，前者对后者的积极作用进一步加强。同时，还发现：不同类型的合法合规优惠券对农产品电商发展的影响存在异质性，且优惠券对不同户籍、不同品牌和不同生命周期视角下农产品电商不同维度发展状况也存在异质性。其中，合法合规优惠券对城镇户籍农产品电商不同维度发展状况影响显著，而对农村户籍农产品电商不同维度发展状况影响则不显著；合法合规优惠券对著名品牌和知名品牌农产品电商不同维度发展状况的影响并不显著，但对一般品牌的农产品电商不同维度发展状况影响显著；合法合规优惠券对处于初创期和成长期的农产品电商不同维度发展状况具有显著的积极作用，而对于处于成熟期的农产品电商而言影响则不显著。进一步的机制分析表明，合法合规优惠券主要通过提升电商店铺的复购比例、提升电商店铺搭配销售商品数量以及培育电商店铺自身品牌等方面来促进农产品电商的发展。

本文研究所蕴含的政策建议如下：第一，要促进农产品电商的发展，需要合理开发并高效使用合法合规优惠券。优惠券的种类繁多，不同类型的优惠券有不同的功能，农产品电商需要根据自身发展的需要来合理开发合法合规的优惠券，切忌盲目被动赠送优惠券。特别需要说明的是，随着各地农产品电商的快速发展，电商协会、淘宝村等开始涌现，农产品电商开发优惠券不能单打独斗，坚决反对农产品电商之间恶性价格竞争和彼此之间相互“山寨”，应该遵从电商协会的规章制度，顺应淘宝村发展整体战略，科学合理地开发优惠券。合理开发合法合规优惠券是前提，高效使用优惠券是最直接目的；因此，农产品电商必须高度重视消费者对合法合规优惠券的实际使用问题。农产品电商需要根据消费者使用优惠券的实际成效，不断采取措施提高消费者使用优惠券的概率，切实发挥优惠券的功能；不仅要全面剖析优惠券未被使用的原因，也要密切跟踪优惠券可能带来的电商店铺转化率问题；对于那些长期使用优惠券并重复购买的消费者，农产品电商更应该高度重视，要千方百计采取措施强化这些消费者的忠诚度；当然，农产品电商也要尽量发挥优惠券的功能，竭力挖掘电商店铺的潜在消费者。第二，要促进农产品电商的发展，需要从电商户主、电商家庭和区域环境方面做出相应的努力。要采取措施加大当前医疗体制改革的步伐，特别是要进一步完善新型农村合作医疗制度，全面提升农产品电商从业群体的身体素质，高度关注农产品电商从业群体的心理健康。高度重视农村基础教育和职业教育，为有意从事农产品电商创新创业的个体农户创造条件，强化对正在从事农产品电商业务群体的培训力度。弘扬社会主义道德风尚，全面改善农村精神风貌，为农产品电商家庭的稳定发展夯实基础。全面贯彻落实《村民委员会组织法》，切实发挥村民代表在农村电商发展中的“头雁作用”，真正将政府的支农惠农政策落到实处，逐步引导农产品电商的发展壮大。高度重视农村基础设施建设，特别是要高度重视农村既有基础设施的修葺，为农产品稳定供给夯实基础；要将农业技术培训落到实处，全面推广现代农业先进技术，稳步提升农产品电商在农产品产—供—销一体化利益链条中的利润；全面提升农村社会治安管理质量，切实将农村普法教育落到实处，为农产品电商发展的“农村软环境”提供保障。

参考文献

1. 洪涛：《2019 年农产品电商发展趋势》，载于《新农业》2019 年第 3 期。

2. 简兆权、柯云：《网络购物服务失误、服务补救与顾客二次满意及忠诚度的关系研究》，载于《管理评论》2019 年第 1 期。

3. 李宗活、杨文胜、刘晓红、司银元：《全渠道零售企业在线投放优惠券的渠道整合策略》，载于《系统工程理论与实践》2020 年第 3 期。

4. 刘芬：《用户兑现体验对移动优惠券转发推荐意愿的影响研究》，载于《技术经济与管理》2019 年第 2 期。

5. 卢美丽、叶作亮、曹翠珍：《在线零售市场顾客重复购买行为建模与实证研究》，载于《软科学》2019 年第 1 期。

6. 陆平、陈笑天：《基于梯度提升树模型的网络优惠券使用预测》，载于《科学技术与工程》2019 年第 18 期。

7. 鲁钊阳：《网络直播与生鲜农产品电商发展：驱动机理与实证检验》，载于《中国软科学》2021 年第 3 期。

8. 鲁钊阳、孙艳倪：《消费者差评对农产品电商发展影响的实证研究》，载于《农村经济》2020 年第 11 期。

9. 罗美玲、李刚、张文杰：《基于电子优惠券的多渠道整合策略研究》，载于《运筹与管理》2017 年第 2 期。

10. 司银元、杨文胜、刘森、李宗活：《考虑消费者网购偏好行为的企业定向优惠券投放策略》，载于《系统工程》2020 年第 1 期。

11. 汪明远、赵学锋：《消费者调节定向和从众行为对移动优惠券使用意愿的影响研究》，载于《管理学报》2015 年第 7 期。

12. 王林、张柔柔、赵杨：《基于执行意向理论的电商购物节抢券行为决策模型研究》，载于《软科学》2020 年第 1 期。

13. Blattberg R, Eppen G D., Lieberman J., 1981, "A theoretical and empirical evaluation of price deals for consumer nondurables", Journal of Marketing, Vol. 45, pp. 116 – 129.

14. Clark R A., Zboja J J., Goldsmith R E., 2013, "Antecedents of coupon proneness: A key mediator of coupon redemption", Journal of Promotion Management, Vol. 2, pp. 188 – 210.

15. Dickinger A, Kleijnen M., 2008, "Coupons going wireless: Determinants of consumer intentions to redeem mobile coupons", Journal of Interactive Marketing, Vol. 3, pp. 23 – 29.

16. Hsu T, Wang Y, Wen S., 2006, "Using the decomposed theory of planned behavior to analyse consumer behavioral intention towards mobile text message coupons", Journal of Targeting, Measurement and Analysis for Marketing, Vol. 4, pp. 309 – 324.

17. Jackson R., 2002, "Manufacture's coupons and pricing, profits and welfare", Journal of Economic and Business Studies, Vol. 1, pp. 26 – 37.

18. Jayasingh S, Eze C., 2009, "An extended model for analyzing adoption behavior of mobile coupon", Proceedings of the 7th International Conference on Advances in Mobile Computing and Multimedia, Malaysia: ACM Digital Library.

19. Kang H, Hahn M, Fortin D R, et al., 2006, "Effects of perceived behavioral control on the consumer usage intention of E-coupons", Psychology & Marketing, Vol. 10, pp. 841 – 864.

20. Kim D J, Ferrin D L, Rao H R., 2009, "Trust and satisfaction, two stepping stones for successful E – commerce relationships: A longitudinal exploration", Information Systems Research, Vol. 2, pp. 237 – 257.

The Effect from the Legal Coupon to the Development of the E - retailer of Agricultural Products

RAN Xi

(School of Public Policy and Administration, Chongqing University, 400044)

LI Shu

(School of Economics, Southwest University of Political Science and Law, 401120)

[**Abstract**] Is it necessary for the e-retailer of agricultural products to offer the coupon? Are all the coupons effective? Focusing on these two core issues, this paper has taken the micro-survey data to do research. The results show that the legal coupons have a significant positive effect on improving the solvency, operational capability and profitability of the e-retailer of agricultural products, and even after eliminating the endogenous problem, the positive effect of the former on the latter is further strengthened. The impact of different types of the legal coupons on the development of the e-retailer of agricultural products is heterogeneous, and the impact of the legal coupons on the development of the e-retailer of agricultural products is also heterogeneous. The legal coupons mainly promote the development of the e-retailer of agricultural products by increasing the proportion of re-purchasing from the same e-retailer, increasing the number of the complementary goods and cultivating the brand of the e-retailer of agricultural products.

[**Key Words**] Coupon　the Legal Coupon　the E-retailer of Agricultural Products　the Development of the E-retailer of Agricultural Products　E-commerce

JEL Classifications: C13　D19　Q13

在什么情况下人们会选择网购？

盛　洪*

【摘　要】在电子零售环境下，消费者节约了购买的时间和精力，零售商节约了门店和仓储地租，而增加了快递成本。当快递成本小于节约的购买成本和地租成本之和，网购就是值得的。本文构建了一个模型，将零售分成便利店、超市、专业店和综合商业中心四种形式，将商品分成食品、日常用品、大型电器和服装四个种类，用个人收入和快递成本两个主要变量，以及信息内外对称性、花色效用距离、易腐性和重量与体积四个因素进行分析，得出人们在不同零售形式和不同商品上的网购替代率。

【关键词】**商业模式　网购　网购替代率**

中图分类号：**F721**　文献标识码：**A**

一、消费者购物行为变化的理论分析

在移动互联网的环境下，电子零售蓬勃发展，人们的行为发生了变化。原来人们购买商品，要到繁华的商业中心去；即使买日常生活用品，也要到周边的超级市场。于是形成了以城市或人口聚集区为中心的零售商业的分布格局。城市经济学也是以此构建的。

如果要设立一个商店，或建立一个商业中心，在理论上，就要选择一个位于居民居住地中心的地点，其半径依赖于居民采取什么方式走到这个商业中心。粗略地说，如果是购买日常用品或食品，一般在步行 10 分钟的范围之内；如果是进行大量购买的超市，可以在驾车 10 分钟的路程之内；如果是购买家用电器的专业店，也要在驾车 30 分钟之内的路程之内；如果购买家具，

* 盛洪，经济学博士，独立学者；E-mail：shenghong54@ vip. sina. com。

可在驾车60分钟之内；如果购买汽车，还可以更远一些。设立一个便利店的考虑，就是要看在10分钟步行路程之内，有多少居民，是否可以支撑这个便利店的日常交易量。如果能够支撑，就设立；否则就不设立。其他形式的商业组织也是如此。

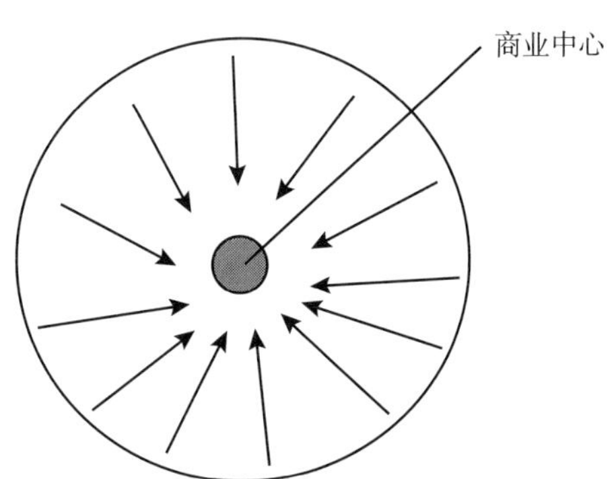

图1　传统购买方式路线示意

反过来，当便利店、超市或专业店已经布局，在传统形式下，人们会隔一段时间到商业中心去购买商品，他们有时只是买一两件商品；他们会经常到超市购买食品和日用品，一般是大量购买；他们有时会购买贵重商品，如家用电器或汽车。无论怎样，都会形成上图那样的情形。

在移动互联条件下，人们直接去市场购买的情形大量减少，更多的是在网上下单，由快递员将商品送到家里。于是，人的行动路线变成了大量的快递员到居民区去。于是形成了如图2所示的情形。

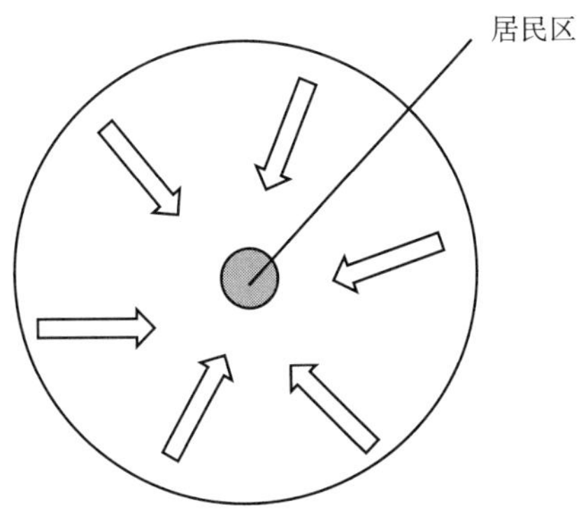

图2　网购路线示意

那么，两者的区别在什么地方呢？区别在于，第一，快递员是驾驶机动车运送商品，其活动半径要大于步行的半径。这使得物流中心的覆盖半径要大于日常百货店，就会使物流中心享受更大的规模经济。

第二，快递员一次会给多人送货，其规模要大于个人一次购买的，反过来，总体人数也要少于个人消费者到市场去的人数。从这个意义上讲，搬运商品的成本大大降低了，同时消费者也减少了购买并搬运商品的成本，当然主要是个人在时间上和体力上的付出。

第三，消费者购买商品的劳动是没有人支付报酬的，实际的报酬包含在购买的商品效用中；而快递员是获得了报酬的。这是用市场的、货币化的、专业化的、可交易的劳动，替代了一种非市场的、非货币化的、非专业化的和一般不可交易的劳动。这一改变也带来了效率的提升。例如，由于竞争，快递公司会不断提高效率、降低成本。据统计，中国的快递单价从2006年的28.8元/件下降到2015年的13.4元/件（张秋虹，2017）。

第四，在网购物流中，有相当大的比重是异地物流。由于是终端消费者下的订单，这种物流是已经确定了销售的有效物流，它会大大节省长途运输、仓储和退货的成本。

第五，表面看来，将消费者个人的非货币成本转变为快递的货币成本，似乎增加了销售—购买的货币成本，实际上却又替代另一种成本，即店面成本和库存成本。后者不仅包括仓库成本，还包括占用资金的成本。这不仅是因为网上商店一般没有实体店面，而且是因为生产企业根据订货数量发货没有任何多余需要储存的商品。

总体而言，在网购时代，原来消费者的购买模式逐渐被网购和快递所取代，他们所付出的成本就是每件快递的费用，而节约的费用，包括他们自己购买运送的体力与时间，零售店的店面费用和仓库费用，长途运输的低效率成本。

二、网购物流费用节约的估计

由于网购物流的专业化和货币化，我们可以简单地用物流的市场价格来衡量物流费用。打开大型物流公司的网站，我们就能看到物流公司的报价。如圆通公司的同城快递价格是10元，异地价格是20元；中通同城是13元，异地是15元；顺丰同城15元，异地23元。平均而言，2015年约为13.4元/件。我们就以此为物流费用的标准。

那么网购物流替代了什么费用呢？首先是消费者个人的物流费用，即他或她到购买商品的商业中心的往返距离所需时间。当然还有将所购商品运送到家的体力耗费，汽车汽油费用等，但为了简便计算，这些都忽略不计。

首先我们应该估计，购买一件商品所耗费的成本。这件商品可能从街头便利店，或超市，或专业店，或综合商业中心，或外地购买，所以“平均成本”，就是购买这些商品的加权平均成本。我们可以用在不同地方购买商品的频率和所费成本来估计。通过网上的问卷调查①，我们得出，加权平均，一个人每年从便利店购买98.5次，每次购买4件商品；从超市购买53.2次，每次购买8.3件商品；从专业店购买4次，每次购买3件商品；从综合商业中心购买5.9次，每次购买4.7件商品。到便利店是走着去，每分钟约走85米；到超市，专业店或商业中心是开车去，每分钟833米，我们再估计上下车和停车时间为15分钟。得单程时间如表1所示。

表1　　问卷得出四种零售方式的数据

	路程（米）	次数/年	件数/次	单程时间（分）	每件时间（分）
便利店	315	98.5	4	4	2
超市	909	53.2	8.3	16	4
专业店	3 852	4	3	20	14
商业中心	6 672	5.9	4.7	23	10

算上往返路程时间，从便利店购买花费8分钟，超市32分钟，专业店40分钟，大型商业中心46分钟。在便利店平均购买一个商品的路程时间是2分钟，超市4分钟，专业店14分钟，综合商业中心10分钟。在这里我们要注意，到综合商业中心去的目的不仅是购买商品，还有看电影、会朋友等娱乐目的，以及获得餐饮等其他服务的目的，如果把购物看成是四个目的之一，但主要是购物，占全部活动的68%，我们也可以粗略地将购买一件商品的时间减少到68%，即6.8分钟。按2018年我国人均GDP 66 006元估计，每分钟的价值约0.55元。但这只是个平均数，不同人的收入不同，所以他们的时间价值也不同。我们根据对已有收入数据的回归，得出我国收入分布的特征值，即标准差，以此为基础，我们模拟出我国的收入分布（见图3）。

当然，人们在网上购买商品，并没有完全替代到实体店的购买，尤其是距离很近的实体店。距离越近，购买越频繁，如到便利店的购买，越不可能被网购替代。实际上，人们首先在网上购买的商品，一般是购买距离较远的商品，或搬运成本较高的商品。另外，不同个人之间的收入分布也不同，在平均收入水平之上的人的时间价值更高。我们用这样的收入分布去估计不同人购买一件商品时的时间价值。我们把购买行为按零售形式分成四种，即便

① 本文采用了调查问卷收集数据。如果有需要“调查问卷”者，可以通过邮件跟作者或编辑部索要。

利店，超市，专业店和综合商业中心。我们在前面已经估计了到这四种地方购买的单位时间。

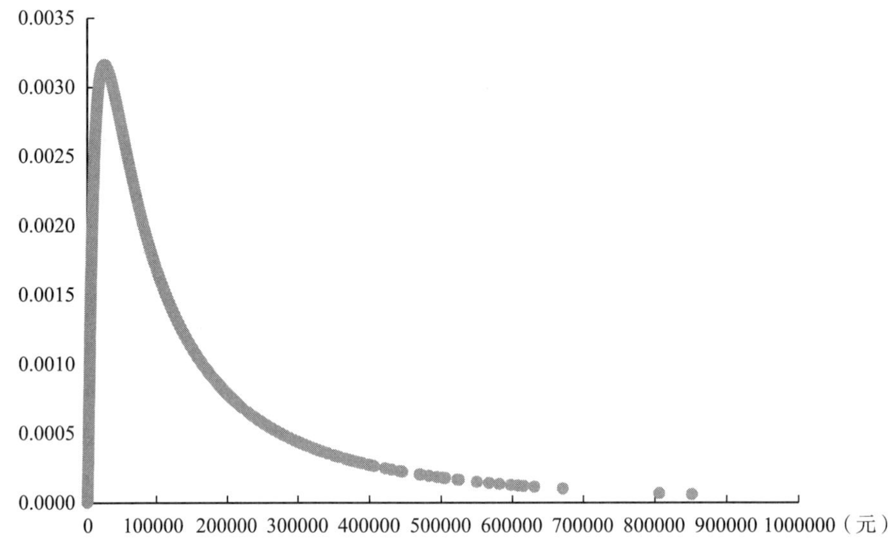

图3　中国个人收入水平分布

除了节约购买时间，网购还带来了另一项节约，节约下来的成本可以用来补贴快递成本。这项节约就是对零售门店租金和仓库租金以及存货资金成本的节约。例如，根据国美年报，地租成本约占销售额的5.37%。假定网购用快递替代了门店和仓储成本，则可节约5.37%的成本。网店零售商可将这一节约的部分补贴给快递费，即网购时所谓的“包邮”。由于不同商品的单价不同，所以越是贵的商品越可以“包邮”，越是便宜的商品，网购节约的地租成本的绝对值越小，越可能抵偿不了一件快递包裹的费用。一个人选择网购的决策计算如下所示。

假如：（快递单价－路程时间 × 每分钟价值－产品单价×地租占销售额比重）<0，则选择网购。

即假如快递单价小于节约了的消费者到实体店的路程价值和产品价值的地租份额，就可以选择网购。在这里，虽然地租成本的节约归零售商，但零售商可将这一节约转为“包邮”成本或价格下降，又会为消费者获益。在技术上，由于不同的消费者到不同的实体店去购买，具体产品的单价也不一样，我们采取蒙特卡洛方法，假定有3 000个人，他们的收入围绕着人均收入随机波动，产品单价围绕着平均价格随机波动；而到不同实体店的路程时间价值，我们采用问卷调查结果，到四种不同实体店的路程时间，与围绕着特定年份人均GDP随机波动的具体个人收入计算出来的单位时间价值相乘。

我们将不同的收入，到不同的地点购买，购买商品的不同价格，以及假定网店愿意将节约的店面租金用于补贴快递费用，代入这个计算模型中。假定到便利店中购买商品的单价均值为20元，到超市的单价均值为30元，到专业店购买的单价均值为3 000元，到综合商业中心购买的单价均值为200元，但不同的个体购买的产品会围绕着产品平均价格随机波动，范围不超过100%，放在一个模型中，我们得出，约有0.5%的情形人们愿意用网购替代便利店，2.6%的情形愿意用网购替代超市，88.2%的情形愿意用网购替代专业店，42.9%的情形愿意用网购替代综合商业中心。

从购买件数看，便利店的权重是0.61，超市是0.33，专业店是0.025，大型商业中心是0.036。那么加权平均，购买一个商品的时间就是3.13分钟。平均购买一个商品的时间价值约1.69元。显然比快递成本要低。正因为收入分布是波动的，所以有些人到实体店购物的时间价值就会高于快递单价，才会出现上面估计的情形。而加权平均，网购对实体购物的替代率，如果从购物件数来看，仅有4.1%；这主要是因为人们高频率的购物主要是到便利店和超市的购物，由于距离较近，一次购物的件数较多，但平均单价较低，所以较难被网购替代。但从购物价值来看，网购替代率高达55.7%。这是因为到专业店和综合商业中心购物的单价较高。

影响网购替代率的，主要有人们的收入水平和快递单价。收入水平决定了时间价值。2018年，城市居民人均可支配收入为39 251元，农村居民人均可支配收入为14 617元。城市居民的比重为59.6%，农村居民为40.4%。加权平均约为29 299元。由此可以估计，城市居民的人均GDP应是平均水平的134%，而农村居民的人均GDP是平均水平的49.9%。将这一比率代入模型，假设农村居民到实体店购物的路程时间与城市居民相同，则网购的件数替代率为2.6%，价值替代率为53.6%；城市居民的网购件数替代率为5.2%，价值替代率为56.6%。显然，城市的网购替代率高于农村。

而全国各地的收入水平又有不同，如2018年，北京人均GDP为140 211元，上海为134 982元，江苏为115 168元，浙江为98 643元，广东为86 412元。这五个地区的网购件数替代率如图4所示。网购显然是从人均收入高的地区最先开始，逐渐蔓延到人均收入较低的地区。

一般而言，影响网购件数替代率的因素，除了收入水平和快递单价，就是商品的单价水平。但这一因素并不会随着时间有大的变动。所以主要因素仍是前两个。变动这两个因素，我们可以估计随着人均收入水平的增长或快递单价的降低，会有多少购买行为被网购所替代。在这里，我们假定其他因素，如价格水平等不变。

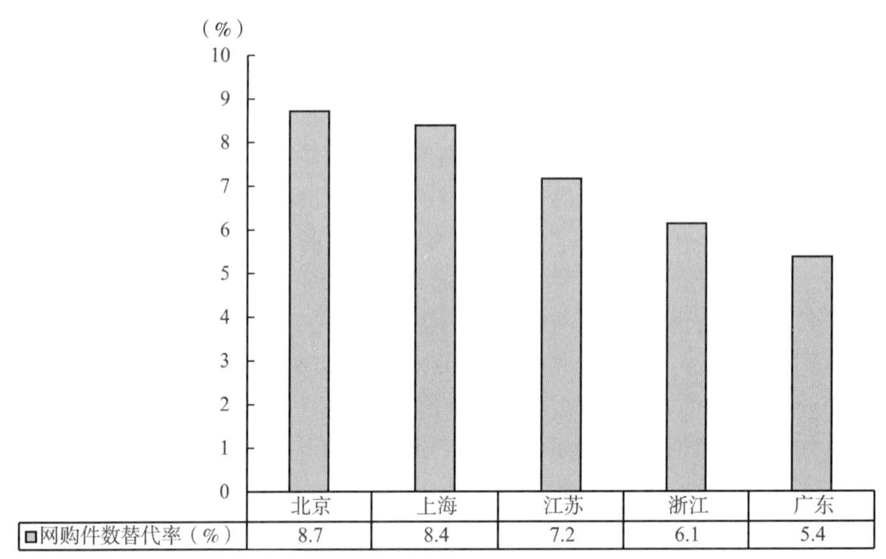

图 4　北京等五地区网购替代率

假定我国的人均 GDP 水平自 2018 年以后每年增长 5%，网购件数替代率将会提高多少呢？如图 5 所示。

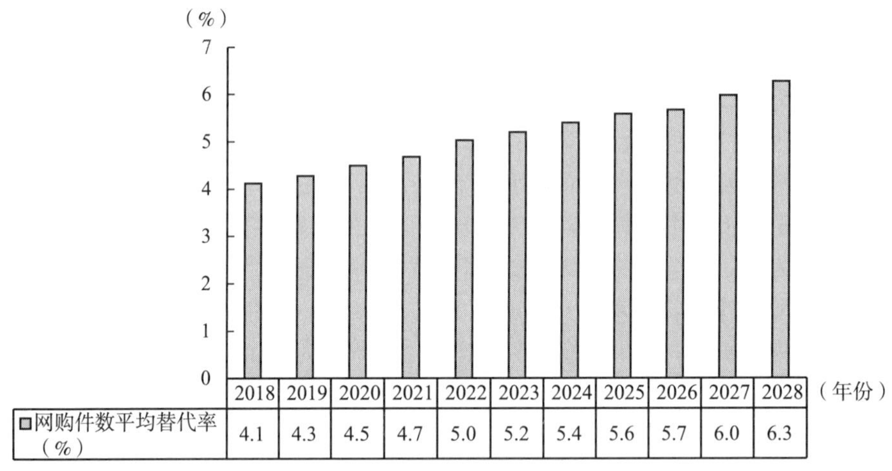

图 5　个人收入增长下的网购替代率

然而，如果按不同类型的零售商业来看，它们的网购件数替代率的变化不同。从购买商品的品种和数量看，越是一次大量购买，越是综合性的消费，平均的交易费用越低，相反则越高。网络交易显然首先替代的是交易费用高的商业组织形式，大概首先要属专业店，其次是综合商业中心，再次是便利店，最后是超级市场。如人们首先越来越多地从网上购买家用电器，电脑及其配件等，而有时还会去逛综合商城，经常到超市，每次买很多商品，几乎每天去便利店。

当人均收入每年增长5%时，变化比较大的是便利店和超市，综合商业中心变化较小，而专业店的网购替代率几乎不变。这是因为在现有收入水平条件下，人们已经用网购替代了体积重量大和路程远的商品购买（89%以上），收入水平再高也没有进一步替代的潜力了。而便利店和超市则处于实体店购买和网购的边缘上，只要收入水平提高，时间价值提高，人们就会用网购替代实体店购买，用快递员替代自己跑路（如图6所示）。

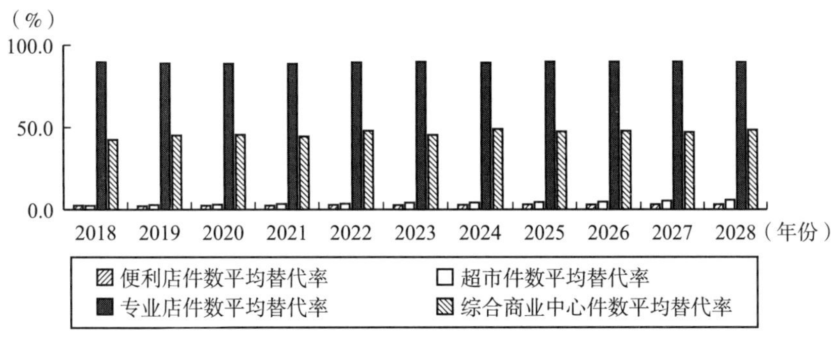

图6　四种零售方式的网购替代率

如果我们用网购替代率的增长率来描述，就会更为直观（如图7所示）。

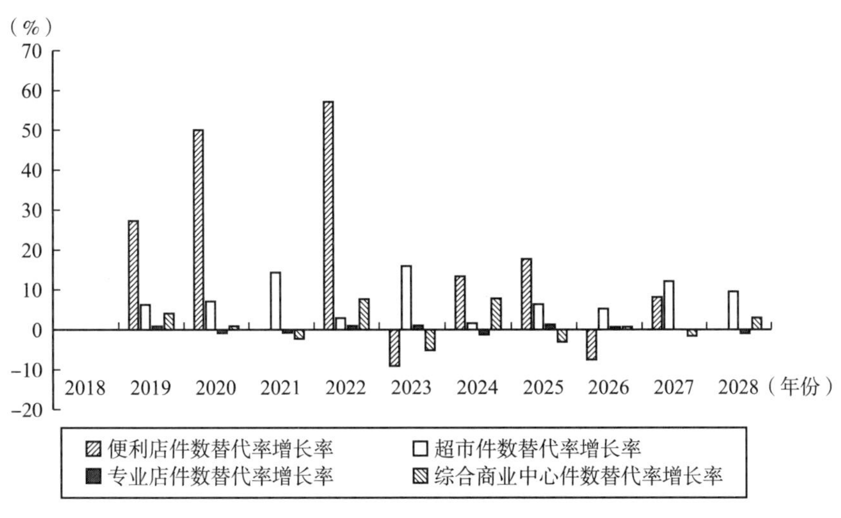

图7　四种零售方式的网购替代率增长率

假定收入水平不变，仍是2018年的收入水平，但快递单价每年下降5%，一直下降到原来单价水平的一半，结果如图8所示。

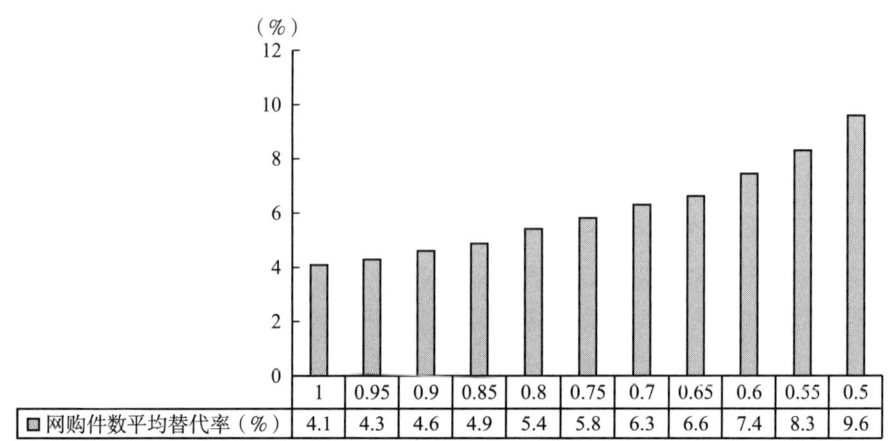

	1	0.95	0.9	0.85	0.8	0.75	0.7	0.65	0.6	0.55	0.5
网购件数平均替代率（%）	4.1	4.3	4.6	4.9	5.4	5.8	6.3	6.6	7.4	8.3	9.6

图8　快递单价下降下的网购替代率

可以看出，网购件数替代率对快递单价有所反映，当快递单价降低一半时，网购件数替代率提高了5.5个百分点。

与收入水平提高类似，便利店和超市的网购替代率会增长得更快。

与实体交易相比，网络交易还有一个优势，就是评价功能。消费者可以在购买商品后，在评价栏上对商品品质、卖家服务、发货速度、快递速度以退款速度作出评价，并能综合成分值，与其他电商对比。尤其是消费者可以写成具体的文字进行评价，这给其他潜在的购买者提供了更充分的信息。而在实体店中，我们不能获得这些信息。对于我们偶然逛到的一个实体店，就像一个没有历史的商店一样。网店的评价功能极大地减少了购买行为的不快后果，亦即提高了效用。

网络交易与实体交易相比的一个重要劣势，就是不能一手交钱一手交货。这涉及信任。人们最初的网购经验，大多是担心付钱以后能否获得自己满意的商品。然而网上支付平台的出现，如支付宝等的出现解决了这个问题。对于大多数人来说，支付宝不仅是一个支付手段，还是一个第三方信用担保。当他们发现收到的商品不满意时，就可以退货退款。一旦人们接受了网上支付手段，他们发现这比在实体店中的支付方便多了。人们在实体店还有可能在收银台前排队等待。于是，支付又变成了网购的一个优势。正因如此，新的模式很快就站住脚了。

三、不同商品的网购替代率

网络交易的这种优势，更大地体现在具有信息不对称的商品领域。在各种商品中，那些无须当面查验商品规格、花色和质量的商品，更容易通过网络进行交易。如很多人的网购是从购买图书开始的。这是因为人们更重视书的内容，其他方面差一点，如封面、版式等，都不是重要的。标准化的家用电器也是如此，人们看重的是它的内在质量，外观可在网上大致看到。而内在质量是无法用肉眼观察的，只能依赖于厂家的信誉。而服装、家具等则更需要当面看清。因而无怪乎，电商多是从卖书及 CD 开始的。如亚马逊、当当等。反过来，实体书店首先受到了网络交易的冲击。即使到电器实体店，一般很难直接拆箱测试。所以电子产品的销售更依赖于生产企业的信誉和商家的信誉。

而有些商品，如服装，主要的功能和质量体现在外表，所以到实体店挑选和试穿，效果更好。反过来，网络交易平台上的图片虽然也给出了服装外表，但服装的质量还取决于服装质料的手感，以及合身程度，所以图片与直接观看、触摸和试穿的效果还是有一定距离。另外实体店的规模受到覆盖半径的限制，越是半径小即距离近的服装实体店规模会越小，花色品种少，从而不能满足消费者的选择需要。

另外，商品价值的大小，商品的易腐性，商品的体积和重量，都会影响到具体零售商业形式的兴衰。商品价值越高，人们购买时就越谨慎，就越有可能直接到实体店去买；如人们很少在网上购买汽车。商品越易腐，也越不适于在网上购买。如人们还是倾向于自己直接购买新鲜食品。如果商品的体积和重量较大，人们就更倾向于让快递员送货上门。

理论上，我们可以把从外表判断商品质量的程度作为一个维度，对不同商品进行排序，从最不能判断内部质量，到一目了然，形成一个连续谱系；还可以将实感与图片的差距也照此办法排序；实体店规模与品种多寡，和实体店距离也可排序；商品的易腐性的排序；商品的体积和重量的排序；从而可以用来间接判断，一种商品是否更容易用网购替代实体交易。这四个指标可分别称为“信息内外对称性”“花色效用距离”“易腐性”和“体积与重量”。例如，服装的信息内外对称性就较高，比如为 0. 95，而电视机则为 0. 05；服装的花色效用距离为 4. 7 分钟，电视机为 90 分钟；服装的易腐性为 0. 2，电视机的易腐性为 0. 02；服装的体积与重量为 1，电视机的体积与重量为 19。

这些性质程度的大小都会影响到网购商品或服务的效用或成本，因而是直接影响网购率的因素。如信息内外不对称越强，越依赖于生产企业的信誉，而不是购买现场的检验，因而网购越不影响商品质量。所以网购不会降低购买者的效用。反过来，信息内外不对称性越弱，购买现场的检验就越重要，就越不依赖于网购；网购而不是在实体店购买，所带来的效用损失越大。花色效用距离直接就能估计出网购所替代的路程和运输成本。易腐性的高低也会影响消费者的效用。而体积与重量直接就影响到快递的成本。所以这些性质的程度都可以折合为成本或效用，也就可以用来直接估计网购对实体店替代的影响。

如信息内外不对称对效用的影响。在这里可以用价格来表示效用；对效用的影响可以用对价格的影响来表示。如：

$$P_{ia} = P(1 - IA)$$

IA 表示信息内外对称的程度，$0 < IA < 1$。信息内外不对称是相反的量度，即 $1 - IA$。此式表示，除非 100% 的信息内外对称，信息内外对称性越大，对网购的影响越大；信息内外不对称程度越大，对网购的效用越没有影响。这是因为，存在着“现场可观测性”，通过购买现场的观察，或试穿，甚至试吃，可以获得在网上看图片无法获得的有关商品的信息。而如果现场并不能获得更多的有效商品的信息，则到实体店购买就没有效用增量。$P_{ia} = P(1 - IA)$，意为信息内外对称性越大，对网购越有负面影响，即对网购价格产生负面影响；信息内外不对称越大，对网购价格降低的影响越小。

关于花色效用距离：

$$dC_{cd} = CD/S \times w$$

其中，CD 表示花色效用距离，S 表示速度，w 表示单位时间成本。dC_{cd}表示由于存在花色效用距离而产生的成本，其中各项，CD，S，w 的变动都会对成本产生影响。

关于易腐性对价格的影响：

$$P_{ec} = P(1 - EC)$$

EC 表示易腐性，$0 < EC < 1$。此式表示，易腐性越低，对网购效用的影响越小。

关于体积与重量：

$$dC_{vw} = VW \times c$$

其中，VW 是体积与重量，c 是单位体积重量的物流单价。dC_{vw}代表因体积重量的变化而导致的成本变化。

用这几个因素估计食品、非食品日常用品，大型电器和服装。我们假定如表 2 所示。

表 2　　几类商品的特性

	食品	非食品日用品	大型电器	服装
信息内外对称	0.5	0.6	0.01	0.6
花色效用距离（分钟）	4.0	4.0	14.0	6.8
易腐性	0	0	0	0.01
体积重量（公斤）	< 1	< 1	19	< 1

另外，根据我们的网上问卷调查，对去实体店而不网购的因素，价值高，体积大，新鲜易腐和亲自试的比重如图 9 所示。

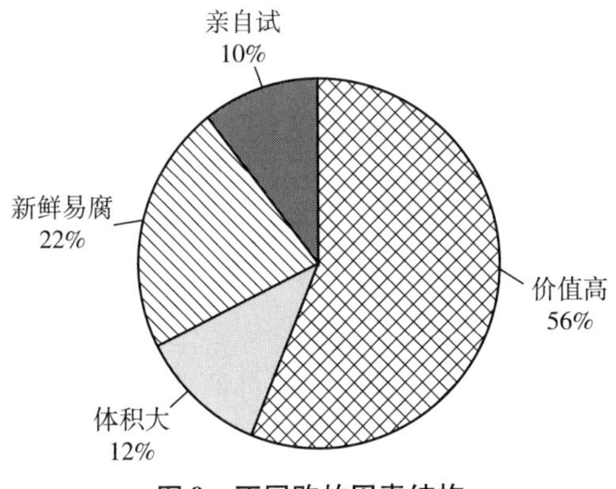

图 9　不网购的因素结构

我们将“价值高”直接反映在价格上，“体积大”和“新鲜易腐”直接就是“体积重量”和“易腐性”，而“亲自试”因素就是因为“信息内外不对称”的反映，即如果非常不对称，也就无须到实体店亲自试了。我们将问卷中这几个因素的比重作为上述“信息内外不对称”“易腐性”和“体积重量”因素的权重，纳入计算中。而“花色效用距离”可用购买时间价值来衡量，直接计入成本。

如果去掉价格因素，花色品种距离和体积重量这三个可以直接计算成本和价格的因素，则剩下两个到实体店购买的因素，信息内外不对称性和易腐性的权重如图 10 所示。

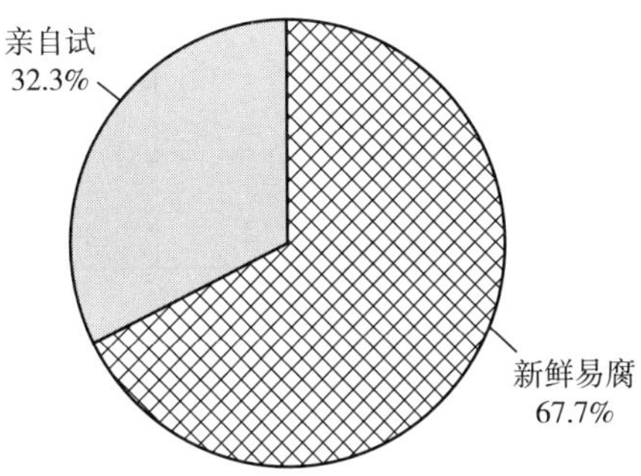

图 10　不网购两因素的结构

估计食品的网购件数替代率的公式如下：

假如：快递单价 + 商品单价/100 − 便利店路程时间 × 单位时间成本/件 − 便利店商品单价 ×（1 − 加权食品信息内外对称性系数）× 加权食品易腐性系

数×地租占销售额比重 < 0，则网购；

非食品日常用品网购替代率公式如下：

假如：快递单价+商品单价/100-超市路程时间×单位时间成本/件-超市商品单价×(1-加权日常用品信息内外对称性系数)×加权日常用品易腐性系数×地租占销售额比重 < 0，则网购；

大型电器网购件数替代率公式如下：

假如：快递单价×重量+商品单价/100-专业店路程时间×单位时间成本/件×重量-专业店商品单价×(1-加权大型电器信息内外对称性系数)×地租占销售额比重 < 0，则网购；

服装网购件数替代率公式如下：

假如：快递单价+商品单价/100-综合商业中心路程时间×单位时间成本/件-综合商业中心商品单价×(1-加权服装信息内外对称性系数)×地租占销售额比重 < 0，则网购；

其中，“商品单价/100”对应于因单价高而要到实体店购买的因素，其含义是，当商品单价高时，因在网上购买失误而可能导致的损失，在一定概率（假定为1/100）下，也就高。所以要加为成本。

可得出如图11所示的网购替代率的估计。

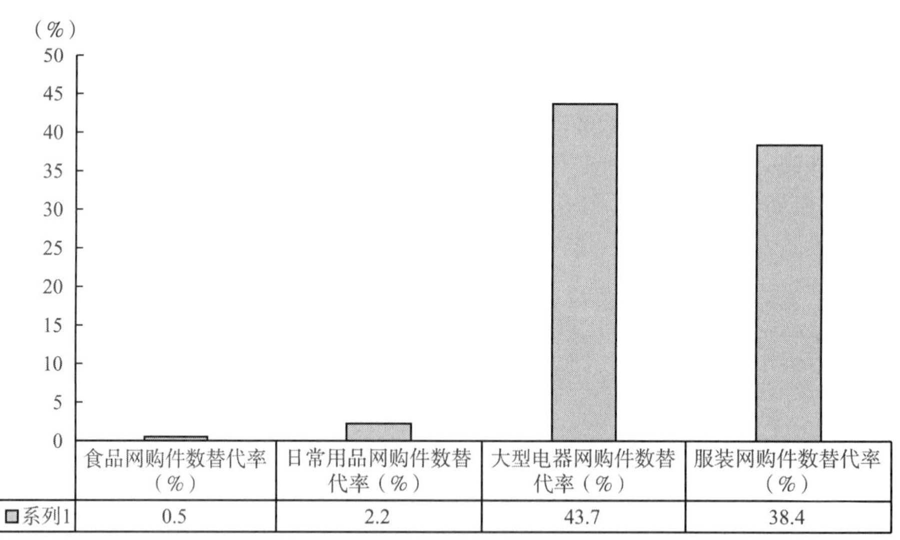

图11　四类商品的网购件数替代率

四、结　语

移动互联网环境下发展起来的电子商务，由于节约了消费者购买商品的交易费用，改变了物流的流动方向和形式，使实体零售店节约了门面和仓储的租金成本，代之以快递成本。当消费者节约的路程成本和网络零售店节约的地租成本大于快递成本和网购风险时，人们就选择网购，零售商就选择在电子商务平台上经营。

然而，不同的人收入不同，这会影响到单位时间成本进而影响路程成本，而到不同类型的零售店，便利店，超市，专业店或综合商业中心的距离和购买商品的类型、单价不同，也会影响到人们是否用网购替代到实体店。本文的研究表明，2018 年中国大陆的网购件数替代率约为 4.6%，网购价值替代率为 61.5%。

影响人们选择网购主要的两个因素是个人收入和快递单价。个人收入决定了时间成本，收入越高，时间成本越高，越愿意用网购替代实体店的购买。快递单价影响网购的成本，快递单价越低，人们越会选择用网购替代在实体店购买。当这两个主要因素变化时，网购替代率就会发生变化。在空间上，不同地方因平均收入水平不同而网购替代率不同，如城市的网购件数替代率为 5.7 个百分点，而农村则为 3.1 个百分点。我们也可以期待，随着收入的不断提高，网购替代率也会不断提高。而随着快递单价的下降，网购替代率也会显著提高。

参考文献

1. 张秋虹：《快递物流成本的分析与控制》，载于《经济视野》2017 年第 7 期。

2. 盛洪、钱璞：《零边际成本与虚拟地租》，载于《制度经济学研究》2018 年第 3 期。

Under what circumstances do people choose to go online shopping

SHENG Hong

(Independent Scholar)

[**Abstract**] In the e-retail environment, consumers save time and energy, retailers save store and warehouse rent, and increase express costs. When the express cost is less than the sum of the saved purchase cost and land rent cost, online shopping is worth it. This paper constructs a model, divides retail into convenience stores, supermarkets, specialized stores and comprehensive commercial centers, and divides commodities into four categories: food, daily necessities, large electrical appliances and clothing. It uses two main variables of personal income and express cost, and four factors, namely, information internal and external symmetry, varieties utility distance, perishability and weight and volume, gives the substitution rate of online shopping in different retail forms and different commodities.

[**Key Words**] Business Model Online Shopping the Substitution Rate of Online Shopping

JEL Classifications: M31

区块链如何影响公司治理规则：一个法经济学视角[*]

罗　迎[**]

【摘　要】区块链自发共识信任机制衍生出了“去中心化”“不可篡改性”“透明度”“代码化”四大技术特征，为解决经典“代理问题”与“控股股东问题”提供了成本更低的可能方案。基于区块链的公司治理规则不可能完全实现“代码化”，法律治理规则与代码规则相结合将成为现代公司治理的常态。区块链影响公司治理规则的法经济学理论基础是“交易费用”理论与科斯定理，其背后的法经济学逻辑在于区块链通过大幅度降低公司内部“代理成本”来引发治理规则改变。根据“交易费用”理论和科斯定理，当区块链大幅度降低公司内部“代理成本”，但尚与零“交易成本”有距离时，公司治理规则将产生局部性变革。此时，区块链将改变股东大会“年度集中”属性，缩短“通知期”。“同股不同权”投票表决权分配性规则将成为常态，“数字化”投票机制将成为法定主导投票机制。区块链将重塑解决“代理问题”的“监管策略”规则，增强抑制“控股股东问题”的规则实效。

【关键词】**区块链　公司治理　科斯定理　代理成本　“控股股东问题”**

中图分类号：**F069.9**　文献标识码：**A**

实现高效的公司治理是公司法追求的永恒主题之一。“代理问题”与“控股股东问题”是影响公司治理效能的两大痼疾。前者在股权分散的公司

---

* 本文受2020年国家社科基金重点课题项目“优化营商环境视角下营业权利保护研究”（项目批准号：20AFX018）；2020年湖南省研究生科研创新项目“中国外商投资企业知识产权保护法治化研究”（项目编号：CX20200466）的资助。

** 罗迎，湖南大学法学院博士研究生；地址：（410082）湖南省长沙市湖南大学南校区法学院；E-mail：B191900697@ hnu. edu. cn。

中表现更为突出，后者在股权集中的公司表现更为突出。传统公司治理规则解决上述两大难题是低效的，且所需花费的制度成本是高昂的。区块链凭借独特的技术特征和信任验证机制将大幅度降低解决“代理问题”与“控股股东问题”的成本，这将可能引起传统公司治理规则产生广泛而深刻的变革。区块链将如何从样态和路径等宏观层面影响公司治理规则？区块链影响公司治理规则背后遵循着怎样的法经济学逻辑？区块链又将如何从微观层面影响哪些具体的公司治理规则？等等诸如此类问题，皆是未来推动公司法现代化改革必须认真思考的问题。学界目前对这些问题的探讨尚不多见，亦不深入。本文拟从法经济学的视角出发探讨区块链影响公司治理背后遵循的法经济学理论基础及基本经济逻辑，阐明区块链影响公司治理规则的可能样态和路径，并就区块链将影响哪些具体的公司治理规则做出尝试性推理，以兹未来公司法改革借鉴之用。

一、区块链：技术特征及“去中心化”的信任机制

（一）区块链：概念及技术特征

区块链是一套组合型技术，包括分布式账簿技术、新型加密算法数据库技术、智能合约和互联网 TCP/IP 模型点对点传输协议技术等。中本聪于 2008 年在其论文《比特币：一种点对点的电子现金系统》[①] 中率先提出“区块链”一词，随后被学界普遍接受并沿用至今。虽然目前学界关于区块链尚无统一定义，但对“区块链本质上是一项分布式账簿技术”这一说法已基本达成共识。有专家将区块链定义为：运用密码学方法加密生成数据区块，并按照时间顺序排列链接而成的“去中心化”的分布式数据库，该数据库包含的数据信息不可篡改。[②] 著名比特币专家威廉·穆贾雅（William Mougayar）提出可以从三个视角来观察区块链的定义：从技术角度看，区块链是一个可以公开检视的“去中心化”或“分布式”账簿数据库；从商业视角来看，区块链是一个不需要中介就能在个人之间实现交易、价值和资产转移的交易网络；从法律意义来看，区块链是一种不需要传统信用中介实体就可以实现交

① 参见 Bitcoin：A Peer－to－Peer Electronic Cash System，https：//bitcoin. org/en/bitcoin－paper，2021 年 7 月 5 日访问。

② 长铗、韩锋、杨涛：《区块链：从数字货币到信用社会》，中信出版社 2016 年版，第 47 页。

易信用自主认证的机制。[1]

从上述对区块链下的定义中，我们可以感知区块链的多重属性并推知其基本技术特征。具体而言，区块链具有以下几个基本特征：

第一，"去中心化"或"分布式"。区块链的每个节点都可以实时获得当前挖矿节点已经发布的相同、完整、准确、最新的公共数据账簿信息副本，并不断保持同步更新。区块链不依靠一个传统集中式中央权威机构来完成账簿信息数据的更新和信用维护，而是通过各个分散的节点交互达成共识机制的方式来共同维护账簿数据库信用。因而其是"去中心化"或"分布式"的。

第二，"不可篡改性"。"区块链"是"区块"+"链"的组合体。每一个"区块"就是记录某种信息的一个区域位置，区块中的信息通过 SHA－256 等加密哈希算法换算成一组散列的数字，这组散列的数字位于当前信息记录区块的底端，同时该组散列的数字被复制于下一个信息记录区块的最上方，这样这组散列的数字就将两个信息记录区块串联起来了。这组使用哈希算法将区块中的信息换算成的散列数字就是区块链中的"链"。哈希算法是一个单向度的密码换算机制，因而使用哈希算法函数对区块中的信息加密的过程是一个不可逆的过程。因此，区块链的"不可篡改"特性首先体现在其是一个单向度加密编码，且以时间为顺序加盖时间戳形式排序的非重复数据库。此外，由于区块链上的每个节点均有一份相同、完整、准确、最新的账簿副本，单个节点仅篡改自身账簿信息意义不大。因为如果需要改变一个交易记录，人们不仅要篡改相关区块信息，而且还要篡改所有的后续区块信息。在此过程中，其他节点均可凭借手中的账簿副本发现这种篡改并广播通知其他节点，那么，其他节点将不信任这个被篡改区块上的数据，最终整个区块链数据网络也就将不信任这个被篡改的数据。理论上，当区块链上 51% 的节点均被篡改数据才有可能实现篡改者的意图，但在实践中几乎难以操作。因此，一旦一个区块上的信息经各个节点互相验证后被纳入整个区块链之中，它就被认为是不可篡改的，并永久地记录于区块链"分布式"账本之中。由此可见，区块链凭借其"不可篡改"的技术特性能够促进各方之间的透明度和信任。

第三，极高的透明度或私密性。区块链可分为公共区块链和私人区块链。公共区块链上的信息对全网所有节点均可见，且能实现实时在线更新账簿信息，因而具有极强的透明度特性；私人区块链上的信息通过加密之后仅掌握密钥的人可见，因而具有极强的私密性。

第四，"代码化"。以区块链中的智能合约技术为例，智能合约是一段能够按照事先约定好的条件来自动执行的计算机编码程序。在智能合约中，人

---

[1] 参见威廉·穆贾雅：《商业区块链：开启加密经济新时代》，林华、涂红等译，中信出版社 2016 年版，第 5 页。

们可以就交易事项及条件事先进行约定，这些约定可以被编写成计算机编程代码程序，然后由计算机按照编码程序自动执行。

（二）区块链“去中心化”的“自发共识信任机制”

区块链的优势在于建立了一种“去中心化”或“分布式”的自发共识信任机制。自发意味着不是事先商定后形成的共识。这种共识的产生是区块链内所有分散的节点遵循共同的简单验证规则，在异步交互验证的过程中达成的。① 区块链“自发共识信任机制”的法律意义在于：它将导致传统中央权威实体所代表的规则化信任机制被分散的“点对点系统”所代表的数字化信任机制所取代。这套“去中心化”或“分布式”的自发共识信任机制衍生出了区块链的所有技术特征及其商业应用。区块链“自发共识信任”的基本运作机理大致可分为四步（如图 1 所示）：第一步，当区块链中某个优先胜出的诚信节点在所在区块上添加了经过哈希算法加密转化为新的信息记录时，这个节点依照相应的智能合约就会立即自动向全网其他所有节点“广播”这条刚添加的新的数据记录，同时生成一个记录新信息的新区块。第二步，由于可能出现信息延迟和节点死机等情形，因而不同的节点在接收消息时不可避免地会有先后顺序之分。其他接收节点需要各自按照接收这条新信息记录的时间先后顺序对这条新的数据记录进行初步的合法性检验。第三步，经过一段时间，全网所有节点均接收到这条新的数据记录之后，此时就需要按照“分布式共识协议”② 算法对包含这条新的数据记录的新区块进行合法性、正确性验证，从而形成全网节点一致的共识。第四步，当全网达成一致共识之后，记录这条新的信息的新区块将被纳入整个区块链条之中统一存储起来。一旦完成这一步，则该新区块中的信息将不能被篡改，同时全网所有节点将同步更新记录这个新区块上所载的信息。

---

① 参见安德烈亚斯·安东诺普洛斯：《区块链：通往资产数字化之路》，林华、蔡长春译，中信出版社 2018 年版，第 225 页。

② “分布式共识协议”是指在一个有 n 个节点的系统中，每一个节点都有一个输入值，其中一些节点可能具有故障，甚至是恶意的。一个分布式共识协议有以下两个属性：第一，输入值的中止须经所有诚实节点来确定。第二，这个输入值必须由诚实节点来生成。那么，所有的节点是如何对一个区块达成共识的呢？一个方法是，在一个时间段里，比如说每隔十分钟，每个节点都提议，自己的未被认可的交易成为已经达成共识的区块链后面的下一个区块，然后那些节点会执行一些共识协议，每个节点把自己提议的区块作为输入。但不可避免地，有些节点可能是恶意的，存心要把不当交易放进区块里，其他节点则是诚实的。如果共识协议能够顺利完成，一个正当有效的区块会被选作输出值。尽管有些被选出的区块是又一个节点提交，但只要这个区块是正当有效的，输出就是正当有效的。参见阿尔文德·纳拉亚南、约什·贝努：《区块链：技术驱动金融》，林华、王勇译，中信出版社 2016 年版，第 39 ~ 40 页。

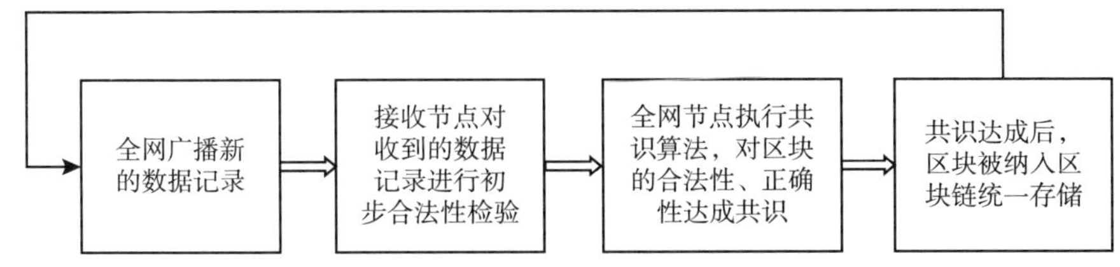

图1　区块链“自发共识信任机制”运作机理流程

区块链“去中心化”的自发共识信任机制为解决分布式状态下传统公司各利益相关主体的多方信任问题提供了可能。传统公司记账方式依赖的是一套“中心化”的复式记账体系，而区块链的引入将以“去中心化”的分布式记账体系替代传统公司“中心化”的复试记账体系。分布式共享账本的使用不会直接影响共享账本信息的真实性和完整性，但它们可以让公司利益相关主体轻松监控交易并识别可能对账本信息的造假行为。换言之，区块链以不特定的多方共同记账方式取代过去单方记账方式，使得公司的各利益相关主体如股东、董事、监事、高管等共同记录和使用一本不可篡改的账本，从而解决传统公司面临的多方信任难题。这预示着区块链技术将对传统公司法律规则产生变革性影响。

二、基于区块链的公司治理规则：完全“代码化”是否可行？

（一）基于区块链的公司治理规则完全“代码化”面临的困境

基于区块链的公司治理规则完全“代码化”将遭遇法律规则模糊性与代码规则明确化的冲突性困境。一旦区块链“去中心化”的思想被引入变革公司治理组织机构的实践中，现行公司治理监管法律规则如何加以回应，便成为一个十分现实的问题。一些具有自由主义思想的投资者可能会希望生活在一个完全由区块链和智能合约代码规则主导，而不必依据现实世界中的法律治理规则来运行的区块链商业应用场景之中。这种思想被称为“法律规则代码化”。哈佛大学法学院教授劳伦斯·莱斯格（Lawrence Lessig）提出“代码即法律（Code is Law）”，意指随着数字技术的出现，代码逐渐成为规范网民行为的主要方式，就是此思想的代表性观点。但他曾进一步解释道：“代码与法律、市场、准则共同对网络空间中的各种行为进行调整，基于代码的软件或协议会决定人们利用互联网的方式。”① 这就意味着代码无法完全取代法律来规制网络空间的行为。事实上也是如此，法律规则转化为代码等技术性规则并不容易。法律规则是以自然语言写成的一般规则，自然语言本质上是含糊不清的。而技术规则要求电脑程序可识别和执行，追求规则语言具备确定性，它要转化为代码需要依靠正式的算法和数学模型。因此，代码规则总是比它要实施的法律规定更具体、明确，更不灵活。② 换言之，虽然计算机代码可以比法律更有效地执行规则，但它也有一系列的局限性，主要是因为它很难将法律规则的模糊性和灵活性转化为机器可以理解和解释的正式、明确的语言。公司治理中常常会涉及一般性判断标准的理解和解释问题，这些一般性的判断标准通常具有较大的模糊性，需要经验丰富的司法审判人员在个案中行使自由裁量权加以认定。譬如，公司“法人人格否认”规则中的适用条件问题、“公司僵局”的判断标准问题等皆需要法官在个案中行使自由裁量权来加以认定并适用。因此，公司治理法律规则并不能完全实现“代码化”。

区块链公司治理规则完全“代码化”将遭遇“法律救济”和管辖权困境。完全依靠代码规则来运行区块链自治组织中的商业活动也将产生一系列难以克服的问题。如 DAO（“去中心化的自治组织”）公司是美国一个名为 Slock · it 的技术团队依靠区块链技术设立的“去中心化”投资基金，它与传统实体基金组织有所不同，既不存在集中的管理层架构（如首席执行官、基金经理等），又不存在线下的实体公司，其完全依据智能合约中设定的代码规则来自动执行各项投资事项。这是“去中心化”自治组织依据代码规则自主运转的初步尝试，但 2016 年 5 月发生的 DAO 去中心化自治组织遭到黑客攻击、损失上亿资金的惨重事件③，使人们意识到区块链上的网络空间仅依靠代码来维持运转是不太现实的，法律在代码世界发挥监管治理作用的空间仍然较大。譬如，在上面那个案例中，如何救济投资者的损失就需要法律和监管者的介入。此外，DAO 自身的运作及其所遭受到的来自黑客的攻击，并没有仅停留在自己设置的代码规则的真空环境之中。相反，这两者都引起了美国证券交易委员会和市场监督管理局的极大关注。如美国证券交易委员会（SEC）对 DAO 发行初始代币的活动开展合规性调查后，认为 DAO 项目出售的代币协议属于“投资合同”，应该被认定为“证券发行人”，应受联邦证券

① Lawrence Lessig, Code is Law: On Liberty in cyberspace, http://www.mba.intercol.edu/Entrepreneurship/UT%20Computer%20Science%20Course/Code_is_Law_Lessig.pdf.

② Filippi P D, Hassan S, “Blockchain Technology as a Regulatory Technology: From Code is Law to Law is Code”, 12 Social Science Electronic Publishing, 7 (2018).

③ 参见去中心化自治组织 DAO，被黑客攻击损失上亿，有哪些优点和缺陷，载于 https://www.sohu.com/a/444240024_120981574，2021 年 7 月 8 日访问。

法上的证券发行规则的约束。① 同时，美国 SEC 发布的调查报告还直接声明："任何声称纯粹的基于区块链技术衍生的自治组织都要受区块链或开发的业务所联系的国家领土的法律规范性框架的约束。"② 这意味着任何与区块链公司业务相联系的国家或地区均有可能对区块链公司拥有管辖权，此时将引发各国之间的管辖权冲突。

（二）基于区块链的公司"三层空间"治理规则样态解析

基于区块链的公司治理规则难以完全实现"代码化"。区块链可分为链内、链上和链外三层空间，对这三层空间上规则的形态应当作具体分析。区块链公司的链内空间主要是由计算机编程语言组成，在技术上可以做到完全去"中介化""无实体化""代码化"。区块链公司的链上网络空间并非是完全独立的、不能被监管的空间，它与现实商业世界存在着千丝万缕的勾连。尽管未来代码规则可能在区块链上的网络空间具有类似现实世界中法律一样的作用，但并不意味着代码可以完全替代法律治理规则来规范网络空间中人们的一切行为。③ 以往互联网监管的历史已经证明，只要有可能、有需要法律进行干预的地方，则政府和法律就会尽可能地拓展它们监管的触角。代码固然可以在区块链链内的网络空间使电脑执行自动化的指令操作，但背后影响的却往往是现实世界中人们的利益和资源分配关系。如 DAO 公司本质上是一个由代币持有者控制的组织，虽然该代币持有者通过智能合约在区块链上进行操作，但是 DAO 公司必须受到与所有常规公司相似的法律和法规的约束，才能在现实世界中进行互动和开展业务。④ 在现实人类世界中，法律始终是确保人们公平参与资源分配的最后一道防线。因此，只要区块链公司上的网络空间中的行为涉及现实世界人们的利益关系，那么，法律在区块链公司链上网络空间治理中的重要地位就永远不会被完全替代。区块链的链外空间是现实世界，当然要受到现实世界法律的规制。现在问题的关键在于如何衔接链外现实法律监管与区块链链上的代码规则，使二者保持协调的对应关

---

① 参见 Op Ed：The SEC Is Watching Cryptocurrencies，So Beware – But Don't Overreact，https：//www. nasdaq. com/articles/op – ed%3A – the – sec – is – watching – cryptocurrencies – so – beware – but – dont – overreact – 2017 – 10 – 04，2021 年 7 月 8 日访问。

② 参见 SEC Issues Investigative Report Concluding DAO Tokens，a Digital Asset，Were Securities，https：//www. sec. gov/news/press – release/2017 – 131，2021 年 7 月 8 日访问。

③ 保罗·维格纳、迈克尔·凯西：《区块链：赋能万物的事实机器》，凯尔译，中信出版社 2018 年版，第 47 ~ 48 页。

④ See Dulani Jayasuriya Daluwathumullagamage & Alexandra Sims，"Blockchain – Enabled Corporate Governance and Regulation"，36 International Journal of Financial Studies，10 – 11（2020）.

系。目前有两种方法可以实现协调目标：要么遵循技术中立的方法[①]，也即根据已经生效的规范性条款进行管理，但这些条款需修正以涵盖区块链这种新的技术工具；要么通过颁布特别的关于区块链公司治理的法律规定，使国内和国际层面上遵循同一种规则。实际上，任何区块链公司既无法摆脱来自国际或国家层面发布的规范性条款的约束，也无法避免司法审判程序的介入。因此，区块链公司治理法律规则不能完全实现“代码化”。未来基于区块链的公司治理规则体系必定包含实体法律治理规则与网络空间虚拟代码规则两大类型的规则。[②] 这意味着实体法律治理规则与代码规则相结合将是区块链时代公司治理的常态。

三、区块链变革公司治理规则的法经济学解析

（一）传统公司治理规则的主要功能之一：解决三类“代理问题”

从法经济学的视角来看，公司治理规则设计的重要功能之一就是要降低“代理成本”以解决“代理问题”。公司治理法律规则确立了公司利益相关者之间利益协调的基本运作规则。投资者所有权与委托经营管理作为公司形式的两大法律特征共同构成了公司治理的基础，也衍生出了公司治理规则需要加以解决的“道德风险”难题。“道德风险”是指具有信息优势的一方可能会利用他们的信息优势，通过牺牲他方的利益来获利，其主要表现为“损人利己”倾向。[③]“道德风险”的实质是事后的信息不对称。在公司治理中最为经典和常见的“道德风险”主要涉及“委托—代理”问题。“委托—代理”问题是指当委托人的利益实现完全取决于代理人的行为时，作为代理人天然具有利己的机会主义倾向，其所获私利主要是通过减损委托人利益的方式来取得的。抑制代理人这种利己主义冲动、激励代理人积极为股东利益行事需

---

① “技术中立方法”这一术语首次用于描述美国1996年电子通信隐私法的范围。综合来看，技术中立的方法认为技术改进是一种工具，与以前的工具不同。作为一个形式问题，它们可以根据已经生效的规范性条款进行管理，而这些条款只需进行修正以包括新的工具。因此，应该有相同的在线和离线规则。关于技术中立方法的例子，可参见《联合国国际贸易法委员会电子可转让记录示范法》的规定。

② See Werbach, Kevin, “Trust, but Verify: Why the Blockchain Needs the Law”, 33 BerkeleyTechnology Law Journal, 487 – 550 (2018).

③ 泰勒·考恩、亚历克斯·塔巴洛克：《考恩经济学（微观分册）》，王弟海译，格致出版社2018年版，第426页。

要额外付出监管成本。这种成本被称为“代理成本”，其实质是取得代理人诚实、有效履行委托人所托事项的成本。[①]因此，“代理问题”的核心在于如何确保和激励代理人为委托人利益而非仅仅为自身利益行事。其困难在于：由于代理人通常比委托人拥有更多关于相关事实的信息，委托人无法轻易向代理人展示他的行为表现正是符合其之前的承诺。因此，代理人就存在采取“机会主义”行动的动机。[②]

从广义的视角来看，公司法意义上的内部治理规则的核心问题在于解决三种类型的“代理问题”。[③] 第一类“代理问题”最为经典和常见，也可称为狭义的“代理问题”，主要涉及股东与董事等管理层之间的利益冲突。此时股东作为公司的所有权人即为委托人，而董事、经理等管理层是代理人。其前提是股权分散、所有权与经营权严格“两权分离”，核心问题在于如何确保管理层为全体股东利益而非仅仅为自身利益行事。[④]第二类“代理问题”涉及大股东与小股东、控制股东与非控制股东之间的利益冲突。该类“代理问题”也被称为“控股股东问题”或“大股东问题”。此时，大股东为代理人，小股东为委托人；控制股东为代理人，非控制股东为委托人。其核心问题在于如何确保后者利益不被前者剥削。第三类“代理问题”涉及公司本身与外部第三人之间的利益冲突。这里的外部第三人包括但不限于公司的债权人、公司的缔约方、雇员。此时，公司作为代理人，外部第三人作为委托人。其核心问题在于如何抑制公司实施各种偏离外部第三人利益的行为冲动。传统公司法为降低这三种“代理问题”的“代理成本”而设计了不同的治理规则。

（二）区块链变革公司治理规则的法经济学理论基础：“交易费用”理论与“科斯定理”

区块链技术所具备的透明度及“去中心化”等特性天然地有助于降低委托人监管代理人行为的成本。一般而言，解决公司治理中因“道德风险”产生的“代理问题”的法经济学思路有两种：第一种，通过规则设计要求公司治理中信息占优势主体及时披露更多的真实信息从而减少信息不对称，也即提高信息透明度；第二种，通过规则设计施加有效的激励或严厉的惩处措施

① 理查德·A. 波斯纳：《法律的经济分析（原书第7版）》，蒋兆康译，法律出版社2012年版，第582页。

② “机会主义”指的是实施欺骗、失实或不诚实因素的自我利益行为。

③ 参见莱纳·克拉克曼：《公司法剖析：比较与功能的视角》，罗培新译，法律出版社2012年版，第37页。

④ 参见阿道夫·A. 伯利、加德纳·C. 米恩斯：《现代公司与私有财产》，甘华鸣、罗锐韧、蔡如海译，商务印书馆2005年版，第130～139页。

以削弱公司治理中信息优势方过度牟取私利的倾向，也即提高激励预期收益或增加预期成本。①表1列举了传统公司法上常见的关于解决“代理问题”的规则。这些规则包括：（1）股东大会规则；（2）公司财务会计与信息披露规则；（3）监事会与独立董事规则；（4）期权或股权激励规则。其中，股东大会规则、公司财务会计规则及信息披露规则就是遵循第一种法经济学路径设置的；而监事会规则、独立董事规则、期权或股权激励规则就是遵循第二种法经济学路径设置的。由于“道德风险”的存在源于事后的信息不对称，而区块链技术本身所具有的透明度、“去中心化”等特性可以抑制公司治理中信息占优势方实施“道德风险”行为的倾向，这有助于降低公司治理中的“代理成本”。因此，区块链技术所具备的信息透明度、“去中心化”、“不可篡改性”及“自动化”四大技术特征为解决公司治理中的“代理问题”提供了新的替代解决方案，将深刻地影响此表中所列举的现行规则。

表1　　区块链将影响哪些与公司治理相关的现行规则

信息不对称问题	同公司治理相关的现行规则解决方法	区块链的影响
公司治理中的“道德风险”（“委托—代理”）问题（本质：事后信息不对称）	1. 股东大会系列规则。股东通过股东大会行使任免权、决策权以及采取信托激励策略来试图解决“股东与管理层”之间的“代理问题”，实际上，它是股东定期掌握管理层行为信息的一种形式，有助于减弱事后信息不对称。	区块链技术所具备的信息透明度、“去中心化”、“不可篡改性”及“自动化”四大技术特征为解决与公司治理相关的“道德风险”问题提供了新的替代解决方案，将深刻地影响此表中所列举的现行相关规则。
	2. 公司财务会计与信息披露规则。几乎所有国家的公司法都规定了财务会计规则，要求公司遵守会计准则，便于股东核实利润并评估管理层工作绩效等方面的信息。这有助于减弱事后信息不对称。此外，法律要求公司及管理层应主动向外部投资者披露为自身的投融资活动融资的公司的详细情况，提高信息透明度，从而减少“代理成本”。	
	3. 监事会与独立董事规则。监事会是经典“公司三会”制度之一，其功能在于监督董事、经理等管理层的行为，旨在增加管理层的预期成本的方式来解决“代理问题”。一些国家也设置了独立董事规则，其功能和原理同监事会制度相类似。	
	4. 期权、股权等激励规则。此类规则旨在将管理层利益与公司全体股东利益挂钩，形成“利益共同体”式的制约机制。它是通过提高管理层的预期收益的方式来解决公司治理中的“委托—代理”问题。	

① 参见泰勒·考恩、亚历克斯·塔巴洛克：《考恩经济学：微观分册》，王弟海译，格致出版社2018年版，第427页。

区块链变革公司治理规则仍然需遵循法经济学原理。由于区块链变革公司治理规则的重要功能之一仍是降低“代理成本”，这与“交易费用”理论的核心思想是较为一致的。著名法经济学家科斯（Ronald H. Coase）于1937年提出“交易费用理论”。他在《企业的性质》一书中解释企业存在的问题时详尽地阐述了“交易费用理论”的核心思想。他认为企业的产生是因为它利用市场“价格机制”的成本较低，导致极大地节约了市场“交易费用”，也即费用较低的企业内交易代替费用较高的市场交易作用下的结果。[①] 这里的企业实际上主要是指代公司。“交易费用”是指确立和维持产权的成本[②]，它实际上包含两个方面的成本，一方面是通过价格机制来组织生产的最明显成本就是发现相关价格的成本，也即寻找市场中的交易主体和发现相关商品和服务的价格所产生的成本，这些成本导致市场中发生的每一笔交易均存在谈判、签约的成本；另一方面的成本是指执行不同合约的成本，也即为履约所产生的一系列费用。[③] 当企业未产生之前，市场上的交易主体必须跟企业内部每一生产要素的所有者达成一系列的合约，而每签订一项合约均需付出成本；当企业产生之后，需要签订的合约虽然并不会被取消，但却大大减少了，且长期合约替代了短期合约。这样，企业的诞生就能够节约若干市场交易费用了。[④] 因此，可以说，企业的产生首先是市场经济中各交易主体竞争节约交易成本理性选择下产物，其次才是公司法律所拟制的“人”。尽管公司的独立法律人格及市场交易法定主体地位来自法律的授权，但市场中公司这种商业交易组织形式的变革要先于法律的承认和许可。“交易费用理论”强调了公司这种新型的组织形式能够极大地削减内部“交易成本”。这既表明“交易成本”的大幅度降低将引起法律规则产生深刻变革，又表明以公司这种经济组织为核心而构建起来的一系列公司法律规则的最初目的，就在于保障能够大幅度削减市场交易费用的公司组织能够得到高效运转。这就需要确立各种公司治理规则来协调公司内部各利益相关主体之间的利益关系。这也预示着如果区块链参与辅助公司治理能够再次大幅度地降低内部“交易成本”，那么，区块链参与辅助公司治理也将引起传统公司治理规则产生变革。

区块链变革公司治理规则必须遵循法经济学逻辑，法经济学逻辑是讲求制度成本与经济效益互动影响的。法律经济分析学派所依据的“科斯定理”可以作为尝试分析区块链对公司治理影响的理论和逻辑框架。法律经济分析

---

① 赖勤学：《思想国》，知识产权出版社2016年版，第101页。

② 斯蒂文·G. 米德玛：《再论产权、交易成本和科斯》，罗君丽、李井奎、茹玉骢译，载《科斯经济学：法与经济学和新制度经济学》，格致出版社、上海三联出版社、上海人民出版社2010年版，第117页。

③ Coase R H，“The Nature of the Firm”，4 Economica，386 - 405（1937）.

④ 参见威廉姆森、温特：《企业的性质：起源、演变和发展》，姚海鑫、邢源源译，商务印书馆2007年版，第25～27页。

学派认为不同的法律规则设计会影响经济行为的成本与效益对比及资源配置效率，其理论依据是“科斯定理”。科斯在1960年发表的《社会成本问题》[①]一书中把市场外部性和交易费用问题联系起来，进而实际上创立了“科斯定理”。他认为“如果市场交易是无成本的，那么通常会出现权利的重新安排，假如这种安排会导致产值的增加的话；但是，当市场交易费用高到难以改变法律已经确定的权利安排时，一旦考虑到进行市场交易的成本，那么合法权利的初始界定会对经济规则的运行效率产生影响”。[②] 尽管科斯是“科斯定理”的创始人，但科斯却没有直接使用精简的语言将“科斯定理”概括出来。真正使用简洁的语言完整表述了“科斯定理”的是法经济学派和新制度经济学派，其代表人物是威廉姆森（Williamson）[③]和斯蒂文·G. 米德玛（Steven G. Medema）。在法经济学派和新制度经济学派看来，“科斯定理”实际上包含三大定理：当交易费用为零时，无论法律规则对权利分配如何安排，都可以通过市场交易实现社会资源配置的帕累托最优。换言之，在一个交易费用为零的场合下，无论法律规则将权利分配给何人，权利都将自然地转到愿意为其支付最高费用的人手中。付出最高费用的人将基于法律获得被分配的权利，或者将从初始分配到权利的人手中转让到权利。[④] 此为“科斯第一定理”的基本思想；在交易费用通常较为高昂的真实经济活动中，产权的初始界定会对资源配置效率产生影响。[⑤]更为确切地说，当交易费用很高以至于阻碍当事人之间的谈判时，权利的初始安排极为重要，不同法律规则做出的权利安排所具有的交易费用与经济资源的配置效率之间存在反比关系。[⑥]此为“科斯第二定理”的基本思想。科斯第二定理是科斯定理的核心内容，它揭示了不同法律制度的权利安排将对资源配置效率产生不同程度的影响；关于“科斯第三定理”，有学者总结道：“在交易费用大于零的现实世界，制度安排的生产本身是有成本的。选择何种制度安排取决于制度生产的成本与由此带来的收益比较，最佳的制度安排应当是收益最大化的。”[⑦]

作为科斯第二定理的推论，科斯第三定理暗示法律制度应当尽可能使交易变得更加容易，交易成本更低。当然，科斯第三定理也强调在交易的费用

---

① Coase R H, “Problem of Social Cost”, 3 Journal of Law & Economics, 1 - 44 (1960).

② 罗纳德·哈里·科斯：《财产权利与规则变迁》，刘守英等译，上海三联书店、上海人民出版社2004年版，第19~20页。

③ Williamson, O. E, “Economic Organization: The Case for Candor”, 21 Academy of Management Review, 49 (1996).

④ 参见沃德·法恩斯沃思：《高手：解决法律难题的31种思维技巧》，丁芝华译，法律出版社2009年版，第62页。

⑤ 参见汤自军：《法经济学基础理论研究》，西南交通大学出版社2017年版，第59页。

⑥ 参见罗纳德·哈里·科斯：《企业、市场与法律》，盛洪、陈郁译，格致出版社2009年版，第13页。

⑦ 袁庆明：《新制度经济学》，复旦大学出版社2012年版，第75页。

大于零的世界，法律制度的权利设计本身也是有成本的，并且这种成本也会影响法律制度的权利安排及资源的配置效率。① 这意味着一旦交易费用发生大幅度改变，法律规则也将不得不对原先的权利配置重新做出调整，从而使调整后的新法律规则所做出的权利安排尽可能地符合资源优化配置的需要。依据此原理可以得知，区块链若想要变革传统公司治理规则，就须能够大幅度地降低公司治理中所需的"交易费用"。这是区块链变革传统公司治理规则应当遵循的核心前提。由此可以得出一个显而易见的推论：只有当区块链参与辅助公司治理能够大幅度地降低公司内部治理"交易费用"时，区块链才能变革传统公司治理规则。其法经济学逻辑在于，区块链通过大幅度降低公司治理中所需的"代理成本"来改变支撑传统公司治理规则存在和得以维持的"交易费用"，从而使传统公司治理规则不得不加以调整以适应"交易费用"大幅降低后对资源优化配置带来的新影响。

（三）区块链变革公司治理规则的法律经济分析

如前所述，区块链变革传统公司治理规则的法经济学逻辑在于区块链通过大幅度降低公司内部"代理成本"来引发治理规则的改变。从法经济学的视角来看，区块链变革公司治理规则涉及一系列的成本与效益分析。根据"交易费用理论"的基本思想来考量，区块链可以节约传统公司治理中所需的部分必要"交易费用"，从而使传统公司产生较大的收益：

第一，区块链将降低解决公司治理中的"代理成本"。由于基于区块链上平台的交易事项可以实现实时共享，这意味着控制股东或董事、经理等管理层实施的对外交易将变成"实时在线直播"，因而会对控股股东或董事、经理等管理层利用信息优势实施"内幕交易""关联交易"等偏离全体股东和公司利益的行为偏好有所抑制，这降低了"代理成本"。此外，区块链的实施可以降低会计和审计成本。区块链可以降低会计成本，这表现在公司各个部门的财务会计信息能够直接、及时地被记录到区块链账簿系统之中，会计师不必再实施信息汇总。② 同时，区块链也可以降低财务审计成本。在公司区块链平台上对股东内部保持较为透明且不可篡改的财务会计信息，可以提高信息透明度以降低股东与管理层之间的信息不对称，从而使审计财务造假变得相对容易，也有助于解决"道德风险"问题。总之，区块链的透明度特性可以使公司信息披露、禁止内幕交易、财务审计等规则的功能得到进一

---

① 参见凌斌：《界权成本问题：科斯定理及其推论的澄清与反思》，载于《中外法学》2010 年第 1 期。

② See C. Vijai, Worakamol Wisetsri, "URR Blockchain and Distributed Ledger Technology (DLT): The Future of Accounting", 58 Journal of Human Kinetics, 322 (2021).

步强化。

第二，区块链将大大降低公司的组织成本。公司契约理论认为，公司是由一系列合约组成的，这是复式记账时代的公司底层逻辑。区块链所代表的“分布式”记账体系改变了传统公司的复式记账和合约体系，对公司组织内部的利益相关者的行为进行精确记录、即时分配和验证。区块链将基于其“去中心化”和“不可篡改性”的技术特性来真实地记录行为信息以精准地对公司管理层和员工实施股权或期权激励，从而大大提高组织激励效率。[①]同时，基于区块链技术衍生的智能合约可以降低公司治理中股东与股东、股东与董事、董事与监事、职工与经理之间需要经常重复进行磋商的成本。此外，基于现实中合同本身的不完备性，因而公司多次交易中需要制定大量合同这一过程本身就需要花费较大的成本。[②] 从技术上说，智能合约既可以将一些常见或低概率的格式化事项和谈判条件载入合约中，又可以实现自动执行。前者可以节省谈判和签约的成本，后者可以节省部分履约的成本。

第三，区块链可以降低公司治理中的各种“中介”成本。在公司内部治理中，公司决策行为需要经过公司内部一系列高度集中的权威“中介”机构来做出并传递，这一般需要花费较多的行为、组织和时间成本，而使用区块链技术辅助传统公司治理可以实现减少内部“中介化”机构流程的效果，使公司治理结构呈现出“扁平化”的“分布式”特征。[③] “扁平化”的层级制可以使公司内部利益相关者更直接、积极地参与决策过程，在此种情形之下，公司的决议不再完全由其中央权威机构来制定和监督执行。这有利于降低公司内部的组织和行为成本，提高利益相关主体参与公司治理的积极性。譬如，世界著名四大会计师事务所之一的德勤公司开发的区块链治理平台大大减少了“中介化”流程，可以使投资人直接、快捷地参与公司行为的管理和决策。[④] 在公司治理外部，借助区块链支持的公司治理，将对经纪人、银行和律师等中介机构的需求将大大减少。这意味着证券市场中介机构规则将发生革命性的变化。

第四，区块链可用于建构高效的股权交易、结算系统，进而改善公司股

---

① 参见龚焱、李磊、于洪钧：《公司制的黄昏：区块链思维与数字化激励》，机械工业出版社2019年版，第124～125页。

② 参见斯蒂文·沙维尔：《法律经济分析的基础理论》，赵海怡、史册译，中国人民大学出版社2013年版，第272页。

③ See Fenwick, Mark and Kaal, Wulf A. and Vermeulen, Erik P. M., Why “Blockchain” Will Disrupt Corporate Organizations. Lex Research Topics in Corporate Law & Economics Working Paper No. 2018-3, U of St. Thomas (Minnesota) Legal Studies Research Paper No. 18-17, European Corporate Governance Institute (ECGI) - Law Working Paper No. 419/2018, Journal of the British Blockchain Association, Available at SSRN: https://ssrn.com/abstract=3227933 or http://dx.doi.org/10.2139/ssrn.3227933, 2021-6-3, 2021年7月10日访问。

④ 吴大器：《2016年上海国际金融中心建设蓝皮书》，上海人民出版社2016年版，第232页。

权交易效率。从股票交易的视角来看效率，是指能够在短时间内以低成本交易大量股票的能力。传统股权交易存管系统与结算系统之间难以实现精准的“货银对付”①，也即股票交易确权与资金结算之间总是存在一定的时间差的。基于区块链技术构建的股票登记和交易平台，理论上可以消灭清算这一中间环节，实现理想型的“货银对付”，从而极大地缩短执行和结算股票等证券交易所需时间，进而极大地提高股票交易效率。借助区块链的“去中心化”技术特征，股权交易中可以大量减少各种中介机构的参与，从而降低股票交易所需的佣金和买卖价差带来的各种成本。② 公司股权交易效率的改善既能极大地满足股票高频交易的要求，又有利于“积极股东”③ 更快速地进入和退出公司，进而部分“积极股东”可以通过出售股权的方式来影响公司管理层以达到增加自己在公司治理中的话语权的目的。④ 总之，股权交易转移到区块链平台将减少信息冗余、降低成本和提高交易速度，从而提高绩效。⑤ 实践中，区块链技术已经可以实现股票、债券等证券交易的实时全额结算，这意味着股权交易效率得到了前所未有的改进。例如，2015 年 12 月，美国证券交易委员会（SEC）批准了在线零售商 Overstock. com 通过区块链在互联网发行股票的计划，该公司利用区块链技术开发出了一个 T +0 的证券结算交易平台，这是对美国现行 T +3 股票结算的重大突破。⑥

当然，区块链参与辅助传统公司治理虽然会节约部分的必要交易费用，但也可能产生新的必要管理成本。譬如，布局区块链系统和编写区块链软件代码所需的物理成本是必要成本之一。公司股东、管理层及会计师等利益相关主体使用区块链系统辅助参与公司治理需要事先经过培训，这也将产生一笔额外的管理成本。此外，区块链系统有可能存在漏洞，修改更新系统也需

---

① “货银对付”，即指交钱和交货这两个动作被包含在一个不可分割的操作指令中执行，要么同时成功，要么同时失败。它通常而言就是指“一手交钱，一手交货”。在现行股票交易登记与结算系统中，资金的划拨是通过银行体系，而股票的转让是通过中央登记存管机构实现的，是没有办法做到真正的原子级的货银对付的，“中介机构”的存在导致交钱和交货总有较长的先后时间差。

② See Ivan Monich, Riumkin, Potekhina, “Blockchain – a Revolutionary Solution to Problems of Modern Corporate Governance”, 14 Corporate Governance, 10 (2016).

③ “积极股东”是指“股东积极主义”视野下的股东。传统股东理论认为股东对参与公司管理持消极态度，但是在当前现实的公司治理的实际状态之中，机构投资者、大股东甚至是中小股东都在积极地寻求参与公司治理。这种现象被称为“股东积极主义”，而上述这些股东被称为“积极股东”。See Hamdani, Assaf, and Sharon Hannes, “The Future of Shareholder Activism”, 99 BostonUniversity Law Review, 983 (2019).

④ See Edmans A, Fang V W, Zur E, “The Effect of Liquidity on Governance”, 26 Review of Financial Studies, 1453 (2013).

⑤ Max Di Gregorio, Blockchain: A new tool to cut costs, https: //www. pwc. com/m1/en/media – centre/articles/blockchain – new – tool – to – cut – costs. html, 2021 年 7 月 11 日访问。

⑥ 参见 George · Wang: 让你对“区块链”不再陌生，载搜狐网 https: //www. sohu. com/a/133417275_472858, 2021 年 7 月 11 日访问。

要花费额外的成本。

四、区块链变革公司治理规则：何种规则“变”及如何“变”？

（一）区块链影响公司治理组织规则的可能路径

当前，区块链渗入影响现实商业样态尚属于早期阶段。尽管区块链对未来公司治理组织形式和结构产生何种影响仍面临着较大的不确定性，但从现有的一些发展迹象和技术特征来看，它会对传统公司治理组织规则带来变化是确定的。究竟区块链会对公司治理的组织、形式、结构和规则产生何种决定性影响，取决于投资者在具体商业实践中如何衡量区块链嵌入公司治理后所可能产生的收益与成本。根据科斯所提出的“交易费用”理论与科斯定理，公司这种经济组织形式之所以受到投资者的普遍欢迎，主要是因为这种经济组织形式能够极大地降低市场中商业活动的交易费用。这意味以“交易费用”的视角来推测，区块链变革公司治理规则至存在两种可能路径：

第一，区块链引入公司治理领域将导致公司治理组织规则产生局部性变革。如果区块链及其衍生的智能合约技术应用于公司治理能够起到较大幅度地降低公司内部、外部交易费用的作用，除去区块链技术应用过程中产生的额外交易费用之外，仍然普遍要比未应用区块链参与辅助公司治理之前的状态所需花费的内外交易费用更低①，那么，区块链参与辅助公司治理将受到投资者的欢迎并将加速其商业化应用的进程。根据“科斯定理”第二定理，公司这种经济组织形式虽然会得到保留，但是其内部治理规则将需要加以调整以符合新情况之下资源优化配置的需求。当然，在这种情形之下，区块链改善公司治理效益的作用是辅助性的，也即区块链将辅助增强现有集中式公司组织管理形式的决策和执行功能。但是，基于区块链技术辅助运行的公司也将产生新的治理问题，需要调整相应的法律规则安排。譬如，股东参与股东大会的方式将发生极大的改变。此时，区块链引入公司治理领域将导致公司治理组织规则产生局部性变革，公司治理组织规则需要进行现代化改造以适应新的需求。

第二，公司治理组织规则将可能产生根本性变革。如果基于区块链平台而发展出的新商业经济组织比单纯将区块链引入辅助传统公司内部治理所产

① See Goorha P, “The Return of ‘The Nature of the Firm’: The Role of the Blockchain”, The Journal of British Blockchain Association, 3 (2018).

生的“交易费用”更低时，根据科斯第三定理，公司这种经济组织形式的主导地位将会逐步被新商业经济组织所取代。此种情形之下，基于区块链的公司将可能会是一种新型的商业组织类型，也因此可能需要开展新的经济分析和构建新的治理机制。这种新商业经济组织可能完全依照区块链“去中心化”思想衍生出“扁平化”或“分布式”的商业社区自治组织，它无须权威的中央管理层或组织层次结构。这种新的、分散式的自治商业组织也许会逐步取代传统“集中式管理”公司作为当代最具效率经济组织的主导地位。① 它可能借助智能合约来自主执行监管治理机制，进而克服传统公司治理中“代理问题”所产生的信任困境。② 此时，满足基于区块链技术构建起的新商业经济组织需求的治理法律规则也将会逐步建立起来。与此同时，区块链网络平台的公司治理将被定义为利益相关者对网络本身行使议价权的过程，这将涉及区块链平台治理利益相关者权利的再次调配。③ 这些利益相关者可以被界定为所有受区块链平台网络所影响和能够影响到区块链平台网络的人，这包括代币持有人、矿工和创始人。由于新的利益相关者将被涵盖进来，公司治理组织规则将可能产生根本性变革或者直接促使产生新的商事主体法律。

（二）区块链赋能股东大会规则实现现代化改造

现行年度股东大会规则是依照传统公司治理理论构建起来的，它主要通过行使对董事等管理层成员任免权来试图解决“股东与管理层”之间的“代理问题”。就理论上而言，年度股东大会规则能够起着帮助股东监督董事、经理等管理层行为的重要作用，从而有助于降低解决公司治理中“代理问题”的成本。更为具体地说，年度股东大会实际上承担着三项主要的功能：（1）信息通报功能。在年度股东大会上，董事等管理层需要向出席大会的股东报告公司的年度经营状况、利润与负债情况等信息。（2）发言和提议功能。年度股东大会为各位股东发表意见、互相提问、交流想法提供了场所和机制保障。（3）决策功能。年度股东大会可以对董事会成员的任免、公司重大的经营与投资事项作出决定。其中决策功能是年度股东大会的核心功能。④

---

① See Fenwick, Mark, and Erik P. M. Vermeulen, “Technology and Corporate Governance: Blockchain, Crypto, and Artificial Intelligence”, 48 Texas Journal of Business Law, 1 – 16 (2019).

② See Shermin V, “Disrupting governance with blockchains and smart contracts”, 26 Strategic Change, 499 – 509 (2017).

③ Allen, Darcy and Berg, Chris, Blockchain Governance: What We Can Learn From the Economics of Corporate Governance. Available at SSRN: https: //ssrn. com/abstract = 3519564 or http: //dx. doi. org/10. 2139/ssrn. 3519564, 2021 年 7 月 13 日访问。

④ See Lafarre A, Christoph V, “Blockchain Technology for Corporate Governance and Shareholder Activism”, 8 Social Science Electronic Publishing, 8 – 11 (2018).

尽管股东大会在公司治理中具有重要地位，但股东大会规则的权利架构自19世纪英国创制公司法以来几乎没有发生重大的改变。随着现代公司治理实践中管理权日益变得更为重要，年度股东大会的功能已部分地被董事会或管理层架空，尤其是作为核心功能的决策功能被逐步弱化。

在实体和程序性规则上，区块链可以辅助股东大会规则强化自身信息通报、发言和提议、决策三大功能的发挥。参加股东大会是股东行使投票权以维护自身投资利益的重要手段。股东参加股东大会投票所需的条件均可在公共区块链投票系统上得到满足，这些条件包括交易验证、安全、透明度。具言之，基于区块链的投票平台功能将在以下规则层面变革股东大会规则，从而促进其迈向现代化：

第一，法定“通知期”和股权记录日期将被极大地缩短。目前各国召开股东大会的法定“通知期”普遍较长，多数规定为15天，但各国公司法的规定也有一些差异。譬如，中国有限责任公司的“通知期”不少于15天，股份责任公司的“通知期”不少于20天。其他国家如奥地利（≥14天）、丹麦（≥8天）、德国（≥30）、美国（≥10）、法国（≥35）、英国（≥21）。记录日期，即股东登记参加股东大会的截止日期。尽管欧盟《股东权利指令》对记录日期有所规定，但各国仍存在一定的差异。例如，荷兰要求记录日期为会议前28天，而法国要求3个工作日，英国只要求48小时。[①] 较长的通知期和记录日期，对股东的即时决策造成了限制。借助即时传输资料的技术特征以及实时生成具备表决权股东名单的功能。在股东大会召开临近时，公司区块链能够确保每位有表决权的股东都能及时得到通知并接收到与会议有关的资料。区块链将极大地缩短召开股东大会的法定“通知期”和记录股权日期，并可以设置得更接近于截止日期。这为各国统一“通知期”和记录股权日期规则提供了契机，有助于推动公司法上的部分规则实现全球化趋同。

第二，股东大会投票表决权分配性规则将产生变革，传统“一股一权”投票规则的基石地位将被削弱，而“同股不同权”投票规则将成为一项重要的“常态性”规则。传统股东大会投票表决权分配性规则通常要求遵循“一股一权”的投票规则，但是新兴科技股份公司所要求的“双层股权”更能代表公司创始人希冀在未来仍保持“控制权”的商业实践需求，其强调区分优先股与普通股之间在投票权分配层面的差异性。“双层股权”结构所要求的“同股不同权”规则实际上规定了投票权在不同类型股东之间的分配。但在传统代理投票系统之下，“同股不同权”规则要纳入作为投票表决权的基础

---

① Directive 2007/36/EC of the European Parliament and of the Council on the exercise of certain rights of shareholders in listed companies [Shareholder Rights Directive] [2007] OJ L157/87, art 5 (1) and art 8 (3).

性分配规则加以执行，在程序保障上异常烦琐且成本高昂。对此，区块链可以通过其分类账投票系统便捷地实现“同股不同权”投票规则的自主执行。区块链投票平台可以识别出优先股与普通股在投票权之间的实质性差异，从而可以帮助不同类别的股东进行多主题和频率的投票，这有助于股东通过积极行使投票表决权的方式影响公司重大事项的决策，进行间接参与公司治理。① 智能合约允许私人分类账的结构，以便包括公司章程、法律中的多数规则和访问权等所有相关信息都包含在区块链中。② 这对绝大部分发展中国家公司治理规则的变革具有积极的法律意义。如中国在科创板上市的公司正在试行“同股不同权”规则，区块链技术可以解决该规则纳入公司法之后所可能引发的“道德风险”。

第三，在遵循法定表决权生效规则的前提下，实现股东大会投票表决权生效性规则的“个性化定制”和自主执行。绝大多数国家公司法规定股东大会选举董事、做出生效决议时通常需遵循多数决规则，也即需经出席会议的股东所持表决权的过半数通过。当然，涉及公司的重大事项需经出席会议的股东所持表决权的2/3以上的多数通过。这表明股东大会依照事项重要程度的不同而设计了差异化的投票生效规则。通过在区块链平台上执行智能合约的方式可以实现股东大会投票规则的多元化设置。譬如，区块链既可以帮助公司通过章程自主设定投票生效规则，又可以帮助设置单个股东投票表决权上限（实质在于抑制大股东滥用“控制权”）和下限规则（实质在于保护小股东）并自主执行。一旦某个提案被放在区块链上，区块链投票平台将立即通知持有公司股份的股东，这样股东就可以在短时间内行使他们的投票表决权。股东在公共区块链上可以核实他们的投票。投票结果可能会在一个截止点后即时生效，从而使决定具有约束力和可验证性所必需的多数要求，需要在一个特定的时间范围内达到。③

第四，基于区块链技术而实现的“数字化”投票机制将成为新的法定投票机制类型，且将取代传统投票机制的主导地位。传统上，股东参加年度股东大会、行使表决权的投票机制通常包括三种：邮寄或远程投票、投票代理征集、通过托管机构或其他机构的代理投票。④ 股东通过上述三种投票机制参与投票的成本普遍过高，也难以实时动态反映投票过程和结果，实际缺乏

① See Lafarre A, Christoph V, “Blockchain Technology for Corporate Governance and Shareholder Activism”, 8 Social Science Electronic Publishing, 9 (2018).

② Daniels, Alexander, “Blockchain and Shareholder Voting: A Hard Fork for 21st Century Corporate Governance”, 21 University of Pennsylvania Journal of Business Law, 426 (2018).

③ See Yao J, Wei L, Liu T, “Blockchain – Based Voting System”, 3 Computer System Networking and Telecommunications, 5 (2020).

④ 莱纳·克拉克曼等：《公司法剖析：比较与功能的视角》，罗培新译，法律出版社2012年版，第59页。

透明度和公正性。这导致各国公司中小股东参加股东大会投票的参与率不高。其原因在于，空间距离过长或时间冲突等程序性原因导致小股东参与股东大会的成本往往大大高于收益。境外股东跨境投票信息传递的准确度和可验证性也较差，成本同样居高不下。这是因为跨境股东参与投票的程序中需要众多中介机构的参与，中间程序性环节过多。[①] 据欧盟于2017年出台的《股东权利指令》披露，当股东参与的投票环节涉及许多中介机构时，信息并不总是从公司传递给其股东，股东的投票信息也不总是准确地传递给公司。[②] 区块链的透明度特性可以帮助传统投票机制实现“数字化”“透明化”变革，股东可以通过近乎即时的“分布式”投票机制来积极参与公司治理。借助区块链的“去中心化”和“透明度”特性，在股东大会召开期间，公司区块链既可以提供电子投票、远程投票、视频投票等多样化的投票形式供股东行使表决权，又可以直接反映每位股东可能的提案内容。[③] 前者增加了股东参与股东大会的便捷途径、降低了参与股东大会的成本，进而提高了股东尤其是小股东参与影响公司治理的积极性；后者可以反映出每位股东对公司重大事项的真实意愿，提高股东投票内容的完整性。2017年，美国特拉华州出台了三项专门针对区块链记录的法案（SB182、SB183、SB184），其中SB184号法案规定：“受托人的投票可以通过电子传递方式提供，包括使用电子网络或数据库，包括分布式电子网络或数据库（区块链）。”[④] 这表明该州已经在其立法中明确允许使用区块链作为“数字化”投票机制的技术载体。这无疑有助于提升股东尤其是小股东、跨境股东参加股东大会的便捷度、参与度和透明度。这同时也意味着基于区块链技术实现的远程“数字化”投票机制将取代传统投票机制的主导地位。

第五，区块链可能使股东大会不再保有“年度集中”的传统属性。股东大会具有年度集中的属性是由其组织成本高昂和决策反应效率较低两大因素决定的。现在，基于区块链“去中心化”“透明度”及即时传输数据的技术特性，区块链既可以极大地降低公司的组织成本，又可以降低股东的投票成本并提高决策的速度，从而增强股东大会发言和决策两大功能，使股东大会成为一个及时、高效的决策机构。这意味着那些对股东大会

---

① See Yu T, Lin Z, Tang Q, “Blockchain: The Introduction and Its Application in Financial Accounting”, 29 Journal of Corporate Accounting & Finance, 40－44 (2018).

② Directive (EU) 2017/828 the European Parliament and of the Council of 17 May 2017 amending Directive 2007/36/EC as regards the encouragement of long-term shareholder engagement [2017] PB L132/1, recital 8.

③ See Heminway, Joan MacLeod, and Adam J, “Sulkowski. Blockchains, Corporate Governance, and the Lawyer's Role”, 65 Wayne Law Review, 30 (2019).

④ 参见美国特拉华州州长签署一批区块链法案，载于 https://www.sohu.com/a/244053056_100176996，2021年7月15日访问。

“年度集中”属性具有决定性影响的制约条件很大程度上将被区块链消除。同时，这也将引发重要的法律问题：在区块链技术的参与之下，传统线下具有经典物理实体的年度股东大会是否需要被废除？若不废除，而将其与基于区块链的线上股东大会并存，则公司法上的股东大会规则应该如何调整以适应此种新情况？

（三）区块链将重塑解决“代理问题”的“监管策略”规则

就公司治理而言，不论区块链对未来公司治理形式和结构产生何种变革性影响，只要公司这种经济组织形式存在，那么，遏制公司治理中“道德风险”以降低“代理成本”将仍然是良好公司治理规则追求的永恒主题之一。《公司法剖析：比较与功能的视角》一书总结出了传统公司法解决“代理问题”的十大法律对策。这套针对性的治理规则体系可划分为“事前”与“事后”两大规则体系。就规则属性而言，“事前”与“事后”规则体系中均包含了“监管策略”和“治理策略”这两种属性的规则。表2总结了公司法规则中保护股东（委托人）的十大策略①，清晰反映出“事先”与“事后”规则体系、“监管策略”与“治理策略”之间的内在逻辑关系。其中“监管策略”有四种，包含事先的禁止性、准入规则和事后的判断性标准、退出规则；“治理策略”有六种，包含事先的选任、提议、信托规则和事后的罢免、否决、奖励规则。其中，“监管策略”以公司法实体治理规则为依托，以禁止董事、经理等管理层做出有损全体股东利益的行为或决策为内容，尝试通过信息披露及股东退出权利保障规则来强化公司股东对管理层行为进行直接约束的能力。“监管策略”要取得预期作用，关键在于法院或公司证券监管机构能否正确判断出公司管理层行为的合规与否。这就需要具备一套概念明确、可操作性强、行之有效的信息披露标准与规则，以便保障法院或证券监管机构能够将法律的强制性规范作为基本遵循，用以判断公司管理层行为是否合规。“治理策略”则具有内部强制规范的属性，以公司股东通过股东大会行使任免权、决策权以及实施薪酬激励为手段，旨在尝试提升公司股东通过股东大会规则对管理层的间接控制能力。它是对公司管理层行使终局性地控制为目标构建起来的，它所要求的信息披露相对于“监管策略”而言偏弱。“治理策略”所能取得的效果如何，取决于公司各位股东通过股东大会规则对管理层协调行使控制权的能力。

---

① 参见莱纳·克拉克曼：《公司法剖析：比较与功能的视角》，罗培新译，法律出版社2012年版，第40页。

表2　公司法规则中保护股东（委托人）的十大策略

	监管策略		治理策略		
	对代理人的约束	附属条件	任免权	决策权	对代理人的激励
事先	禁止性规则	准入	选任	提议	信托
事后	判断性标准	退出	罢免	否决	奖励

由于“治理策略”的实质在于保障股东行使对管理层成员的任免权、决策权以及实施激励的权利，这些权利的行使基本上依赖股东大会规则来实现。鉴于笔者在前述中已经探讨过了区块链对股东大会规则的影响，因而此处对“治理策略”无须过多赘言。现在问题的关键在于要阐明区块链对“监管策略”的影响。

“监管策略”可能涉及公司法上的一系列实体规则。“监管策略”下对代理人的约束策略包括事先的禁止性规则与事后的判断性标准两个方面。①事先的禁止性规则主要是指通过在公司法实体规范层面上事先明确规定董事、经理等管理层的哪些行为是被允许或禁止的规则。譬如，这些规定包括董事股权转让的限制规则、股利分配的限制规则、禁止董事实施内幕交易的规则、禁止董事实施关联交易的规则等。事后的判断性标准是一个开放性的合规标准，它需要法院或公司证券监督机构行使自由裁量权，才能事后认定管理层的行为是否合规。譬如，公司法要求董事、高管对公司履行忠实与勤勉义务规则就是一种事后的判断性标准规则。“监管策略”下的附属条件策略是一套关于设定公司股东与管理层之间建立代理关系的条件性规则，包括设定准入和退出条件规则。如公司证券市场上的强制信息披露规则作为准入条件规则可用以减弱“股东—管理层”之间的信息不对称；而股份转让权规则作为退出条件规则可以给管理层带来预期成本增加的风险。股份转让权规则不仅保护了当期股东及时抽身止损的权利，而且为心怀“敌意收购”目的的外部投资者创造了随时进入控制公司运营、更换行为不当的管理层的可能。

区块链对“监管策略”的影响是实质性的。良好的透明度和信息披露是公司治理的基础，它能使股东能够做出知情的决策并让公司高管及时承担责任，从而限制了与信息不对称相关的代理成本。② 公司区块链可以提高公司治理相关主体行为的信息透明度以强化信息披露规则功能的发挥，进而降低“代理成本”。传统公司法理论和立法均要求董事、经理等管理层积极履行忠

① Louis Kaplow, “Rules Versus Standards: An Economic Analysis”, 42 Duke Law Journal 558 (1992).

② See Fung B, “The Demand and Need for Transparency and Disclosure in Corporate Governance”, 2 Universal Journal of Management, 75 (2014).

实、勤勉以及信托义务，但实践中却频发董事、经理等管理层漠视股东权利和滥用代理权以中饱私囊的情形[①]，导致经典“代理问题”突出，进而引发“代理成本”急剧增长。对此，区块链可为降低“代理成本”提供新的可能。基于区块链的透明度和不可篡改特性，公司区块链上的信息记录功能可以实时、清晰地追踪公司董事、高管等管理层对外交易的买入与卖出的整个过程，管理层的内幕交易、关联交易等操作将留下不可篡改的记录，这将有助于削减公司治理中“代理问题”带来的监管成本；此外，在公司治理实践中，董事、经理等管理层也深受如何准确、高效地实施员工行为监管与薪酬激励计划等问题的困扰。董事、经理等管理层可以利用区块链中的智能合约技术来自动监督员工行为及执行员工薪酬激励计划。[②] 公司公共区块链能够将与公司合规性相关的行为信息都记录下来，使实施过不合规行为的人显露出来。[③] 这对改善财务审计和员工监管治理效能而言意义重大。上述区块链的应用场景都有助于强化信息披露规则的功能以减弱公司治理中的信息不对称，从而降低“代理成本”。

（四）区块链将增强抑制“控股股东问题”的规则实效

控股股东与非控股股东、大股东与小股东之间的矛盾实际上在发展中国家公司治理规则需要解决的问题中占据着重要地位。控股股东或大股东利用优势地位滥用“控制权”侵害非控股股东或小股东利益的情形较为常见，这类问题被称为“控股股东问题”或“大股东压迫小股东问题”。如中国公司治理中的股权结构主要表现为“一股独大”或“多股合大”。在此种股权结构之下，有两种情形成为常态：在有限责任公司中，中小股东的利益经常被大股东直接或间接使用各种手段加以侵害，股东之间的“内斗”现象颇为严重；在股份有限公司中，非控股股东的利益经常因控股股东或“实际控制人”滥用“控制权”而被侵蚀。其常用的策略诸如关联交易、内幕交易、自我担保等。尽管由此所引发的控股股东或“实际控制人”滥用“控制权”的问题在中国公司治理实践中普遍存在，但却并未得到现行公司治理规则设计

---

① 参见王建文：《论董事“善意”规则的演进及其对我国的借鉴意义》，载于《比较法研究》2021 年第 1 期。

② See Turkec, Batuhan, “Legal Tech, Smart Contracts and Blockchain”, 22 GSI Articletter, 253 (2020).

③ See Arlen, Jennifer, The Story of Allis – Chalmers, Caremark, and Stone: Directors' Evolving Duty to Monitor. NYU Law and Economics Research Paper No. 08 – 57, Available at SSRN: https://ssrn.com/abstract = 1304272 or http://dx.doi.org/10.2139/ssrn.1304272, 2021 年 7 月 18 日访问。

应有的重视。这从《中华人民共和国公司法》仅有第21条①、第216条②两个条款分别提到了“控股股东”一词中可见一斑，但这两个条款对“控股股东”行为均无实质性的义务或责任等规制性内容，因而难以对“控制权”滥用行为起到真正抑制作用。同样，自中国于2015年的《中华人民共和国公司法》修正案中纳入“实际控制人”这一法律主体以来，截至2021年，中国现行公司法针对“实际控制人”的规定几乎没有变动，仍然是寥寥几款、缺乏实质性的配套规制措施。对此，区块链可以辅助构建起抑制“控股股东问题”的有效规则，从而有助于解决“控股股东问题”。

从法经济学的视角出发来考虑，区块链解决“控股股东”或“实际控制人”问题的有效的规则设计路径之一是提高控股股东行为的信息透明度。完善的关于控股股东行为的信息披露规则是提高控股股东行为信息透明度的重要组成部分。中国于2020年3月1日颁布施行的《中华人民共和国证券法》制定了更为严格的信息披露规则，其第七十八条要求增强信息披露的“及时性”。区块链的技术特征恰好能够实现2020年施行的《中华人民共和国证券法》对信息披露的“及时性”要求。借助区块链的透明度、不可篡改特性，所有股东和其他公司利益相关主体均能在公司区块链上实时查看股权分配结构和内容。区块链平台还可以实时显示股东的行为记录，这也在一定程度上有助于抑制控股股东滥用“控制权”的冲动。另一种较为有效的规则设计路径是增强中小股东的权利保护以提高控股股东或实际控制人实施“恣意”行为的预期成本。从理论上来说，现行股东代理投票权规则、投票权征集规则、股东查阅权规则、股东提案规则、累积投票规则及股份回购退出规则等均有助于减少此类“控股股东”或“实际控制人”问题。但遗憾的是，上述规则在公司治理实践中既存在无法消除中小股东参与行使权利的能力成本的问题，又存在难以协调中小股东内部利益冲突以共同行使投票权进而抵御大股东或控股股东“滥权”行为的弊端。③ 这些均导致中小股东行使股东权的成本居高不下、可操作性亦不强，从而使中小股东对大股东、非控股股东对控股股东的制约性不强。区块链技术将对这些规则加以改造，降低这些规则的运行成本，使上述规则发挥出其应有的功能。对中小股东而言，区块链将提高大股东或控股股东实施“暗箱操作”行为的“曝光度”，从而使中小股东能够及时使用股份回购、累积投票等规则维护自身的合法利益。

---

① 《公司法》（2018年修正）第21条规定：“公司的控股股东、实际控制人、董事、监事、高级管理人员不得利用其关联关系损害公司利益。”

② 《公司法》（2018年修正）第216条第2、3款分别对控股股东和实际控制人的概念做了解释，并未提到实质性的规制内容。

③ 参见高丝敏：《论股东赋权主义和股东赋能主义的规则构造——以区块链应用为视角》，载于《东方法学》2021年第3期。

结　语

传统公司治理规则应对“代理问题”和“控股股东问题”是低效率的。区块链为解决上述两大难题提供了成本更低的可能方案，这对传统公司治理规则产生的影响是实质性的。基于区块链的公司治理规则无法完全实现“代码化”。区块链辅助参与公司治理将极大地降低公司治理内部的三种类型“代理问题”下的“代理成本”，同时引起公司治理规则朝着局部性或根本性变革路径产生变化。区块链变革公司治理规则仍然遵循科斯定理，其变革路径走向的根本决定因素在于区块链能够在多大程度上降低公司内部治理的“代理成本”。区块链将使股东大会规则实现现代化改进，并改进解决“代理问题”和“控股股东问题”的实体规则。由于篇幅所限，本文仅就区块链对公司治理规则的主要影响做出了阐述，而对非主要的影响有所省略。笔者认为关于区块链对公司治理规则影响的研究应得到进一步加强以适应未来公司法改革的现实需求。本文正是在此意义上做出有益的尝试性探讨。

参考文献

1. 安德烈亚斯·安东诺普洛斯：《区块链：通往资产数字化之路》，中信出版社 2018 年版。

2. 阿道夫·A. 伯利、加德纳·C. 米恩斯：《现代公司与私有财产》，商务印书馆 2005 年版。

3. 理查德·A. 波斯纳：《法律的经济分析（原书第 7 版）》，法律出版社 2012 年版。

4. 长铗、韩锋等：《区块链：从数字货币到信用社会》，中信出版社 2016 年版。

5. 沃德·法恩斯沃思：《高手：解决法律难题的 31 种思维技巧》，法律出版社 2009 年版。

6. 龚焱、李磊、于洪钧：《公司制的黄昏：区块链思维与数字化激励》，机械工业出版社 2019 年版。

7. 高丝敏：《论股东赋权主义和股东赋能主义的规则构造——以区块链应用为视角》，载于《东方法学》2021 年第 3 期。

8. 泰勒·考恩、亚历克斯·塔巴洛克：《考恩经济学（微观分册）》，格致出版社 2018 年版。

9. 莱纳·克拉克曼：《公司法剖析：比较与功能的视角》，法律出版社 2012 年版。

10. 罗纳德·哈里·科斯：《社会成本问题》，载《财产权利与规则变迁》，上海三联书店、上海人民出版社2004年版。

11. 罗纳德·哈里·科斯：《企业、市场与法律》，格致出版社2009年版。

12. 凌斌：《界权成本问题：科斯定理及其推论的澄清与反思》，载于《中外法学》2010年第1期。

13. 威廉·穆贾雅：《商业区块链：开启加密经济新时代》，中信出版社2016年版。

14. 斯蒂文·G. 米德玛：《再论产权、交易成本和科斯》，载于《科斯经济学：法与经济学和新制度经济学》，格致出版社、上海三联出版社、上海人民出版社2010年版。

15. 阿尔文德·纳拉亚南、约什·贝努：《区块链：技术驱动金融》，中信出版社2016年版。

16. 斯蒂文·沙维尔：《法律经济分析的基础理论》，中国人民大学出版社2013年版。

17. 保罗·维格纳、迈克尔·凯西：《区块链：赋能万物的事实机器》，中信出版社2018年版。

18. 威廉姆森、温特：《企业的性质：起源、演变和发展》，商务印书馆2007年版。

19. 王建文：《论董事"善意"规则的演进及其对我国的借鉴意义》，载于《比较法研究》2021年第1期。

20. Daniels, Alexander., 2018, "Blockchain and Shareholder Voting: A Hard Fork for 21st Century Corporate Governance", *University of Pennsylvania Journal of Business Law*, Vol. 21, No. 2, April, pp. 405 – 440.

21. Dulani Jayasuriya Daluwathumullagamage & Alexandra Sims., 2020, "Blockchain – Enabled Corporate Governance and Regulation", *International Journal of Financial Studies*, Vol. 8, No. 2, April, pp. 1 – 41.

22. Filippi P D, Hassan S., 2016, "Blockchain Technology as a Regulatory Technology: From Code is Law to Law is Code", *Social Science Electronic Publishing*, Vol. 21, No. 12, December, pp. 1 – 16.

23. Goorha P., 2018, "The Return of 'The Nature of the Firm': The Role of the Blockchain", *The Journal of British Blockchain Association*, Vol. 1, No. 1, January, pp. 1 – 5.

24. Ivan Monich, Riumkin, Potekhina., 2017, "Blockchain-a Revolutionary Solution to Problems of Modern Corporate Governance", *Corporate Governance*, Vol. 58, No. 4, March, pp. 9 – 11.

25. Lafarre A, Christoph V. , 2018, "Blockchain Technology for Corporate Governance and Shareholder Activism", *Social Science Electronic Publishing*, Vol. 8, No. 7, July, pp. 1 – 26.

26. See Fenwick, Mark, and Erik P. M. Vermeulen. , 2019, "Technology and Corporate Governance: Blockchain, Crypto, and Artificial Intelligence", *Texas Journal of Business Law*, Vol. 48, No. 1, January, pp. 1 – 16.

27. Shermin V. , 2017, "Disrupting governance with blockchains and smart contracts", *Strategic Change*, Vol. 26, No. 5, September, pp. 499 – 509.

28. Williamson, O. E. , 1996, "Economic Organization: The Case for Candor", *Academy of Management Review*, Vol. 21, No. 1, January, pp. 48 – 57.

29. Werbach, Kevin. , 2018, "Trust, but Verify: Why the Blockchain Needs the Law", *Berkeley Technology Law Journal*, Vol. 33, No. 2, April, pp. 487 – 550.

30. Yao J, Wei L, Liu T. , 2020, "Blockchain – Based Voting System", *Computer System Networking and Telecommunications*, Vol. 3, No. 1, January, pp. 1 – 9.

31. Yu T, Lin Z, Tang Q. , 2018, "Blockchain: The Introduction and Its Application in Financial Accounting", *Journal of Corporate Accounting & Finance*, Vol. 29, No. 4, July, pp. 37 – 47.

How blockchain affects corporate governance rules: a forensic perspective

LUO Ying

(Law School, Hunan University, 410082)

[**Abstract**] Blockchain spontaneous consensus trust mechanism has derived "decentralization", "tamper-evident", "transparency", "codification The four technical features of decentralization", "immutability", "transparency" and "codification" provide a possible solution to the classical "agency problem" and "controlling shareholder problem" with lower cost. Blockchain-based corporate governance rules cannot be completely "codified", and the combination of legal governance rules and code rules will become the norm of modern corporate governance. The theoretical basis of law and economics for blockchain to influence corporate governance rules is "transaction cost" theory and Coase's theorem. The logic of law and economics is that blockchain triggers changes in governance rules by significantly reducing "agency costs" within the company. According to the "transaction cost" theory and Coase's theorem, when the blockchain significantly reduces the "agency cost" within the company, but it is still far from zero "transaction cost", the corporate governance rules will When the blockchain dramatically reduces the agency cost within the company, but is still far from zero transaction cost, the corporate governance rules will be partially changed. In this case, blockchain will change the "annual centralized" property of shareholders' meeting and shorten the "notice period" . The rules of distributive voting rights for "different shares" will become the norm, and the "digital" voting mechanism will become the legal dominant voting mechanism. Blockchain will reshape the rules of "regulatory strategy" to solve the "proxy problem" and enhance the effectiveness of the rules to curb the "controlling shareholder problem", thus promoting the traditional corporate governance rules to modernization.

[**Key Words**] Block Chain Corporate Governance Coase's Theorem Agency Costs "Controlling Shareholder Problem"

JEL Classifications: K22

加密货币相关行为的犯罪定性研究[*]

黄京磊　周炜迪[**]

【摘　要】虚拟货币犯罪日益频发，虚拟货币相关法益亟待刑法保护，然而学界与监管界的讨论尚不充分。从虚拟货币性质的角度考虑，任何虚拟货币都不属于“货币”“证券”或“外汇”的范畴。与虚拟货币相关的行为中，“挖矿”一般不涉及犯罪，但“恶意挖矿”构成计算机犯罪；ICO（旧币换新币）构成非法吸收公众存款罪或集资诈骗罪；欺骗性或非自愿“交易”行为可能构成财产犯罪，其中对同时触犯多种罪名的行为应当以想象竞合原理择一重罪处罚；其他的一般“交易”行为则存在构成逃税罪的风险。

【关键词】**加密货币　财产犯罪　挖矿　ICO　证券**

中图分类号：**F062.6**　文献标识码：**A**

一、引　言

2008年问世的比特币是全球第一个基于区块链技术构建，保持去中心化运行的数字加密货币。此后12年间，加密货币的概念范围不断扩展，大量人才、技术、资金涌入虚拟货币领域及其背后的“区块链”相关市场。以比特币为例，社会上先后出现了使用比特币作为支付工具的社群、接受比特币作

* 本文系国家自然科学基金面上项目“数字平台动态对社会福利与金融稳定的影响”（71973076）和“大宗商品定价的新风险因子”（71973075）的阶段性成果。本文成稿过程中得到了清华大学黎宏教授和谢丹夏教授的鼎力支持，在此表示感谢。当然，文责自负。

** 黄京磊，清华大学社会科学学院博士研究生；地址：（100084）北京市海淀区清华大学明斋；E-mail：hjl20@ mails. tsinghua. edu. cn。周炜迪，清华大学经济管理学院博士研究生；地址：（100084）北京市海淀区清华大学伟伦楼；E-mail：zwd20@ tsinghua. org. cn。

为支付手段的商户、比特币交易所乃至只接受比特币的“暗网”。以比特币为基础或打着“比特币”旗号进行技术开发、融资集资的行为更如雨后春笋。客观上，以比特币为代表的不少“虚拟货币”已经拥有很高的“价值”。据 CoinMarketCap（加密货币市值网）数据[①]，2020 年世界上共有 5 127 种虚拟货币流通，总市值高达 2 800 亿美元。其中比特币独占 63% 的市值份额，达 1 800 亿美元，2021 年全年，其交易所价格在 30 000 ~ 65 000 美元区间波动。熙熙攘攘，利来利往，很多人面对此种新兴且“高价”的事物，难免趋之若鹜。

资本高潮与技术狂欢之下，曲解与谬误随之而生，不少学者亦受部分错误观念所影响。借“虚拟货币”之名行传销、诈骗之实的犯罪屡见不鲜，以虚拟货币为行为手段进行贿赂、洗钱、逃汇等犯罪的恶行层出不穷，将之从理论与实务上定罪却都面临困难；区块链项目方、技术开发者与虚拟货币持有人的正当权利也缺少法律法规和司法实践的相应保护。还有部分学者固守传统观念，试图将“虚拟货币”刻舟求剑地套入以往概念之中，产生了部分认知偏差。本文希望通过将区块链行业及虚拟货币领域的实务现象与学界探讨相结合，帮助学者们明确相关事物及行为的客观性质与合理的法律属性，以期更好地保护虚拟货币相关法益。

二、加密货币的性质

（一）加密货币是否属于“货币”

与“货币”直接相关的犯罪主要有伪造货币罪，持有、使用假币罪等。因为在一般人眼中虚拟货币并不会与我国法定货币人民币混淆，所以与虚拟货币相关的行为并不会涉及此类犯罪。但《中华人民共和国刑法》第三章第四节规定的“非法吸收公众存款罪”“逃汇罪”，第三章第五节规定的“集资诈骗罪”与第八章规定的“隐瞒境外存款罪”分别涉及了“存款”“外汇”“集资”等概念。一般认为，上述词汇所属含义都包含于“货币”概念之中[②]，因此对虚拟货币是否属于“货币”进行讨论，对判定虚拟货币是否属于上述三个概念范畴是十分有必要的。

① 参见 CoinMarketCap，*Market Capitalization*，https：//coinmarketcap. com（最后访问于 2021 年 6 月 3 日）。

② 《外汇管理条例》规定“外汇”包含外币有价证券和其他外汇资产等，但探讨虚拟货币是否属于“货币”仍对判断虚拟货币是否可以构成逃汇罪所指的“外汇”具有重要意义。

2017年以来，法学界对虚拟货币是否具有“货币”属性的讨论可以主要归纳为三种学说：否定说、肯定说与折中说。否定说学者认为比特币虽然具有货币属性，但不是货币（谢杰，2017a）。在另一文章中，谢杰（2017b）进一步指出比特币属于“具有内在缺陷的货币”，并在进入实体经济和金融市场后获得了货币与金融商品的身份。部分肯定说学者从“货币职能论”角度出发，认为比特币属于货币。但反驳者认为此种论证存在理论缺陷，如果回归一般等价物的货币本质，比特币并不属于货币。无论是否定说还是肯定说，其判定不会影响刑法对侵财行为的评价，而只会对一些既有观念形成挑战，如在取得型侵财犯罪中是否需要坚持“处分意识必要说”，在毁坏性侵财犯罪中是否应当考虑被害人的记忆能力，如何确定犯罪数额等（王熠珏，2019）。折中说学者采取了较为模糊的判断，如认为可以进行安全可靠的点对点全球即时传输的比特币具有“支付工具”的属性（李忠诚、李中平，2018）。目前尚未见到有关所有虚拟货币是否都具有货币属性的鲜明观点。

事实上，虚拟货币已经引起世界上130多个国家和地区监管部门的关注。但世界上并没有哪个国家实际全面发行虚拟货币，或认可虚拟货币作为法定货币。大多数国家的态度都是警惕监管，不过有定性与宽严之分，只有少数国家采取完全禁止或完全放任的态度。

即使是率先出现虚拟货币的美国，也并不承认虚拟货币的货币地位（Brookes，2018）。美国证券交易委员会与美国商品交易委员会都将其纳入自己的管辖范围，美国国家税务局则对虚拟货币以财产而非货币或收入名目课税，联邦与各州对比特币属性的看法也并不一致。事实上，美国的监管态度正是认定“虚拟货币虽然只有一种功能，但可以具备多种属性，因此应受到多种管辖”的并行监管模式（Trautman，2018）。据欧盟2012年10月发布的《虚拟货币体系：深入分析》（European Central Bank，2012）统计，比利时、捷克、丹麦、德国、爱沙尼亚、西班牙、意大利、克罗地亚、卢森堡、马耳他、斯洛文尼亚、芬兰、瑞士、英国等国均否认比特币具有法定货币或电子货币地位，并对虚拟货币表达了警示。但与中国相同，仅仅持有虚拟货币在上述各国并不需要受到监管。法国、荷兰、奥地利、葡萄牙、匈牙利、爱尔兰、希腊、塞浦路斯、拉脱维亚、立陶宛、斯洛伐克等国在虚拟货币的货币属性问题上未明确表示态度，只是援引欧洲银行管理局的通知或自行发出公告，对虚拟货币的风险发出警示。有的国家还对虚拟货币给出了自己的定性，如德国认为虚拟货币只是一种金融工具，爱沙尼亚认为比特币是一种替代性的支付手段，瑞士只承认虚拟货币是一种资产。据2018年6月美国国会法律图书馆《加密货币监管》（Global Legal Research Center，2018）统计，至少有阿尔及利亚、玻利维亚、埃及、伊拉克、摩洛哥、尼泊尔、巴基斯坦、阿拉伯联合酋长国8个国家和地区完全禁止虚拟货币。包括中国、沙特阿拉伯、伊朗、哥伦比亚等国在内的 15 个国家则采取了隐性禁令。

根据以上事实信息判断，虚拟货币均不应属于货币。另外，无论是根据货币本质说还是货币职能说，都可以得到相同的结论。货币本质说认为，货币的本质是一般等价物。无论从理论还是实践上，虚拟货币均不能符合一般等价物的要求，具体原因如下。其一，一般等价物必须具有法偿性。如果一样事物并不被国家认定为法定货币，那么就不是所有主体都有义务接受它。同样，出于对该事物购买能力的疑虑，持有者也不愿意用它购买商品。不具有法偿性的事物根本不可能拥有良好的流通能力，也就无法满足货币职能说所要求的流通手段和支付手段职能。依《中华人民共和国人民银行法》规定①，人民币以外的任何事物均不可能具有法偿性。人民币的法偿性由中国人民银行等国家机关的强制力保证。② 2013 年，央行等五部委公告就明确比特币不是“货币”，没有法偿性和强制性，应当视为一种特定的虚拟商品。比特币不能且不应在货币市场上流通使用。2017 年，央行等七部委公告进一步将范围扩大至全体虚拟货币。任何虚拟货币都不具有由国家强制力保证的法偿性，因此理论上不可能成为一般等价物。其二，实践中人们也普遍不将虚拟货币视为一般等价物。梳理各类与比特币相关的刑法案件可以发现，绝大多数罪犯都是利用比特币交易的匿名性，将比特币作为销赃的手段或者转移财产的媒介，其最终持有的资产仍然大都是人民币。③ 一般的虚拟货币持有人也是将虚拟货币作为投资或投机工具，并非将其用作一般等价物。由于央行通知中明确禁止金融机构与非银支付机构为虚拟货币提供登记交易、清算结算等服务，也不得对虚拟货币进行承保，因此虚拟货币缺少现代社会货币体系正常运转所必需的基础设施和风险控制手段。即使人们持有虚拟货币，其购买力也往往处于巨大的波动之中，无法承担相应的价值尺度与贮藏手段职能。许多虚拟货币因为洗钱风险与价值波动而并不受世界上绝大多数国家认可，更无法作为国际贸易中的一般等价物，自然无法履行世界货币的职能。综上，虚拟货币不应属于货币。

---

① 参见《中华人民共和国人民银行法》第十六条：“中华人民共和国的法定货币是人民币。以人民币支付中华人民共和国境内的一切公共的和私人的债务，任何单位和个人不得拒收。”

② 参见《中国人民银行公告》（〔2018〕第 10 号）。

③ 相关案件如：“李秉润盗窃罪案”，参见安徽省芜湖市中级人民法院（2016）皖 02 刑终 128 号刑事判决书；“吴玉平等抢劫案”，参见四川省高级人民法院（2014）川刑终字第 739 号刑事判决书；“李栋诈骗、合同诈骗、抢劫案”，参见北京市第三中级人民法院（2018）京 03 刑终 363 号刑事判决书；“王焱等抢劫、强奸案”，参见北京市朝阳区人民法院（2016）京 0105 刑初 2506 号刑事判决书；“于晓龙诈骗、盗窃案”，参见南昌市西湖区人民法院（2019）赣 0103 刑初 78 号刑事判决书；“陆守备等盗窃案”，参见大连市沙河口区人民法院（2017）辽 0204 刑初 344 号刑事判决书；“姜士星等盗窃、诈骗案”，参见广州市海珠区人民法院（2016）粤 0105 刑初 359 号刑事判决书；“崔小通、尹娟等诈骗案”，参见江苏省南通市中级人民法院（2019）苏 06 刑终 33 号刑事判决书。

上述观点也为司法实践所支持。2017 年潘峰敲诈勒索案[①]中法院率先否认了 ETH[②] 的货币属性和资金属性。2018 年，广东省高院在一份诈骗罪通知书[③]中否定了比特币的货币属性。2018 年蔡某某等挪用资金案[④]中法院基于 2013 年五部委规定，进一步否定了全体虚拟货币的货币属性和资金属性。可见，法院在虚拟货币的货币属性判定上也都持否定态度。

（二）加密货币是否属于“证券”

探讨虚拟货币是否属于“证券”的意义在于明确与虚拟货币相关的发行、交易等行为，是否构成刑法第三章第四节“破坏金融管理秩序罪”中擅自发行股票、公司、企业债券罪等证券类犯罪。

刑法学界对虚拟货币的证券属性并没有明确态度。李忠诚和李忠平（2018）只承认比特币是“可投资资产”。常乐（2019）则将比特币作为一种应受刑法规制的金融衍生物，但未明确其是否构成刑法上的“证券”。谢杰（2017b）指明比特币事实上已经承担了套利、投资等金融工具特有的功能，宜纳入证券市场的监管范围。而王熠珏（2019）则认为比特币承载有所有权和经济利益的兑换权，因此属于财产性利益；又因为比特币具有匿名性之特点，所以宜将比特币认定为一种无记名有价证券。总而言之，刑法学界存在将虚拟货币归作证券来进行保护的声音，但因为二者之间确实存在众多差别，所以难以做此归属。

然而从实务角度出发，虚拟货币理应不属于证券。按刑法第 179 条至 182 条的规定，刑法所指证券应该指股票、公司、企业债券或期货。虚拟货币则更近似于一种物权客体，而不承载有股权或债权。无论是通过“挖矿”还是“交易”行为获得的虚拟货币，其持有者都无法要求他人履行某一特定义务，或拥有权利主动参与某一事务当中。对于比特币这类不存在运营方或发行方的加密货币而言，自然没有资产作为加密货币的抵押或发行储备。对于存在运营方或发行方的部分加密货币和非加密货币[⑤]，也没有见到有运营方或发行方以自身的资产作为抵押或储备，给予虚拟货币持有人类似债权或股权的权利。尽管市场上有些“虚拟货币”打着“保本”“社区治理”的旗

---

① “潘峰敲诈勒索案”，参见北京市海淀区人民法院（2017）京 0108 刑初 725 号刑事判决书。

② 全称为 Ethereum，中文名称为以太坊。

③ “裴国杰因诈骗案”，参见广东省高级人民法院（2018）粤刑申 450 号刑事判决书。

④ “蔡某某、张某某挪用资金案”，参见上海市浦东新区人民法院（2018）沪 0115 刑初 845 号刑事判决书。其中所引规定即 2013 年等五部委发布的《关于防范比特币风险的通知》。

⑤ 本文对于加密货币与非加密货币的区分源自其背后有无去中心化的区块链支持。有关区块链的具体介绍参见黄京磊等：《解码区块链：原理机制、场景案例与通证经济》，清华大学出版社 2020 年版，第 2 ~ 5 页。

号，但其中绝大多数都只是宣传的口号，其目的多为吸引投资者进入，而并不为了兑付或真正让投资者参与项目进展。此外，将虚拟货币作为证券进行保护也并不合适。虚拟货币交易并非我国合法金融市场的一部分，因此虚拟货币交易中出现的种种所谓“内幕交易”“操纵市场”，并不会直接侵害我国合法金融市场的正常秩序。虚拟货币的发行，如果不构成变相发行股权或债权，也不会扰乱正常的股权和债权发行市场。如果项目不属于传销或诈骗，那么投资者往往对虚拟货币的巨大风险心知肚明。对虚拟货币作为证券进行保护，反而助长投资者的投机心理，加剧道德风险，不利于建立正常的金融市场秩序。

（三）加密货币是否属于“外汇”

“外汇”的法律定义来自我国外汇领域最重要的法律文件《中华人民共和国外汇管理条例》①。无论从字面意思理解，还是从具有国际清偿功能且可用外币表示这一实质理解，“外汇”首先应该具有法偿性。没有法偿性，不受外国政府和机构担保，持有者就不保证能以社会普遍接受的价格将此种支付手段或资产兑换成外国当地法定货币。这样的事物不足以称之为“具有国际清偿的支付手段和资产”。如前讨论，尚无任何一种虚拟货币被世界上任何一个国家和地区接受为法定货币。本文也讨论了虚拟货币因不具有法偿性、强制性而不能在理论或实务中被接受为一般等价物，因此不能成为“外汇”。其次，外汇应该可以“以外币表示”，但虚拟货币并不能。而认为虚拟货币在虚拟货币交易所有“市场价格”，因此可以“以外币表示”的思路极为不妥。按此说来，几乎所有的商品乃至计算机数据都可以在全世界进行买卖，形成市场价格并用于清偿，那么“以外币表示”的限定就毫无意义。事实上，此处“以外币表示”应当指存在国家认可的唯一价格，交易由国家统一清算。无论是外币现钞还是外币有价证券等，于该国家的任何银行或交易所，在同一时刻都只具有唯一价格，且其交易必须通过国家认可的清算机构。但虚拟货币并不同。由于没有任何一个国家设立官方的虚拟货币集中交易场所，各种合法或不合法的虚拟货币交易场所可能形成不同的虚拟货币价格。而且其清算过程千差万别，并没有以国家公信力保障的清算机制。事实上，虚拟货币是不能公允、一致地被外币表示的。虚拟货币更类似于为世界市场普遍认可的具有一定价值的商品，与大宗商品类似，而不具有外汇属性。部分虚

① 参见《中华人民共和国外汇管理条例》第三条：“本条例所称外汇，是指下列以外币表示的可以用作国际清偿的支付手段和资产：（一）外币现钞，包括纸币、铸币；（二）外币支付凭证或者支付工具，包括票据、银行存款凭证、银行卡等；（三）外币有价证券，包括债券、股票等；（四）特别提款权；（五）其他外汇资产。”

拟货币会打出“稳定币”的口号，宣称自己的货币币值与某种法定货币锚定，但此种锚定完全是不可能的，因为所谓“锚定”必须具有实时双向兑付的能力，而虚拟货币运营方或发行方显然不能保证虚拟货币可以自由实时地与法定货币实时双向兑换。

与加密货币性质最为类似的资产应是黄金：二者都有极好的匿名性，都在某种意义上成为各国投资者的共同信念，并以此支撑其“交易价值”，且如一些加密货币运营发行方所宣传的，二者都独立于各国的主权货币体系，不受主权国家货币政策的操控，且能在全世界进行“流通”。但如今黄金本身也并不属于外汇范畴。黄金在历史上长期作为一般等价物存在，特别是其世界货币的职能，直接由各国货币以含金量之比作为汇兑关系所体现。然而，1972 年美国总统尼克松于宣布停止黄金与美元直接兑换，1976 年《牙买加协定》取消黄金官价，黄金非货币化时代开启，由此黄金不再具有法偿性。另外，虽然黄金存在国家认可的唯一价格，其交易也由国家统一清算，但与其他只能“以外币表示”的外汇资产对比，黄金不仅能“以外币表示”，并且能不经过货币折算过程，直接以本币表示，故而也不符合外汇“以外币表示”的定义。而今黄金被各国各交易所普遍接受为大宗商品，也使加密货币与黄金类比的相关表述难以成立。

三、加密货币相关行为的犯罪定性

（一）“挖矿”行为是否构成犯罪

虚拟货币的创造可按虚拟货币是否为加密货币区分为“挖矿”与 ICO（旧币换新币）两种。本文分析，通过“挖矿”创造虚拟货币的行为属于合法行为，但如果是盗窃电力“挖矿”或侵入他人计算机并实施控制进行“挖矿”，则分别对应构成盗窃电力罪与计算机犯罪。ICO 行为则涉及非法吸收公众存款罪。

有刑法学者认为控制他人计算机恶意“挖矿”的行为，应属非法控制计算机信息系统罪，其中强制性恶意“挖矿”构成该罪与破坏计算机信息系统罪的想象竞合。与上述观点类似，有学者主张二罪名的成立分别在于恶意“挖矿”行为是否具有隐蔽性和强制性。实务界对类似行为还另有盗窃罪说与无罪说（林胜超，2018）。此外，“挖矿”行为还可能涉及逃税罪。

本文基本认同刑法学界观点。“挖矿”行为只在以比特币为代表的加密货币体系中存在，指耗费电力资源进行复杂的哈希计算，以求在全网以最快速度生成符合要求的“区块”的行为。对于“挖矿”行为，我国并没有任何法律施以明令禁止，因此处罚“挖矿”行为于法无据。因为“挖矿”行为是加密货币体系数据链正常延伸的必备环节，对其他人或网络运行也无任何损害，所以于理也不应处罚。消耗电力进行哈希计算并不是真的矿业“采矿”，不涉及自然资源开采，所以不应缴纳矿产资源税。成功打包“区块”获得加密货币系统的自动奖励，类似于自然人生产自用品或企业生产供企业自身使用的劳保用品。在产品进行“交易”之前，也都不应该课税。虽然“挖矿”本身是合法的，但可能存在两类与之相关的犯罪：一是盗窃电力或使用他人盗窃的电力“挖矿”，构成盗窃罪或掩饰、隐瞒犯罪所得罪；二是侵入他人计算机安装“挖矿”软件或控制他人计算机强制挖矿。侵入他人计算机安装“挖矿”软件，在他人计算机闲暇时自动挖矿或在他人使用计算机时占用一定算力的行为，本质上不是盗窃电力，而是强制侵入他人计算机实现侵入者希望实现的功能。如果这种行为没有对他人计算机的软硬件造成破坏，当属非法控制计算机信息系统罪，如被告人对境外电脑实施非法控制以挖取“门罗币”，并借助比特币将犯罪收益转移至国内的王某案①；如果造成了破坏，使计算机系统不能正常运行，则应当属于破坏计算机信息系统罪；如果这种破坏软件以可传播的计算机病毒形式存在，那么故意制作、传播者也都应以破坏计算机信息系统罪定罪。

（二）ICO行为是否构成犯罪

ICO的全称为Initial Coin Offering，中文译作首次公开募币或首次代币发行。但从实务角度出发，这只是一个区块链从业者为使募币行为便于传播而进行合法性包装，类比股票市场“首次公开发行（IPO）”而创造出的词汇。由于业界与法律界已经接受此词汇，所以本文仍使用“ICO”代表募币行为。

法学界对ICO的界定较为一致。王冠（2019）认为ICO指首次发行代币，是向不特定公众募集比特币、以太坊等数字货币以发行新数字货币的行为。邓建鹏（2017）进一步将其抽象为以主流数字货币换取项目方新的加密数字货币的行为。另有新进法学学者将ICO定义为早期投资者借助虚拟货币获得投资回报的行为。总而言之，法学学者们认为的ICO是一种“旧币换新币”为虚拟货币项目“筹资”的行为。本文支持此种认识，并将ICO界定为项目方或运营方以新虚拟货币发行与交换为手段，以募资为目的从大量人群中吸纳不可复制类虚拟货币的行为。但与部分法学学者的观点不同，本文的基本观点是：所有ICO行为均涉及非法吸收公众存款罪。理由如下：

---

① “王某、崔某非法获取计算机信息系统数据、非法控制计算机信息系统案”，参见保定市莲池区人民法院（2018）冀0606刑初65号之二刑事判决书。

其一，ICO行为完全不同于股权、债权等正常金融融资行为，最显著的区别在于交换不对等，严重侵害了融资管理秩序。ICO行为主要用于区块链项目融资，因此全部由项目运营方或虚拟货币发行方发起。根据对业界的采访和观察，绝大多数区块链项目技术都十分不成熟，甚至可以用只是没有技术的“空壳”来形容。至目前为止，尚未出现实践验证过的大规模区块链落地应用或不依赖于外部资金注入而可以独立生存的区块链项目。因此区块链项目的“回报”无从谈起。这些区块链项目并不具有盈利能力，也看不到盈利前景，因而无法通过发行股票、债券等从正规金融市场中获得市场认可，故转而意图通过包装“ICO”这样一个概念来诱骗对“区块链”“ICO”不甚了解的“投资者”。项目运营方或虚拟货币发行方发行的往往是非加密的自己项目的“货币”，因此运营方或发行方可以以近乎零成本“复制”自己的“货币”，如同在自己体系内拥有无限印钞权的中央银行，导致“投资者”获得的虚拟货币份额随时可能被稀释。但他们从“投资者”处获取的虚拟货币却无一例外为比特币、以太坊等少数主流加密货币，绝无非加密货币。因为运营方或发行方非常清楚地认识到，非加密货币绝大多数都是可复制的，如果允许其他运营方或发行方以对方发行的非加密货币换取己方项目的非加密货币，无非是“两个骗子”间的生意，彼此都不会获得任何好处。在ICO中，收入的少数主流加密货币因为有很强的非复制性，所以价值可以保持稳定，其“募币”所得可以真实而方便地在虚拟货币交易所或通过民间交易兑换成法定货币。但付出的不过是近乎零成本的虚拟货币，“投资者”既不能凭借这些虚拟货币“上门讨债”，又不能在公司破产时索回发行储备，可谓“无本万利”。因此ICO行为本质上是一种极不平等的交换行为，与正常企业融资毫无关联。所谓“ICO行为便捷中小企业融资”的鼓吹者，不过是看中其无须监管、无须向投资者披露信息、无需按时支付回报的特点。如果这些ICO企业需要定期向投资者披露财务、业务信息，赋予投资者参与项目实质事务决策的权利，并接受监管机构和税务机构的定期巡查，他们就不会选择ICO而会选择法律风险更低的股权、债权融资。但也正是ICO不需遵循相应规制和ICO融资不对等性带来的极低发行成本，导致了ICO行为人有极大的作恶动机和作恶便利，构成对非法吸收公众存款罪所保护法益的严重威胁。对这样的行为，理应进行刑法上的规制，避免其破坏正常的融资秩序和合法区块链技术开发企业的生存环境。

其二，ICO支持者往往强调其与吸收公众存款行为的区别在于ICO是“以币换币”而非“以钱换币”，但这并不符合事实。事实上，绝大多数虚拟货币“投资者”都不是“矿工”，没有使用足够算力生产加密货币的能力，其获取虚拟货币的最主要方式都是通过现金购买。因此所谓“以币换币”，不过是“投资者”先将金融机构内的存款通过私人交易渠道或交易所转换为主流加密货币，再转化为ICO项目发行币，该过程符合变相吸收存款的要件。根据对业界人士的调研与报道、行研报告的梳理，可知ICO项目均需要在项目宣传上耗费大量成本，具体形式包括线上推送、网站宣介、微信交流群，线下投资者见面会、推介会等，均针对不特定公众，几乎不存在只向亲朋好友和项目内人员集资的现象，且基于资金关系具备随时扩大性。由此，ICO已满足向社会公开宣传和向不特定公众吸收资金的要件。另据央行等七部委公告①，ICO行为本身也不具有合法性资格。但存在争议的是ICO项目宣传中是否包含有“还本付息或者给付回报”的承诺。据笔者亲身经历及对涉嫌ICO的项日网站、白皮书等宣传资料的考察，项目方大多会以“币价必涨”“稳步增值”“稳赚不赔”等字眼强调ICO项目未来的盈利预期。实际上，这与承诺给付回报无异，只是没有具体承诺给付金额而已。而且即使公开宣传中没有明确使用“给付回报”相关的字眼，项目方也大多通过私下沟通、宣传向投资者灌输“只需要出资，就可以有很大可能性稳定获取收益”的概念。因此，ICO的这一特点符合承诺回报的要件。根据2012年最高法司法解释②，符合非法性、公开性、社会性与利诱性的行为，都应当认定为非法吸收或变相吸收公众存款。如果项目方的项目不是完全虚构的，而是拥有一些技术人员与一定程度的技术开发；或项目方并不存在非法占有目的，不宜认定为集资诈骗罪的，宜按非法吸收公众存款罪处理。

其三，司法实践中已出现将通过比特币集资定为非法吸收公众存款罪的案例。如朱艳萍、管丽丽案③中，被告人成立“美国第一资本财富计划投资平台”，要求投资者必须先将投资款转换为比特币，再将比特币转移到投资平台的比特币账户中，再由投资平台自动兑换成美元的行为，被法院认定属于非法吸收公众存款。与ICO行为相区别的是，本案中两被告人并未给付相应的虚拟货币给投资者，而是在自己的平台中开设存储账户。ICO行为较此案有过之而无不及。项目方给付可复制、几乎无价值的非加密货币较本案中以主流加密货币形式存储在非法平台中更容易造成投资者损失。按入罪“举

---

① 参见《中国人民银行、中央网信办、工业和信息化部、工商总局、银监会、证监会、保监会关于防范代币发行融资风险的公告》第一条：“代币发行融资是指融资主体通过代币的违规发售、流通，向投资者筹集比特币、以太币等所谓‘虚拟货币’，本质上是一种未经批准非法公开融资的行为，涉嫌非法发售代币票券、非法发行证券以及非法集资、金融诈骗、传销等违法犯罪活动。”

② 参见《关于审理非法集资刑事案件具体应用法律若干问题的解释》第一条：“违反国家金融管理法律规定，向社会公众（包括单位和个人）吸收资金的行为，同时具备下列四个条件的，除刑法另有规定的以外，应当认定为刑法第一百七十六条规定的‘非法吸收公众存款或者变相吸收公众存款’：（一）未经有关部门依法批准或者借用合法经营的形式吸收资金；（二）通过媒体、推介会、传单、手机短信等途径向社会公开宣传；（三）承诺在一定期限内以货币、实物、股权等方式还本付息或者给付回报；（四）向社会公众即社会不特定对象吸收资金。”

③ “朱艳萍、管丽丽非法吸收公众存款案”，参见天津市南开区人民法院（2018）津0104刑初388号刑事判决书。

轻以明重”的观念，以非法吸收公众存款罪对ICO行为处罚并无不妥。

综上所述，ICO行为满足非法吸收公众存款罪的构成要件。对其以非法吸收公众存款罪规制有利于维护正常的金融秩序，且与司法实践相统一。

（三）虚拟货币“交易”是否构成犯罪

虚拟货币创生之后即进入流通环节。虚拟货币所有人既可以持有该币，又可以用它交换法定货币、其他虚拟货币或商品。本文将所有转移虚拟货币所有权的行为统称为“交易”行为。依行为是否受迫或受欺骗以及行为人的合法性可分为三类：合法的无欺骗自愿“交易”行为，虚拟货币给付者可能涉及行贿、洗钱、逃汇与掩饰、隐瞒犯罪所得等犯罪的非法“交易”行为，以及虚拟货币接收方可能涉及财产犯罪的非自愿或欺骗性“交易”行为。

1. 合法的“交易”行为

对排除了财产犯罪或行贿、洗钱等犯罪的一般“交易”行为性质的认定，主要争论焦点在于其是否构成证券类犯罪。有学者认为“交易”行为中可能存在虚假交易、内幕交易等需要刑法规制的问题。还有学者认为比特币交易市场业已存在操纵市场与利用非公开信息抢先交易的行为。“比特币期货”也已大规模存在且具有期货交易特征，出于产权平等性保护的动机应当予以规制，但事实上此类“交易”都脱离于监管之外（谢杰，2017a）。另外，“交易”行为还可能涉及逃税。

另外一个与虚拟货币交易相关的话题是智能合约。因为智能合约技术尚未成熟，与之相关的犯罪较为罕见，故本文不做详细探讨，仅简单提及相关学者的研究。赵志华（2019）指出以虚拟货币为基础建构智能合约可能对犯罪形态和司法认定产生的重大影响。以智能合约为手段的犯罪更具信任基础，且不易监管。同时国外已出现以智能合约为对象通过修改合约漏洞与非法获取智能合约私钥等方式进行的犯罪，在买凶、监管、支配关系等问题上，可能对原有刑法体系带来挑战。

如前所述，本文不赞成虚拟货币属于证券的观点，与虚拟货币交易相关的法益也与证券不同。因此无论是加密货币节点之间的交易，还是虚拟货币在交易所中的交易，都不会构成证券犯罪。虚拟货币交易更类似于一种商品交易。支付手段既可以是虚拟货币，又可以是法定货币，分别对应一般意义上的易货交易与钱货交易。因此虚拟货币交易中如果存在暴力、胁迫等行为，可能构成强制交易罪；如果交易涉及洗钱、赌博、隐瞒掩饰犯罪所得或侵犯财产等犯罪行为，则应按对应犯罪处理。因为我国并未专门针对区块链虚拟货币的征税制定政策，所以对此类虚拟货币交易的征税问题讨论应该类比其他虚拟财产。据2008年国家税务总局批复[①]，收购并加价出售虚拟货币的行为需要缴纳个人所得税。类似地，即使虚拟货币源自矿工挖矿而没有先前交易，也应该类比批复意见缴纳个人所得税。如果交易是公司行为，则应缴纳公司所得税。尽管限于过高的实际成本和部分虚拟货币的去中心化结构，不可能对虚拟货币交易实时征税，但国家完全可以通过控制虚拟货币与人民币的兑换渠道，在兑换环节进行征税。不过在国家明确虚拟货币交易的纳税规则前，不宜以逃税罪、抗税罪等对虚拟货币相关交易行为予以处罚。

2. 涉及行贿、洗钱、逃汇与掩饰、隐瞒犯罪所得等犯罪的非法“交易”行为

如果虚拟货币持有人进行交易的目的是为了行贿、洗钱、逃汇、隐藏犯罪所得或非法转移资产等，则可能构成对应犯罪。不过对上述行为性质的界定，部分依赖于比特币等虚拟财产是否构成“财物”的判断，如受贿罪需以收受索要“财物”为要件，但洗钱罪则不必。谢丹夏和黄京磊（2020）认为虚拟货币应被认定属于“财物”，则借由虚拟货币进行的受贿行为可以构成受贿罪的要件。逃汇罪需以存放或转移“外汇”为要件，因此还涉及虚拟货币是否构成“货币”以及“外汇”的讨论。对于洗钱罪，曾（Zeng，2019）介绍了各类通过数字货币进行洗钱的具体手段，典型如境内购买数字货币在国外换现再转移回国内的方式，利用的是境外交易所的反洗钱缺失、钱骡交易的隐秘性与加密钱包账户漏洞等特点。但范拓源（2017）以虚拟货币不属于现金、票据或证券的理由，不认可虚拟货币构成洗钱罪的客体要件。[②] 该文章还认为此种洗钱往往伴随着逃汇，但虚拟货币是否具有“外汇”性质影响着此罪判定。然而，不承认比特币等虚拟货币的外汇属性将可能架空国家的外汇管制体系，使外汇市场面临显性监管失控风险（谢杰，2017a）。张庆立（2019）对上述虚拟货币是否具有“外汇”性质影响逃汇罪的成立表示反对。其认为如果是利用比特币为中介“将境内外汇非法转移到境外”，也可以构成逃汇罪。如果将自己的犯罪所得通过比特币转移至境外，可能构成前罪与逃汇罪的并罚；如果将他人的犯罪所得通过比特币转移至境外，则可能构成逃汇罪与洗钱罪的想象竞合。此外，谢杰（2017b）认为在我国用人民币兑换比特币，再在境外换成外币的，构成骗购外汇罪。

本文分析，虚拟货币不能构成逃汇罪或骗购外汇罪中的“外汇”，但虚拟货币可以成为受贿罪所规定的“财物”和掩饰、隐瞒犯罪所得中的“犯罪

---

① 即《关于个人通过网络买卖虚拟货币取得收入征收个人所得税问题的批复》。因为批复的发布日期为 2007 年 9 月 28 日，早于比特币诞生，所以此处的虚拟货币特指与区块链不相关的虚拟货币。

② 此处“虚拟货币”对应原文使用的“数字货币”。原文作者的“数字货币”定义与本文虚拟货币定义类似，故此处作等同处理。

所得”及其产生的“收益”。虚拟货币也能成为受贿、洗钱、逃汇等犯罪行为中资金转移的媒介。首先探讨逃汇罪与骗购外汇罪。根据本文第二章第三节的讨论，本文认为虚拟货币不应属于“外汇”，故而在国内购买虚拟货币后在国外兑换成外国法定货币的行为不应构成逃汇罪与骗购外汇罪。

其次探讨受贿罪、洗钱罪与掩饰、隐瞒犯罪所得罪。虚拟货币在这些罪名的犯罪行为中可以充当多种角色：犯罪对象、组成犯罪之物或供犯罪行为使用之物。一般认为受贿罪的犯罪对象并非贿赂本身，因此虚拟货币并不能成为受贿罪的犯罪对象，但虚拟货币可以用于行贿、受贿和隐匿贿赂。理论上，虚拟货币也可以成为毒品、黑社会性质、破坏金融秩序等犯罪的所得，因此可以成为洗钱罪的犯罪对象。虚拟货币当然也可以成为掩饰、隐瞒犯罪所得罪的犯罪对象，不过现实中掩饰、隐瞒犯罪所得的行为人与前述毒品、黑社会性质、破坏金融秩序等犯罪的行为人往往是同一人或处于同一犯罪团伙之中，因此掩饰、隐瞒犯罪所得的行为常常归于前罪。实践中更常见的是虚拟货币成为罪犯销赃、转移财产、隐匿财产的媒介或中间手段，如财产犯罪罪犯获取非虚拟货币财产后，通过交易所、“暗网”等平台将其转换为虚拟货币持有，或进一步转化为其他非虚拟货币财产或商品①。常见的形式包括窃取电力以供虚拟货币“挖矿”②、诈骗他人货币并于交易平台上“交易”为虚拟货币等。

3. 涉及财产犯罪的非自愿或欺骗性“交易”行为

如果虚拟货币的“交易”行为中，给付方是受欺骗或被迫的，则虚拟货币接收方可能构成对应的财产犯罪。谢丹夏和黄京磊（2020）对虚拟货币的财物属性进行了充分探讨，说明了虚拟货币可能构成盗窃、诈骗、敲诈勒索等犯罪的犯罪对象，本文不再赘述。本小节将重点阐述司法实践中存在的两

① 相关案例如“李秉润盗窃案”，参见安徽省芜湖市中级人民法院（2016）皖02刑终128号刑事判决书；“吴玉平等抢劫案”，参见四川省高级人民法院（2014）川刑终字第739号刑事判决书；“李栋诈骗、合同诈骗、抢劫案”，参见北京市第三中级人民法院（2018）京03刑终363号刑事判决书；“王焱等抢劫、强奸案”，参见北京市朝阳区人民法院（2016）京0105刑初2506号刑事判决书；“于晓龙诈骗、盗窃案”，参见南昌市西湖区人民法院（2019）赣0103刑初78号刑事判决书；“陆守备等盗窃案”，参见大连市沙河口区人民法院（2017）辽0204刑初344号刑事判决书；“姜士星等盗窃、诈骗案”，参见广州市海珠区人民法院（2016）粤0105刑初359号刑事判决书；“崔小通、尹娟等诈骗案”，参见江苏省南通市中级人民法院（2019）苏06刑终33号刑事判决书；“邓恋春、吴海彪诈骗案”，参见安徽省芜湖市中级人民法院（2019）皖02刑终164号刑事判决书；“陈亮侵犯公民个人信息案”，参见北京市西城区人民法院（2019）京0102刑初397号刑事判决书；“王某某贩毒案”，参见贵州省贵阳市南明区人民法院（2015）南刑初字第855号刑事判决书；“刘某某掩饰、隐瞒犯罪所得案”，参见河南省漯河市召陵区人民法院（2015）召刑初字第139号刑事判决书；“李某掩饰、隐瞒犯罪所得、犯罪所得收益案”，参见新县人民法院（2019）豫1523刑初82号刑事判决书。

② 相关案例如“马某某等盗窃、掩饰、隐瞒犯罪所得案”，参见大庆市龙凤区人民法院（2016）黑0603刑初94号刑事判决书；“杨廷军掩饰、隐瞒犯罪所得、犯罪所得收益案”，参见太原市迎泽区人民法院（2019）晋0106刑初80号刑事判决书。

个难点：针对虚拟货币的犯罪属于财产犯罪还是计算机犯罪①；以及虚拟货币财产犯罪中的特殊形态如何认定。

对如何保护虚拟货币占有者之法益的问题，刑法学界有财产保护说与数据保护说。大多数学者持财产保护说，认为应该对虚拟财产施以财产化保护路径，支持理由包括法益保护原则所要求，虚拟财产符合张明楷教授提出的"财物"判断标准等。有学者提出比特币相关的侵财犯罪存在三点司法认定问题。其一，取得型侵财犯罪可以分为转移占有性取得罪与非转移占有型取得罪。对比特币而言，独占性不应成为"占有取得"之前提，而应作为犯罪既遂之标准，否则窃取私钥的行为将无法认定为盗窃罪。其二，有必要区分针对交易账户和针对比特币钱包的犯罪，目前交易平台均采取做市交易而非撮合交易，比特币并不直接在买卖双方比特币钱包间流转。同时，窃取私钥与窃取交易账户密码并不相同。窃取账户密码并不直接获得比特币的控制权，但窃取私钥则直接获得比特币的控制权。其三，犯罪既遂应当以被害人遭受实际财产损失为标准。其中主张转移比特币持有者钱包唯一私钥备份的，私钥转移成功即为既遂；转移多私钥备份的，比特币转移成功才算既遂；转移做市机制交易平台账户内比特币的，进行买卖即为既遂（王熠珏，2019）。另外，如将窃取虚拟货币的行为定为非法获取计算机系统数据，按刑法体系其就应该扰乱了公共秩序，这与比特币体系照常运行，只有被害人法益受到损失的客观事实不符。此外，谢杰（2017）指明比特币鲜存稳定价格的特征很大程度阻碍了司法实践中的行为性质解释和数额认定，但数额认定困难显然不应成为改变定罪性质的理由。有学者主张如果存在传播病毒勒索虚拟货币的行为，尽管可能同时触犯计算机犯罪②与敲诈勒索罪、诈骗罪，但宜作牵连犯处理。明知病毒不可解密仍要求被害人支付比特币的，属诈骗罪；病毒可解密且收到被害人比特币的，属敲诈勒索罪既遂，而不以事实上是否解密为犯罪形态之判断（张庆立，2019）。

首先，辨析虚拟货币犯罪属于财产犯罪还是计算机犯罪。已有文献详细阐释了虚拟货币可以成为财产犯罪对象的理由。同样，虚拟货币本身实际并不存在，而是人们人为地将其作为价值承载和支付手段的一串数据链，因此也应当属于计算机信息系统数据。本文的基本观点是：如果一行为同时触犯财产罪与计算机犯罪，依据想象竞合的原理，应当择一重罪处罚；但如果一行为只触犯财产罪或计算机犯罪，则应按单一犯罪处罚。

"实际支配或者控制是刑法占有的核心要素"（黎宏，2009）。若要区别

① 本文所指计算机犯罪包括非法侵入计算机信息系统数据罪，非法获取计算机信息系统数据、非法控制计算机信息系统罪，提供侵入、非法控制计算机信息系统程序、工具罪与破坏计算机信息系统罪。后同。

② 如非法侵入计算机信息系统罪、破坏计算机信息系统罪。

针对加密货币、非加密货币与虚拟货币交易账户中的虚拟货币的行为属性，了解用户占有虚拟货币时的特殊支配控制机制颇为必要。对于比特币、以太坊等加密货币而言，应当注意对其的占有不同于一般电子财产的账户式持有。占有加密货币有且只有一种方法，即持有加密货币的私钥。如前所述，加密货币的私钥是一串由哈希运算得到的复杂数字，用于证明加密货币所依靠的数据链的真实性与可靠性。转移加密货币，必需且仅需私钥签名，即可完成交易。由此可见，私钥是加密货币占有者行使占有、转移、处分等行为的唯一且必备要件。私钥作为一串证明加密货币占有状态的数字，一旦灭失，即宣告加密货币占有者失去对加密货币的控制力，且不能通过类似于银行账户挂失的方式找回，也不可能通过恢复计算机或网络数据的方式重建。若行为人不通过侵入他人计算机信息系统的方式便获得了他人的私钥，并用某种方法使他人失去对所有加密货币私钥及其备份的控制，即可认为其获得了该加密货币。如果行为人的行为是以非法占有为目的，则应当构成财产犯罪；如果行为人只是使他人丧失私钥及其备份的控制，则只构成故意毁坏财物。

不过，对于非加密货币与虚拟货币交易账户，因为其往往有中心化的机构发行或运营，非加密货币与虚拟货币交易账户中的虚拟货币都不存在背后的数据链，因此占有权的行使不依赖于持有私钥，而是通过建立账户和持有密码等方式进行。一旦占有人的账户密码为他人非法获得，其往往可以通过冻结账户、申诉找回等方式重新拥有对非加密货币或账户中虚拟货币的控制。无论按“财产转移视角”还是“财产损失视角”判断（黎宏、王琦，2018），行为人单纯窃取账户密码并更改的方式可能还不足以认定为完成了占有，而是直到将非加密货币或账户内的虚拟货币交易到其他由行为人控制的账户才算完成占有。但如果运营方或发行方并未提供申诉修改密码的服务，则更改密码就应当认定为完成盗窃。另外，非加密货币与账户中的虚拟货币因为可以由运营方较简单地恢复受害人对其的控制力，所以不会构成故意毁坏他人财物的行为。简言之，加密货币与不可恢复的账户内存放的非加密货币、虚拟货币交易所内的货币类似于无记名国债，转移所有权较容易；可恢复的账户内存放的虚拟货币类似于有记名国债，转移所有权较困难。对于窃取加密货币和不可恢复账户内存放的虚拟货币的行为，应当明晰犯罪完成的时间点。如果以上行为伴有非法获取、控制，乃至破坏计算机信息系统的行为，应按想象竞合原理择盗窃罪与计算机犯罪中较重者处罚。

但实践中往往对同时触犯两罪名的行为只单处以计算机犯罪。此种处理不甚妥当，既有违对虚拟货币可以构成“财物”属性的判断，也没有认识到加密货币的转移已经导致了加密货币占有权的转移，并非像其他电子财产一样可备份、可恢复或可共享，结果导致法院判决存在说理不恰、量刑畸轻之嫌。例如孟陈林、刘铸案[①]中，法院认为被告人在微信群中发布收购“以太币”的虚假信息，待被害人将“以太币”转入被告人的以太坊钱包之后就“拉黑”被告人，以达到骗取被告人“以太币”目的的行为，利用微信作为即时通信软件的远程性与非接触性，类似于“从他人计算机信息系统中骗取”数据的行为。此种说理十分不妥，因为被害人的“以太币”并未存放在微信中，被告人也未对微信的正常使用功能进行改变，只是使被害人产生了错误处分的意思。因为我国刑法未能规定数据作为财物，又不想让骗取数据的行为脱离刑法规制，就对此类行为定以“非法获取计算机信息系统数据罪”，法定最高刑仅七年，反而有违反罪刑法定原则之嫌。本案中温州市瓯海区人民检察院与温州市人民检察院的抗诉意见相当具有参考价值，即以太币具有财产属性，所涉以太币的市场价格达 30 万元以上，行为人已构成数额巨大的诈骗罪。按照我国刑法犯罪目的和手段牵连，择一重罪处罚的基本原则，应当同时认定被告人构成诈骗罪与非法获取计算机信息系统罪，并按有期徒刑四至六年这一诈骗罪量刑标准定刑。以非法获取计算机信息系统数据罪判处被告人有期徒刑三年十个月，着实较轻。

其次，探讨虚拟货币财产犯罪的特殊犯罪形态。如果以非法占有为目的，获得他人加密货币的私钥或非加密货币、虚拟货币交易账户的密码，即属于与偷配他人住所钥匙类似的犯罪预备。如果又通过毁损私钥、修改密码、转移虚拟货币至他人账户或转卖虚拟货币取得收益等行为达到使原占有者失去对虚拟货币实际控制的效果，则属于犯罪既遂。其中修改密码、转移转卖虚拟货币的行为因为都必然需要侵入他人计算机实施控制，所以也会构成计算机犯罪的既遂。另外，虽然虚拟货币交易所都宣称其采用撮合交易的方式，但实际上受比特币、以太坊等交易确认时间过长及交易所不正当牟利的动机影响，其大多采用做市交易的方式。因此只要行为人侵入受害者在虚拟货币交易所的账户并发出卖出指令，无须等待，受害者便即刻失去对虚拟货币的控制。所以本文主张，应当将加密货币全部私钥的转移、加密货币与非加密货币点对点交易的发生，或虚拟货币交易账户发出卖出指令作为虚拟货币财产犯罪的既遂节点。侵入他人计算机可以作为计算机犯罪与虚拟货币财产犯罪共同的实行行为开始节点，在此之后只可能构成犯罪既遂、未遂或中止，而不可能只构成犯罪预备。值得注意的是，涉及虚拟货币的敲诈勒索犯罪可能并不需要侵入他人计算机，此时应该将向受害人索要虚拟货币的时点为实行行为开始节点，如果受害人给付即为既遂，如果因为行为人意志以外因素而未给付即为未遂。这点与敲诈勒索其他财物的行为判定无异，且已为司法

① “孟陈林、刘铸非法获取计算机信息系统数据、非法控制计算机信息系统案”，参见浙江省温州市中级人民法院（2019）浙 03 刑终 1117 号刑事判决书。

实践所证实。[①]

（四）虚拟货币与诈骗传销

虚拟货币创生之前所涉及的犯罪行为主要是由运营方或发行方实施的，借虚拟货币之名行诈骗、传销之实，并不实际创造虚拟货币的行为。

李永新等（2019）以“普银币”“大唐币”等案为例，指明类似行为可以按是恶意欺骗“投资者”还是以科技之名行传销之实分类，并分别冠以“空气币”与“传销币”之名（崔志伟，2019）。类似案件为张庆立（2019）所提及，所涉罪名包括诈骗罪，集资诈骗罪与组织、领导传销活动罪等。有学者指出，需要缴纳“入会费”，具有层级结构，强迫诱骗他人参加的所谓“虚拟货币”项目，都属于传销活动。诈骗类项目则一般呈现行为人以非法目的欺诈，使他人基于错误认识处分财产，行为人取得财产的同时他人受到财产损失等特征。与此类行为相关的判断有三点值得讨论。

首先是此类行为与ICO行为的区别，可以简单地用形式上是“以钱换币”还是“以币换币”来区分。只要是在所谓的项目“初期”，要求或欺骗被害人提供货币而非虚拟货币的，都应该属于传销、诈骗类行为而非ICO。

其次是此类行为与擅自发行股票、公司、企业债券行为的区别。此类行为的特点是不存在真实的债权、股权转移，而擅自发行股票、公司、企业债券则包含了真实的债权、股权转移，尽管此种转移不被刑法所认可。如前文第二章第二节所述，本文不认同虚拟货币可以构成“证券”，因此此类行为不涉及擅自发行股票、公司、企业债券罪。

最后是此类行为与非法吸收公众存款行为的区别。据2010年最高法司法解释[②]，若认定此类行为为集资诈骗，则其必须具有非法占有目的和实施诈骗方法的要件，而非法吸收公众存款则没有此要件要求。相关区分可见方松华等集资诈骗案[③]与马丽晏等非法吸收公众存款案、毛碧芸非法吸收公众存款案[④]等。

---

① 相关案件如“张君敲诈勒索案”，参见宿迁市宿城区人民法院（2018）苏1302刑初856号刑事判决书；“张吉破坏计算机信息系统案”，参见贵阳市观山湖区人民法院（2018）黔0115刑初32号刑事判决书。

② 《最高人民法院关于审理非法集资刑事案件具体应用法律若干问题的解释》第四条：“以非法占有为目的，使用诈骗方法实施本解释第二条规定所列行为的，应当依照刑法第一百九十二条的规定，以集资诈骗罪定罪处罚。”

③ “方松华、程通、何松鹤集资诈骗案”，参见成都高新技术产业开发区人民法院（2018）川0191刑初559号判决书。

④ “马丽晏、柳锋集资诈骗案”，参见青岛市市北区人民法院（2019）鲁0203刑初596号刑事判决书；“毛碧芸非法吸收公众存款、集资诈骗案”，参见慈溪市人民法院（2017）浙0282刑初1486号刑事判决书。

关于罪名的认定，此类行为可能触及的罪名包括诈骗罪，组织、领导传销活动罪与集资诈骗罪。其一，诈骗罪的成立需要行为人以非法占有为目的实施“具有让人陷入错误，并基于该错误处分财物的具体危险的行为”（黎宏，2016），以及对方陷入错误并处分数额较大财物两要件。具体诈骗形式可分为虚构事实与隐瞒真相两类，实务中皆有发生，前者如行为人谎称自己发行的是具有很高价值的虚拟货币或虚拟货币存在巨大升值空间，后者如行为人的项目已经不具有发行时承诺的技术开发能力，但继续让“投资者”相信其具有发展前景。其二，组织、领导传销组织罪的成立需要此类行为满足以下四个特点：有入门费、层级组织、发展人员数量作为计酬或返利依据以及骗取财物。实务中有虚拟货币发行方要求“投资者”必须购买一定数量的虚拟货币才能进入项目，同时鼓动其带动周围亲友“投资”，并在短时间内予以高昂返利，此种行为宜认定为传销活动。部分项目将层级包装为不同身份的“节点”，进行传销认定时需要重点关注其是否存在拉人头、单线联系等特征。为保证投资“收益”，部分项目会规定只能按高价交易或设置苛刻的交易条件，并大力宣传虚拟货币的购买力，这也是可能构成传销活动的特征，典型案例如维卡币案①。其三，集资诈骗罪的成立要求行为人以非法占有为目的，采用诈骗方法募集较大数额资金。此罪与诈骗罪存在法条竞合，因此当行为构成诈骗罪且具有向不特定公众吸收资金，满足数额较大的要件时，应按特别法优先于普通法适用的原理，将之认定为集资诈骗罪。其四，现实中还有虚拟货币项目出现部分成员以传销形式销售虚拟货币，部分成员以集资诈骗的形式销售虚拟货币的情况。对此，应当辨析各人员在组织内承担的具体角色以确定其罪名，如“宝特币”案、“K 币”案②。当行为同时符合组织、领导传销组织罪和诈骗罪，或组织、领导传销组织罪和集资诈骗罪要件时，宜认定为想象竞合，从一重罪处罚，如“购派币”案③。

四、结　语

对于除虚拟货币之外的虚拟财产，刑法学界探讨已较为充分，但针对虚拟货币相关犯罪行为的探讨仍有不足。本文从虚拟货币的性质出发，区分了

① “段书铭等组织、领导传销活动案”，参见湖南省株洲市中级人民法院（2017）湘 02 刑终 277 号刑事判决书。

② “温修峰、王维、郭军玲等集资诈骗案”，参见福建省福州市中级人民法院（2019）闽 01 刑终 1300 号刑事判决书。

③ “吕逸轩、陈师莹集资诈骗、掩饰、隐瞒犯罪所得、犯罪所得收益案”，参见常州市武进区人民法院（2018）苏 0412 刑初 174 号刑事判决书；“周建华、蔡小燕、叶琛等集资诈骗案”，参见慈溪市人民法院（2017）浙 0282 刑初 708 号刑事判决书。

加密货币与非加密货币，并提出以下对虚拟货币之刑法属性的判断：

（1）所有的虚拟货币都不是"货币""证券"或"外汇"。

（2）从行为人与被害人角度出发，具有不可复制性的加密货币与极少数非加密货币均属于刑法上的"财物"；能以低成本或零成本复制的非加密货币不属于刑法上的"财物"。

本文提出，与虚拟货币相关的行为可由如下方式定性：

（1）一般而言，"挖矿"不构成犯罪。但如果涉及"强制挖矿"，则可能构成相应的计算机犯罪，或是盗窃电力罪及相关犯罪。

（2）非加密货币的ICO行为，绝大部分属于非法吸收公众存款罪，剩余部分应当属于更为严重的集资诈骗罪。

（3）虚拟货币创生以后，一般的"交易"行为是合法的，不构成证券类犯罪，但可能涉及危害税收征管罪，不过在规定明晰前不宜处罚。部分"交易"行为可能涉及行贿罪，洗钱罪和掩饰、隐瞒犯罪所得罪。虚拟货币不能成为逃汇罪、骗购外汇罪所称的"外汇"，但可以成为行贿罪所称的"财物"，以及洗钱罪和掩饰、隐瞒犯罪所得罪所称的"犯罪所得及其收益"。如果"交易"行为是受迫或欺骗性的，则虚拟货币接收方可能构成财产犯罪。行为同时触犯财产犯罪与计算机犯罪时，宜按想象竞合择一重罪原理处罚，否则容易导致判罚畸轻。

（4）涉及借用虚拟货币名义行诈骗、传销之实的行为，可能构成诈骗罪，组织、领导传销组织罪或集资诈骗罪。

参考文献

1. 常乐：《论区块链技术下金融衍生物的刑事规制》，载于《检察调研与指导》2019年第4期。

2. 崔志伟：《区块链金融：创新、风险及其法律规制》，载于《东方法学》2019年第3期。

3. 邓建鹏：《ICO与非法集资的法律风险——兼论刑法视野下的区块链数字资产》，载于《金融法学家（第九辑）》2017年版。

4. 范拓源：《区块链技术对全球反洗钱的挑战》，载于《科技与法律》2017年第3期。

5. 黄京磊等：《解码区块链：原理机制、场景案例与通证经济》，清华大学出版社2020年版。

6. 黎宏、王琦：《财产犯罪保护法益的实务选择》，载于《国家检察官学院学报》2018年第2期。

7. 黎宏：《论财产犯中的占有》，载于《中国法学》2009年第1期。

8. 黎宏：《刑法学各论》，法律出版社2016年版。

9. 李永新、肖益茂、沈洁：《试论“区块链+骗局”的防治策略》，载于《公安教育》2019年第3期。

10. 李忠诚、李中平：《关于比特币犯罪案件法律适用问题的几点思考》，载于《中国检察官》2018年第17期。

11. 林胜超：《区块链技术背景下恶意“挖矿”行为的刑法规制》，载于《第33次全国计算机安全学术交流会论文集》2018年版。

12. 王冠：《基于区块链技术ICO行为之刑法规制》，载于《东方法学》2019年第3期。

13. 王熠珏：《“区块链+”时代比特币侵财犯罪研究》，载于《东方法学》2019年第3期。

14. 谢丹夏、黄京磊：《非法占有加密货币行为的犯罪定性》，载于《制度经济学研究》2020年第4期。

15. 谢杰（2017a）：《“去中心化”互联网金融时代的监管困局与制度安排——基于区块链底层技术的比特币的法律与经济分析》，载于《互联网金融法律评论》2017年第2期。

16. 谢杰（2017b）：《区块链技术背景下金融刑法的风险与应对——以比特币交易对外汇犯罪刑法规制的冲击为视角》，载于《人民检察》2017年第8期。

17. 张庆立：《区块链应用的不法风险与刑事法应对》，载于《东方法学》2019年第3期。

18. 赵志华：《区块链技术驱动下智能合约犯罪研究》，载于《中国刑事法杂志》2019年第4期。

19. Averie Brookes, 2018, “U. S. Regulation of Blockchain Currencies: A Policy Overview”, American University Intellectual Property Brief, Vol. 9, No. 2, P. 80.

20. European Central Bank, 2012, “Virtual Currency Schemes – A Further Analysis”, [2012 – 12]. https: //www. ecb. europa. eu/pub/pdf/other/virtualcurrencyschemes201210en. pdf.

21. Lawrence J. Trautman, 2018, “Bitcoin, Virtual Currencies, and the Struggle of Law and Regulation to Keep Peace”, Marquette Law Review, Vol. 102, No. 2, P. 499.

22. Leo Zeng：《加密数字货币的国际反洗钱机制研究》，载于《国际经济法学刊》2019年第4期。

23. The Law Library of Congress, Global Legal Research Center, “Regulation of Cryptocurrency Around the World”, [2018 –06]. https: //www. loc. gov/law/help/cryptocurrency/cryptocurrency – world – survey. pdf.

The Nature of Cryptocurrency – Related Behaviors

HUANG Jinglei

(School of Social Science, Tsinghua University, 100084)

ZHOU Weidi

(School of Economics and Management, Tsinghua University, 100084)

[**Abstract**] The crime relating to cryptocurrency is becoming more and more frequent, and the legal interests concerning cryptocurrency need to be protected by criminal law. The discussion in academic and regulatory circles, however, is not adequate. From the perspective of the nature of cryptocurrency, any cryptocurrency should not be classified as "currency", "securities" or "foreign exchange". Among the behaviors relating to cryptocurrency, "mining" generally does not involve crime, but "malicious mining" constitutes computer crime; ICO (initial coin offering) constitutes the crime of illegal public deposit absorption or fund-raising fraud; Deceptive or involuntary "trading" may constitute property crimes, in which the behavior of simultaneously committing multiple crimes should be punished by the principle of imaginative concurrence; For other general "trading" activities, there is a risk of constituting tax evasion.

[**Key Words**] Cryptocurrency　Property Crime　Mining　ICO (Initial Coin Offering) Security

JEL Classifications: K14　L51　L86

语言距离影响中间产品贸易吗？

——基于贸易引力模型的实证研究*

武　悦　刘　骏　张　政**

【摘　要】语言距离是如何影响中间产品国际贸易的？本文以 WALS 语料库为语言学的专业数据基础来源，将该数据库中的 144 种语法特征加权平均，构造从 0 到 1 的两两语言间的语言距离指数，用来刻画两国官方语言的差异。本文采用拓展的引力模型，使用 2000 ~2014 年 42 个国家的面板数据，探究语言距离对中间产品贸易的影响。结果发现：语言距离对中间品贸易的影响是显著负向的；随着时间的推移，语言距离对中间品贸易的负向影响在逐年减弱；相对于美国而言，中国对不同文化和不同语言的接纳度和包容度更高，语言距离对中国的中间品贸易的影响更小。本研究的结论表示我们应该重视语言距离等人文因素对中间品贸易的影响，并且为理解全球化给贸易带来的影响提供了全新的经验证据，为提升中国中间品贸易的竞争力提供了重要启示。

【关键词】**语言距离　中间产品贸易　引力模型　中美比较**

中图分类号：**F742**　　文献标识码：**A**

---

* 本文得到了中央高校基本科研业务经费一般项目“中国产品渗透率指数及相关应用研究”（项目号：2021JJ005）；中央高校基本科研业务经费一般项目“机器人替代效应对劳动力的影响测度与国际比较”项目号（2020JJ006）资助。

** 武悦，北京外国语大学国际商学院，讲师；地址：（100089）北京市海淀区西三环北路 2 号北京外国语大学；E-mail：yuewu@ bfsu. edu. cn。刘骏（通讯作者），北京外国语大学国际商学院，讲师；地址：（100089）北京市海淀区西三环北路 2 号北京外国语大学；E-mail：liuj@ bfsu. edu. cn。张政，北京外国语大学国际商学院，硕士研究生；地址：（100089）北京市海淀区西三环北路 2 号北京外国语大学；E-mail：zhangzhengbfsu@ 163. com。

一、引　言

随着各国生产力的不断提升和国家间分工的高度发展，生产国际化和贸易自由化等载体的日益成熟，全球各国各地区中间产品和产成品的贸易交换效率不断提高。伴随着贸易往来，资本跨越国境，各国在此过程中形成互惠互利，相互依存的关系，资金、产品等要素在此过程中也正在实现全球化。如何更高效地参与全球化进程，更紧密地与世界各国进行生产资料的交换，是每个国家都在不断思考的问题。随着合作的展开，促进各国贸易合作的传统推动力，比如国家经济体量等经济因素，国土面积，国家之间的距离等地理因素的边际推动效用出现递减趋势。与之相反，相较于上述的“硬实力”，以语言文化为代表的“软实力”正在起到更强的推动作用。语言是人们进行沟通的主要表达方式，是人类最重要的交际工具，在现代人类社会中，语言作为文化的重要组成部分，不单只是一种重要的文化现象，同时也是一个国家，一个民族的文化载体。语言作为这样的载体，承载着一个国家或地区的思维方式、社会观念、群体心理和价值取向等信息，这些信息，在国际贸易中也始终起到了潜移默化的作用。

近几年来，国际贸易中的中间产品贸易正在受到越来越多的重视（Johnson and Noguera，2012；Koopman et al.，2014）。中国的中间品贸易占贸易总额的2/3以上，占据了举足轻重的地位（樊海潮和张丽娜，2018）。与最终产品贸易相比，中间产品贸易更多地反映了生产商之间贸易来往的信息。因此，对中间产品的贸易往来的研究将有助于我们更有针对性地探究进出口企业，尤其是制造业进出口企业的贸易情况。

目前的研究大多使用语言距离来衡量两国官方语言之间的差异程度，大量学者基于此进一步研究了语言距离和两国之间贸易总额的关系。主流的研究支持了语言距离将会负向影响两国之间的贸易总量（Rose，2004；Lohmann，2010；徐珺和自正权，2018）。但是，之前对贸易的结构分析还有空白之处。从贸易结构角度出发，贸易可以分为中间品贸易和最终产品贸易。与最终产品贸易的参与者是厂商和消费者相比，中间品贸易主要是厂商之间的参与，而厂商追求利润最大化的行为是否会弱化文化差异和语言差异带来的影响？如果是，那么语言差异将会如何影响中间产品的贸易？并且，随着全球化的日益推进以及互联网使用的普及，人们对于不同文化和来自不同国家的产品的包容度和接纳度正在提升，在此趋势下，语言差异对中间产品贸易的影响变化趋势是怎样的？最后，在中美贸易战的大背景下，中国和美国对不同文化产品的包容度和接纳度是否一致呢？这些问题都亟待解决。

基于此，本文梳理了之前学者在语言距离构造、语言经济、国际贸易等方面做的研究，采用引力模型，使用2000～2014年15年间的国家数据，对WALS数据库的144项语言要素进行详细的整理，构建两两语言之间的语言距离作为主解释变量，中间产品贸易额为被解释变量，同时引入GDP、地理距离等控制变量进行实证研究，探究语言差异对中间产品贸易的影响。结果发现：（1）语言差异对中间品贸易具有显著负向影响。（2）随着时间的推移，语言差异对中间品贸易的负向影响在逐年减弱。（3）相对于美国而言，中国对不同文化和不同语言的接纳度和包容度更高，因此相较于美国，语言差异对中国的中间品贸易的影响更小。

本文的边际贡献在于：首先，从中间品贸易的视角研究了语言差异对国际贸易的影响，丰富了语言距离与贸易关系的研究视角；其次，对这一关系随时间的动态变化进行了进一步的探索，为理解全球化给贸易带来的影响提供了全新的经验证据；最后，进行了中美对比，在中美贸易战大背景下，为提升中国中间品国际贸易的竞争力提供启示。

二、文献回顾

语言在经济学中的重要作用很早就被学者所关注并持续探索（Chen，2013；Wang et al.，2016；Ginsburgh and Weber，2020）。许其潮（1999）通过概述语言经济学学科的产生背景、发展情况、基本理论、研究对象、研究方法等，指出了语言经济学这门学科随着社会主义市场经济体制的建立和发展具有较大的发展前景，具有较高的研究价值和研究意义。李宇明（2012）认为语言是经济活动中不可缺少的要素，与经济的关系非常紧密，但在以往的社会语言意识中，语言的经济学属性并没有得到清晰的认识，通过对比世界其他国家的经济发展历史，窥见语言经济的巨大社会意义，并进一步提出，社会必须树立清晰的语言经济意识，仔细观察语言经济活动，全面收集语言经济数据，认识语言经济的运行规律。苏剑和黄少安（2015）引进语言距离概念以表示语言差异，比较各种衡量测度语言距离的方法，阐述语言距离其在经济学中的应用，分析凸显语言的产业和资源属性，建议编制语言距离数据库，制定相关的汉语标准化考试，创造更多的语言红利。

在语言对贸易的影响方面，已有文献也进行了探索（Sauter，2010；Ginsburgh and Weber，2011；Tenzer et al.，2017）。由于语言从一定程度上反映了国家的历史文化，使用相同或相近语言的国家的身份认同就越高，历史文化相近及认同感更高的国家之间的沟通成本就越低，更倾向于贸易合作。古和祖斯曼（Ku and Zussman，2010）通过构建涵盖100多个国家、跨越30

年的英语熟练程度指标，发现用英语交流的能力对促进全球贸易具有重要的作用，英语熟练程度可以减轻语言障碍带来的影响。罗斯（Rose，2004）在传统引力模型中加入共同语言的虚拟变量，对175个国家超过50年的面板数据进行回归分析，得出使用同一种语言对两国间贸易有正向影响。在罗斯（2004）的基础上，洛曼（Lohmann，2011）构建了“语言障碍指数”来替换共同语言的虚拟变量，发现语言障碍与国家贸易间的多边贸易额呈显著的负相关关系，在控制其他变量的影响下，“语言障碍指数”每增加10%，两国贸易量将因此下降7%～10%。随着全球价值链的不断发展，中间产品相比于产成品在国际贸易中占有越来越重要的地位，许多国际贸易方向的研究也随之转向分析中间品贸易（Kleinert，2003；Caliendo and Parro，2014；Mello－Sampayo，2017），但现有文献还少有探究语言及文化对中间产品贸易的影响。

在国内文献中，主流的研究大多基于引力模型对两国之间贸易量和贸易潜力的影响因素展开了深入分析（丁剑平和刘敏，2016；谭秀杰和周茂荣，2015；李豫新和郭颖慧，2013）。其中，少量学者基于语言文化对贸易的影响，结合一带一路等国家级合作倡议，为中国与周边各国的贸易提出研究建议。张治国（2016）以中国周边国家语言为研究对象，从语言学的角度论证了我们应该重视语言差异，在发展与周边国家语言互联互通的过程中，既要发展双边语言互联互通建设，又要发展多边语言互联互通建设。徐珺和自正权（2016）运用引力模型，采用了中国在十年间与17个贸易对象国的双边贸易数据，利用语言结构世界地图数据库，采用WALS指数测评方法进行实证研究，得出了双边贸易与语言距离呈负相关的结论。王晓宇和杨言洪（2019）以西亚北非地区为研究对象，基于语言结构世界地图数据库测算出西亚北亚26国与中国的语言距离指数，代入引力模型，发现中国向研究对象26国出口贸易额随着语言距离降低1%，将会增加1.172%，得出了缩小中国与研究对象26国缩小语言距离将对未来的出口贸易具有现实和长远意义的结论。

综上所述，在之前的研究中，学者们已对语言间差异进行了各种方式的衡量，并关注到了语言差异与国际贸易之间的关系，但现有文献大多采用虚拟变量或英语熟练度测量语言差异，且研究的对象往往是一国与一国的“一对一”或者一国对多国的“一对多”关系，同一个研究往往集中在同一种语言上。与此同时，中间产品在国际贸易中占有越来越重要的地位（徐珺和自正权，2018），但在以往文献中，探究语言差异如何影响中间产品贸易的研究尚有欠缺。

基于此背景，我们参考洛曼（Lohmann，2011）的方法，通过收集WALS数据库144种语法特征，构建语言距离变量，衡量两国间官方语言差异度，同时基于WIOD世界投入产出表，整理两国间中间产品贸易往来数据，探索语言距离对中间产品贸易的影响。为了消除了专门研究某一国家可能带来的偶然与误差，本文研究对象不限于某一国与多个贸易对象国之间的关系，而是覆盖亚洲、欧洲、非洲、大洋洲、美洲的42个国家地区，建立15年间42个国家之间两两对应的面板数据，实证结果更能客观真实地反应语言差异与国际贸易之间的关系。此外，之前的研究仅从贸易总量的角度出发探究语言距离的影响作用，本研究将更加侧重于对中间产品贸易和时间变化动态趋势展开分析。

三、模型与数据

（一）模型构建

本文的模型构建基于贸易引力模型，在控制两国GDP和地理距离的基础上，我们主要关注两国间官方语言距离对中间产品贸易的影响，同时加入其他地理、历史、经济方面的控制变量，估计如下方程：

$$\begin{aligned} \text{lnintermediates}_{ijt} = \beta_0 + \beta_1 \text{lngdps}_{ijt} + \beta_2 \text{lngeographicaldistance}_{ij} \\ + \beta_3 \text{ languagedistance}_{ij} + \beta_4 X_{ijt} + \alpha_{ij} + \gamma_t + \varepsilon_{ijt} \end{aligned} \quad (1)$$

计量模型采用面板数据回归，加入国家配对的固定效应 α_{ij}，来控制未观测到的国家层面异质性。同时加入年份固定效应 γ_t，以控制随着时间的推移影响所有国家间贸易的冲击。

（二）变量选取与构造

本文的因变量为中间产品贸易额，即将原材料经过简单的初步加工得到的用于生产其他商品和服务的产品。一般而言，区别于最终产品，中间产品在生产商之间交易流动，而非直接面向消费者。中间产品贸易符合垂直专业化理论和价值链理论，其重要程度随贸易国际化和国际化分工进程不断加快而逐步提升：对于出口国而言，中间品贸易可以发挥资源优势，形成规模效应，对于进口国而言，中间产品贸易可以有针对性地弥补资源劣势，节约生产成本，提高生产效率。近年来，我国的中间产品贸易在国际贸易中所占的比重不断提升，占比已超过2/3。在本文中，我们基于世界投入产出表，WIOT（World Input - Output Table），计算了从2000～2014年，42个国家两两间中间产品贸易往来总额。

本文的主解释变量语言距离是指两国间官方语言的语言特征差异度。各国所使用官方语言通过 Ethnologue 和 CIA factsbook 数据库进行匹配。语言距离则根据 WALS（World Atlas of Language Structures）数据库中 144 项包括辅音、元音、发音、词汇、语法等多维度具体语言特征构造，反映两种语言间语言特征差异度。该变量的取值范围在 0 ~ 1 之间，两种语言在 144 项语言特征中的相同项越多，两种语言的差别就越小，语言距离变量的取值就越接近 0。语言作为沟通的桥梁及文化的承载，语言越相似（语言距离越小），在沟通中的语言障碍就越小，贸易就能更加顺畅地进行，从而促进两国之间的中间产品贸易。

在控制变量方面，我们收集并在模型中逐步加入地理、历史和经济三类影响两国间贸易的变量。普遍认为，国土面积大的国家幅员辽阔，资源丰富，在生产过程中的所需资源一般能自给自足，对外依存度较低；另外，国土面积大的国家人口也较多，内需较强。因此，国土面积也是影响国际贸易的因素。内陆国的地域环境则一般较为单一，没有完整充分的自然资源等生产资料来源和广阔的国内消费市场，譬如蒙古国完全处于内陆，对海鲜等物资的需求完全依赖进口，从而影响这类国家的国际贸易。如果贸易两国存在毗邻关系，两国之间贸易运输环节的费用将大幅降低，贸易商品的价格也因贸易成本的降低而更具备竞争力，从而促进两国间的贸易往来。因此，加入了国土面积、内陆国和毗邻国等地理因素控制变量；为了控制在殖民生活的时间里遗留的语言文化等因素对两国现有贸易往来的影响，加入了 1945 年后是否有共同的殖民者和两国是否曾有殖民关系两个历史因素控制变量；为了控制在同一贸易组织或协议里对两国贸易往来的影响，加入货币联盟（是否使用同一种的货币）、贸易协定（是否在同一贸易协定之中）和世界贸易组织（是否为 WTO 成员方）等经济控制变量。

表 1　　　　　　　　变量名称、含义与解释

变量		含义	理论解释
因变量	lnintermediates	中间产品贸易额的对数	中间产品是将原材料进行初步的处理加工得到的产物，一般在生产商之间交易流通
	lnfinalcon	最终消费品贸易额的对数	最终消费品是生产的最终目的和归宿，是指满足居民消费者的产品。一般在生产商和消费者之间流通

续表

变量		含义	理论解释
自变量	languagedistance	两国官方语言之间的语言距离	基于 WALS 数据库构造的语言距离指数，取值在 0～1 之间，反映了研究对象之间的语言差异，语言的差异越大，该变量越接近 1
	commonlang	两国是否使用同一种官方语言，1 代表使用相同语言，0 代表使用不同语言	相同官方语言虚拟变量
控制变量	lngdps	两国 GDP 乘积的对数	反映了 t 时期 i、j 贸易两国国家的经济体量
	lngeographicaldistance	两国的地理距离的对数	在其他因素相同的情况下，两国地理位置越远，运输成本越高，从而作用于贸易量的减少
	lnlandareas	两国国土面积乘积的对数	反映了贸易两国国土面积的大小，从地理角度描述国家的体量
	landlocked	描述两国内陆国情况的变量，0 代表两国都不为内陆国；1 代表一国是内陆国；2 代表两国都为内陆国	地域环境可能较为单一，相对于依赖进出口
	border	描述两国是否接壤的变量。0 代表不接壤，1 代表接壤	接壤的两个国家国家交通运输便利，贸易紧密
	comcol	1945 年后是否有共同的殖民者	殖民国的经历会影响区域的文化与经济
	colony	两国是否曾有殖民关系	同上
	custrict	两国是否为同一货币联盟。1 代表是；0 代表不是	货币联盟是指使用相同的货币，包括统一货币和美元化两种形式
	rta	两国在是否有贸易协定。1 代表有；0 代表没有	普遍认为国家之间的贸易协定可在一定程度上消除贸易壁垒，促进贸易
	wto1/wto2	两国有一国/两国是世界贸易组织成员方。1 代表是；0 代表不是	世界贸易组织为解决全球贸易争端创造了新的机制和程序，普遍认为能促进各国之间公平有效贸易

（三）数据来源与描述性统计

本文的数据来源主要有以下几处：中间产品贸易量和最终产品贸易量来自 WIOD 数据库在 2016 年发布的世界投入产出数据 WIOD Data。该数据库涵盖的国家和地区的 GDP 总额占据超过世界所有经济体 GDP 总额的八成，能较为全面地反映国际贸易的整体情况，并且此数据涵盖了世界 40 余个国家地区 50 余个行业之间中间产品的使用和最终产品贸易的流向，详细地展现特定国家地区各行业之间的贸易情况，便于整体研究后的特定研究。构造语言距离的原始数据来自 Ethnologue，CIA factsbook 和 WALS 数据库。其中 Ethnologue 和 CIA factsbook 记载了世界各国各地区的概况，包括地理位置、官方语言、官方语言代码等基本信息，WALS 数据库收集整理了世界上 2000 余种语言的语法、词法、发音等语言学基本特征，包含了该研究中所有国家区域的官方语言。本研究先利用 Ethnologue 数据库确定各国各地区的官方语言，再从 WALS 和 CIA factsbook 数据库中找出所研究官方语言的所有语法特征，将各种官方语言两两配对，互相比较，构造出两两对应的语言距离组。各国国内生产总值的数据来自宾夕法尼亚大学国际比较中心世界表（Penn World Table），该数据表对国内生产总值有不同口径的统计方式，本文选择了其中购买力平价下产出侧的国内生产总值指标 Output - side real GDP at chained PPPs (in mil. 2011US$)，以获得研究对象的较为真实的经济情况。国家地区之间签订的区域贸易协定的数据和关于世界贸易组织的成员国情况均来自世界贸易组织的官方网站。国家地区之间的地理距离、国土面积、殖民情况等不随时间而变化的数据来自罗斯（2004）。基于以上，我们总共得到了 42 个国家 2000 ~ 2014 年 15 年的数据。主要变量的描述性统计见表 2。

表 2　　描述性统计结果

变量	观测值	均值	标准差	最小值	最大值
lnintermediates	13 545	6. 149	2. 652	-2. 539	16. 81
lnfinalcon	13 545	5. 148	2. 608	0	15. 988
languagedistance	13 545	0. 389	0. 167	0	0. 791
commonlang	13 545	0. 08	0. 271	0	1
lngdps	13 545	25. 91	2. 493	17. 9	33. 26
lngeographicaldistance	11 895	7. 18	1. 971	0	9. 335
lnlandareas	12 900	24. 562	3. 168	13. 614	32. 769
landlocked	12 900	0. 286	0. 489	0	2
border	12 900	0. 063	0. 243	0	1
comcol	12 900	0. 013	0. 112	0	1
colony	12 900	0. 021	0. 143	0	1

续表

变量	观测值	均值	标准差	最小值	最大值
custrict	12 900	0. 003	0. 059	0	1
rta	13 545	0. 417	0. 493	0	1
wto1	13 545	0. 042	0. 2	0	1
wto2	13 545	0. 957	0. 203	0	1

四、回归结果及分析

（一）基准回归模型

根据回归模型（1）得到以下结果，如表 3 所示：

表 3　　基准回归结果

变量	(1) 中间产品贸易量	(2) 中间产品贸易量	(3) 中间产品贸易量	(4) 中间产品贸易量
languagedistance	-1. 247*** (0. 093)	-1. 806*** (0. 096)	-1. 715*** (0. 096)	-1. 625*** (0. 076)
lngdps	0. 828*** (0. 015)	1. 021*** (0. 018)	1. 031*** (0. 018)	1. 026*** (0. 016)
lngeographicaldistance	-0. 880*** (0. 002)	-1. 051*** (0. 012)	-1. 057*** (0. 012)	-0. 969*** (0. 017)
lnlandareas		-0. 107*** (0. 006)	-0. 110*** (0. 006)	-0. 110*** (0. 006)
landlocked		0. 259*** (0. 012)	0. 292*** (0. 011)	0. 304*** (0. 010)
border		0. 386*** (0. 019)	0. 193*** (0. 016)	0. 211*** (0. 027)
comcol			1. 143*** (0. 049)	1. 181*** (0. 079)
colony			0. 497*** (0. 012)	0. 472*** (0. 015)

续表

变量	(1) 中间产品贸易量	(2) 中间产品贸易量	(3) 中间产品贸易量	(4) 中间产品贸易量
custrict				0. 126 ** (0. 058)
rta				0. 381 *** (0. 038)
wto1				0. 942 *** (0. 108)
wto2				0. 548 *** (0. 074)
Constant	-8. 529 *** (0. 353)	-9. 433 *** (0. 377)	-9. 636 *** (0. 389)	-10. 909 *** (0. 459)
个体固定效应	是	是	是	是
年份固定效应	是	是	是	是
R - squared	0. 824	0. 797	0. 801	0. 806
观测值	11 895	11 280	11 280	11 280

注：***，**，*分别表示在1%，5%和10%显著性水平下显著，括号里为异方差稳健标准误。

由表3的结果可以看出，语言距离显著的负向影响两国之间的中间产品贸易。并且，以上回归结果符合传统的引力模型的相关理论：两国GDP与中间产品贸易量显著正相关，两国之间的地理距离与中间产品贸易量显著负相关。双向固定效应模型的结果显示，当其他条件保持不变的情况下，两国的语言距离每增加0. 1，将导致中间产品贸易量减少16. 25%。

（二）稳健性检验

为了进一步增加实证结果的稳健性，我们构造了虚拟变量commonlang衡量两国之间的语言差异：如果两国使用同一种官方语言，则commonlang等于1，如果两国使用不同的官方语言，则commonlang等于0。表4的前两列汇报了这一结果。此外，我们也对最终产品贸易受到语言距离影响进行了实证分析，如表4的后两列所示。

表 4　稳健性检验结果

变量	(1) 中间产品贸易量	(2) 中间产品贸易量	(3) 最终产品贸易量	(4) 最终产品贸易量
commonlang	0.068 * (0.033)	0.990 *** (0.032)		
languagedistance			-0.813 *** (0.028)	-1.171 *** (0.029)
lngdps	0.835 *** (0.015)	1.000 *** (0.015)	0.796 *** (0.013)	1.021 *** (0.015)
lngeographicaldistance	-0.936 *** (0.003)	-1.043 *** (0.015)	-0.933 *** (0.004)	-1.055 *** (0.013)
lnlandareas		-0.081 *** (0.007)		-0.141 *** (0.008)
landlocked		0.266 *** (0.011)		-0.102 *** (0.026)
border		0.188 *** (0.030)		0.173 *** (0.016)
comcol		1.207 *** (0.086)		1.274 *** (0.029)
colony		0.267 *** (0.014)		0.425 *** (0.015)
custrict		0.157 ** (0.061)		0.914 *** (0.021)
rta		0.431 *** (0.040)		0.259 *** (0.026)
wto1		1.119 *** (0.121)		0.753 *** (0.063)
wto2		0.649 *** (0.090)		0.593 *** (0.038)
Constant	-8.783 *** (0.375)	-11.198 *** (0.497)	-8.475 *** (0.317)	-10.487 *** (0.285)
个体固定效应	是	是	是	是
年份固定效应	是	是	是	是
R-squared	0.820	0.802	0.818	0.821
观测值	11 895	11 280	11 895	11 280

注：***，**，*分别表示在1%，5%和10%显著性水平下显著，括号里为异方差稳健标准误。

由表4的结果可以看出，由于如果两国的语言一致，则commonlang等于1。回归结果中commonlang前的系数为显著正，表明语言距离与贸易额负相关。因此，稳健性检验的结果也支持了基准回归的实证结果。此外，对比回归结果中的系数绝对值也可以发现，语言距离显著地影响最终产品贸易量，但是与语言距离对中间产品贸易量的影响相比程度较低。一般而言，中间产品的贸易是在各生产商之间进行，最终产品的贸易是在生产商和消费者之间进行，从回归结果来看，语言距离对生产商之间贸易紧密度的影响大于对生产商和消费者之间的紧密度。这是因为生产商之间的贸易有量大批次多等特点，且中间商品的产品参数与最终产品相比更加复杂，在贸易中可能需要反复沟通，因此受语言距离的影响较大。其他的控制变量如国内生产总值的正向影响、地理距离的负向影响等结果都高度显著。通过观察贸易协定、是否同在世界贸易组织等控制变量的影响也易发现，与最终产品贸易相比，中间产品贸易更易受外界因素产生更大的波动。

（三）趋势分析

随着全球化的推进以及互联网的普及，人们对于不同文化和来自不同国家的产品的包容度和接纳度正在提升，语言距离对中间产品贸易的影响是否在逐渐减弱呢？为了进一步探索语言距离对贸易量影响是否随着时间的变化逐渐缩小，得到表5的结果。

表5　　语言距离系数和地理距离系数

年份	语言距离系数	稳健标准误	地理距离系数	稳健标准误
2000	-1.910***	0.311	-0.899***	0.060
2001	-2.072***	0.293	-0.881***	0.057
2002	-1.866***	0.289	-0.937***	0.056
2003	-1.764***	0.288	-0.963***	0.056
2004	-1.729***	0.276	-1.009***	0.053
2005	-1.575***	0.264	-1.016***	0.051
2006	-1.665***	0.260	-1.044***	0.050
2007	-1.553***	0.260	-1.060***	0.050
2008	-1.492***	0.258	-0.980***	0.057
2009	-1.452***	0.266	-0.996***	0.058

续表

年份	语言距离系数	稳健标准误	地理距离系数	稳健标准误
2010	-1.386***	0.263	-0.978***	0.058
2011	-1.323***	0.258	-0.974***	0.053
2012	-1.397***	0.265	-0.960***	0.054
2013	-1.377***	0.270	-0.986***	0.058
2014	-1.302***	0.270	-0.957***	0.059

注：***，**，*分别表示在1%，5%和10%显著性水平下显著。

为了更清晰地展示以上回归结果，语言距离系数和地理距离系数随时间变化如图1所示：

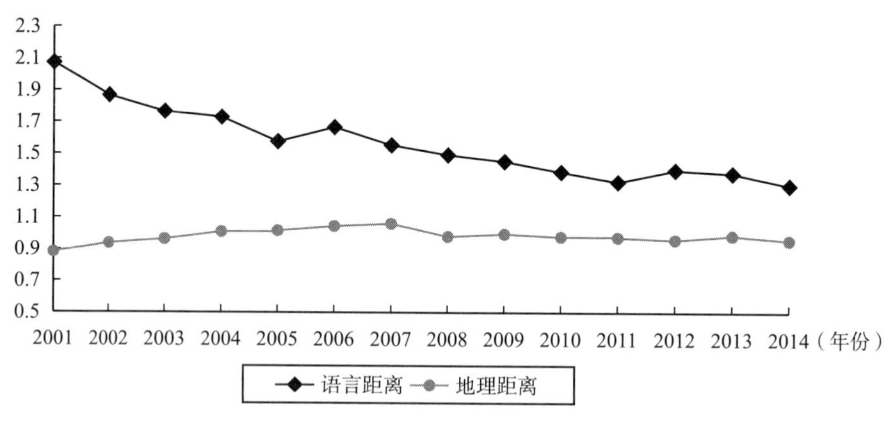

图1 语言距离系数14年间的变化

图1很直观地展现了14年来语言距离系数和地理距离系数的变化，地理距离对贸易的影响变化始终不大。相反，随着14年来国际贸易的日益频繁，贸易全球化进程的不断推进，语言距离对贸易的阻碍壁垒作用被弱化，更多更优秀的从事国际贸易的翻译人才和人工智能机器翻译等科技工具的普及运用在中间起到了不可忽视的作用。与此同时，我们认为，语言距离系数的下降趋势并不是语言在国际贸易中的作用降低的信号，而是几十年来人们对语言作用重视并采取一系列举措的“红利”。

（四）中美对比

美国和中国目前在世界经济体排名中牢牢占据前两位，在世界国际贸易往来中占据着举足轻重的地位。美国借助布雷顿森林体系确立的货币优势在国际贸易中处于领先地位，而中国作为世界上发展速度最快和规模最大的发展中国家，近几年来国际地位显著提升。在我们研究的14年的时间里，2008年无疑是不平凡的一年，在这一年，美国暴发席卷全球的金融危机，给世界经济带来巨大的负面影响；中国第一次举办夏季奥林匹克运动会，国际地位进一步提高；同时，这一年也是联合国确定的“国际语言年”——这意味着世界最大的国际组织对语言间差异的重视程度已经到了前所未有的高度。因此，本研究将2008年作为研究14年范围内的分界年，以中间产品贸易量为研究的因变量，分别研究21世纪的第一个15年中的两段时间区间内，中美作为两大重要的经济体，贸易受语言距离、国内生产总值、地理距离等因素的影响。实证结果如表6所示：

表6　　中美对比

变量	(1) 中国 中间产品贸易量 (2001~2008)	(2) 中国 中间产品贸易量 (2009~2014)	(3) 美国 中间产品贸易量 (2001~2008)	(4) 美国 中间产品贸易量 (2009~2014)
languagedistance	-1.250*** (0.252)	-0.689*** (0.084)	-2.620*** (0.098)	-2.432*** (0.042)
lngdps	1.188*** (0.018)	1.087*** (0.016)	1.309*** (0.014)	1.359*** (0.011)
lngeographicaldistance	-0.805*** (0.112)	-0.849*** (0.038)	-0.875*** (0.100)	-2.041*** (0.107)
Constant	-18.885*** (0.218)	-18.298*** (0.487)	-11.949*** (1.088)	-2.888** (0.908)
控制变量	Yes	Yes	Yes	Yes
个体固定效应	Yes	Yes	Yes	Yes
年份固定效应	Yes	Yes	Yes	Yes
R-squared	0.847	0.875	0.848	0.870
观测值	342	228	351	234

注：***，**，*分别表示在1%，5%和10%显著性水平下显著，括号里为异方差稳健标准误。

由表6的结果可以看出，语言距离始终对两国的中间产品贸易量有显著的负向影响。与美国在两阶段过程中语言距离对贸易影响程度始终较高相比，中国在第二阶段里，中间产品贸易量受语言距离的影响程度显著降低，表示语言差异在中国与世界各国各地区的贸易中的副作用大幅削弱。这与中国在

2008年奥运后让世界更好地认识新时代的中国，并增强国际贸易与合作相符。另外，近年来，中国以大国的担当，基于人类命运共同体的理念提出的以“一带一路”为代表的各项合作倡议在贸易过程中对消除语言距离的负向影响也起到了很大的作用。

五、结论与建议

本文以贸易引力模型为理论依据，基于WALS等数据库的数据，探究语言距离对中间品贸易的影响，并结合国际形势，对比研究影响各因素对中美两国中间品贸易的影响。研究发现，语言距离对中间品贸易的影响是显著负向的；随着时间的推移，语言距离对中间品贸易的负向影响在逐年减弱；相对于美国而言，中国对不同文化和不同语言的接纳度和包容度更高，语言距离对中国的中间品贸易的影响更小。基于研究成果，本文提出以下建议：

（一）中国以更自信、更包容的胸怀参与国际贸易

兼容并蓄是中国传统文化的一大特质。几十年来，中国始终秉承互惠互利的态度参与国际贸易，随着经济实力的飞速发展，在国际上的话语权也在不断提升。中国应继续保持开放合作的态度，以更自信、更包容的胸怀参与国际贸易，承担大国责任，维护国际贸易秩序，发挥比较优势的作用，带动世界各国协同发展。

（二）加强外语尤其是小语种教育，储备高水平翻译人才

培养小语种、多语言的复合型人才也是“一带一路”合作倡议的推动力量。尽管语言距离对国际贸易的负影响在减弱，但是在合作过程中，特别是与很多小语种的国家的合作中，仍然需要大量的高水平翻译人才。与机器相比，高素质的语言工作者更能将国际贸易中的沟通信息译到“信”“达”“雅”的理想状态，通过顺畅的语言沟通建立桥梁，增加对这些小语种国家的了解，从而帮助它们更好地、更高质量地融入全球贸易中，以带动小语种国家的经济发展，体现中国作为一个负责任大国的责任与担当。

（三）增强汉语在国际上的影响力，创造语言优势

美国受益于美元的红利，在国际贸易中处于先天的优势地位，在美元货

币优势日渐式微的今天，语言将在未来国家的发展中起到不可忽视的作用。但是，在研究中，我们发现，在今天的世界语言地图中，以英语、德语、西班牙语等为代表的印欧语系地理分布跨度大且范围广，该语系拥有最多的母语人口，是目前国际上语族最多、影响力最大的语系，而以汉语为代表的汉藏语系虽然母语人口有 14 亿，超过世界总人口的 1/5，但是该语系的应用范围基本集中在中国，在国际上不如印欧语系分散普及。因此，我国应该重视汉语教育在国际上的普及与推行，通过孔子学院等机构推进中国文化的传播和汉语教育的国际化发展，提高汉语在世界各语言中的地位，这样不仅可以增强中国语言文化的影响力，在中国更强的国际贸易的竞争力形成过程中也有深远的意义。

参考文献

1. 丁剑平、刘敏：《中欧双边贸易的规模效应研究：一个引力模型的扩展应用》，载于《世界经济》2016 年第 39 期。

2. 樊海潮、张丽娜：《中间品贸易与中美贸易摩擦的福利效应：基于理论与量化分析的研究》，载于《中国工业经济》2018 年第 9 期。

3. 李宇明：《认识语言的经济学属性》，载于《语言文字应用》2012 年第 3 期。

4. 李豫新、郭颖慧：《边境贸易便利化水平对中国新疆维吾尔自治区边境贸易流量的影响——基于贸易引力模型的实证分析》，载于《国际贸易问题》2013 年第 4 期。

5. 苏剑、黄少安：《语言距离的测度及其在经济学中的应用》，载于《江汉论坛》2015 年第 3 期。

6. 谭秀杰、周茂荣：《21 世纪“海上丝绸之路”贸易潜力及其影响因素——基于随机前沿引力模型的实证研究》，载于《国际贸易问题》2015 年第 4 期。

7. 王晓宇、杨言洪：《区域国别视角下语言距离对中国向西亚北非出口贸易的影响及潜力分析》，载于《上海对外经贸大学学报》2019 年第 2 期。

8. 徐珺、自正权：《语言对中国对外贸易影响之实证研究：基于 17 国数据的考察》，载于《外语电化教学》2016 年第 8 期。

9. 许其潮：《语言经济学——一门新兴的边缘学科》，载于《外国语（上海外国语大学学报）》1999 年第 4 期。

10. 张治国：《“一带一路”建设中的语言问题》，载于《语言文字应用》2016 年第 4 期。

11. Caliendo L，Parro F，2014，“Estimates of the Trade and Welfare Effects of NAFTA”，*Review of Economic Studies*，Vol. 82，No. 1，pp. 1 – 44.

12. Chen M K, 2013, "The effect of language on economic behavior: Evidence from savings rates, health behaviors, and retirement assets", *The American Economic Review*, Vol. 103, No. 2, pp. 690 - 731.

13. Ginsburgh V, Weber S, "How many languages do we need? The economics of linguistic diversity", Princeton, NJ: Princeton University Press, 2011.

14. Ginsburgh V, Weber S, 2020, "The economics of language", *Journal of Economic Literature*, Vol. 58, No. 2, pp. 348 - 404.

15. Johnson R C, Noguera G, 2012, "Fragmentation and trade in value added over four decades", *National Bureau of Economic Research.*

16. Ku H, Zussman A. Lingua franca, 2010, "The role of English in international trade", *Journal of Economic Behavior and Organization*, Vol. 75, No. 2, pp. 250 - 260.

17. Kleinert J, 2003, "Growing trade in intermediate goods: Outsourcing, global sourcing, or increasing importance of MNE networks?", *Review of International Economics*, Vol. 11, No. 3, pp. 464 - 482.

18. Koopman R, Wang Z, Wei S J, 2014, "Tracing value-added and double counting in gross exports", *American Economic Review*, Vol. 104, No. 2, pp. 459 - 494.

19. Lohmann J, 2011, "Do language barriers affect trade?", *Economics Letters*, Vol. 110, pp. 159 - 162.

20. Mello - Sampayo F, 2017, "Competing-destinations gravity model applied to trade in intermediate goods", *Applied Economics Letters*, Vol. 24, No. 19, pp. 1378 - 1384.

21. Rose A K, 2004, "Do we really know that the WTO increases trade?", *American economic review*, Vol. 94, No. 1, pp. 98 - 114.

22. Sauter N, "Talking trade: language barriers in intra - Canadian commerce", *Empirical Economics*, Vol. 42, No. 1, pp. 301 - 323.

23. Tenzer H, Terjesen S, Harzing, AW, 2017, "Language in international business: A review and agenda for future research", *Management International Review*, Vol. 57, pp. 815 - 854.

24. Wang H, Cheng Z, Smyth R, 2016, "Language and consumption", *China Economic Review*, Vol. 40, pp. 135 - 151.

Does Language Distance Affect Trade in Intermediate Goods?

——An Empirical Study Based on Extended Gravity Model

WU Yue　LIU Jun　ZHANG Zheng

(International Business School, Beijing Foreign Studies University, 100089)

[**Abstract**] How does language distance affect the international trade of intermediate goods? In this paper, we use 144 grammatical features in the WALS to construct a language distance index ranging from 0 to 1 to describe the differences between official languages of two countries. We use an extended gravity model and a panel data of 42 countries from 2000 to 2014 to explore the impact of language distance on trade in intermediate goods. Our results show that language distance has a significant negative effect on intermediate goods trade and this effect decreases over time. Compared with the United States, language distance has a smaller impact on China's intermediate goods trade, which may suggest that China has a higher degree of acceptance and tolerance to different cultures and languages when trading internationally. The results indicate that we should pay attention to the impact of culture factors, such as language distance, on the trade of intermediate goods. By analyzing the data, this paper attempts to bring novel empirical evidence for understanding the impact of globalization on trade, and to provide policy implication for improving the competitiveness of China's intermediate goods trade.

[**Key Words**] Language Distance　Trade in Intermediate Products　Gravitation Model　Comparison of China and the United States

JEL Classifications: F14　F20　F10

以高质量融合推动法经济学发展

——第十九届（2021）年度中国法经济学论坛会议综述

李增刚*

由山东大学经济研究院、浙江大学经济学院联合主办、《经济研究》杂志社作为学术支持单位的第十九届（2021 年度）中国法经济学论坛于 2021 年 9 月 18～19 日在山东大学顺利举行。来自清华大学、浙江大学、中山大学、复旦大学、厦门大学、重庆大学、中央财经大学、中国社会科学院和山东大学等单位的学者以及权威学术杂志的一批资深编辑共 100 多人参加了论坛。浙江大学文科资深教授和金融研究院院长史晋川、山东省社科联副主席杨宗杰、山东大学讲席讲授和经济研究院院长黄少安以及《经济研究》编辑部副主任谢谦分别在开幕式上致辞。开幕式由黄少安教授主持。

开幕式之后，论坛举行了主题报告。清华大学社会科学学院的谢丹夏副教授作了题为《双边市场排他性协议研究》的报告。他将非对称平台假设和内生化的平台“二选一”行为引入到双边市场，构建了一个新的双边市场竞争与反垄断的分析框架，为反垄断实践提供了新的工具和视角。中山大学岭南学院的黄晓光博士后作了题为《不完全契约与担保债务合同的最优结构》的报告。他在不完全契约理论的基础上，分析了担保债务合同最优结构的决定因素，讨论了最优担保比率、担保物权形式、担保权利和担保债务的期限结构等。山东大学经济研究院的姜树广教授做了题为《Cheating in a Social Dilemma：Individualism Vs. Collectivism and Group Size（社会困境中的欺骗：个人主义与集体主义和群体规模）》的报告。他采用实验经济学的方法，研究了欺骗行为在个人主义和集体主义文化中的差异，以及在不同规模社会中的差异。山东大学法学院的郑智航教授作了题为《数字资本运作逻辑下的数据权利保护》的报告，他基于数字资本运作逻辑分析了数据权利保护中数字身份、数字劳动和数字消费的三重异化，以及对数据权利人的身份权、劳动权和消费权的影响。浙江大学经济学院博士后、浙江科技学院的叶斌作了题为《诉讼决策对判决结果的影响机制研究》的报告，通过辨析预期型诉讼决

* 李增刚，经济学博士，山东大学经济研究院教授、博士生导师，《制度经济学研究》编辑部主任；E-mail：casslzg@126.com。

策和价值型诉讼决策，改进了 Priest – Klein 理论，并以律师信息作为预期型诉讼决策的代理变量，以企业合同纠纷的判决书为样本，检验 Priest – Klein 理论的“50%”命题。齐鲁工业大学（山东省科学院）的刘阳荷博士基于智能合约的技术属性，研究了其最优合同的实现机制，认为智能合约凭借技术优势，通过影响信息充分度和执行灵活度，减少了合同不完备性引致的机会主义行为，有利于最优合同的实现。天津财经大学法学院的李艳婷做了题为《食品职业打假人请求惩罚性赔偿的实证分析》的报告，基于北京市 2016 ~ 2020 年食品领域惩罚性赔偿案件，实证检验职业打假人的存在，认为惩罚性赔偿并未提高食品的安全水平。成都大学法学院的米传振做了题为《社科法学研究的现状、特征与趋势》的报告。他基于 2001 ~ 2019 年运用社科法学方法的 376 篇博士学位论文，从样本容量、引证数据、产出趋势等方面比较了法社会学和法经济学的研究以及经济学领域和法学领域的法经济学研究的总体情况。

本届论坛采取线上线下相结合的形式，分为六个小组平行进行了论文汇报、评议和讨论，分别为：理论与历史，产权、侵权与犯罪，制度与治理，数字经济及其治理，研发与创新，农村、资源与环境。

一、理论与历史

法经济学有不同的发展进路，也有不同的发展阶段，经济学家和法学家都关注法经济学研究，但是存在差别。西北大学法学院的赵海怡认为，当代法经济学发展的三条进路分别是科斯所代表的“法经济学”、波斯纳所代表的“法律的经济分析”以及卡拉布雷西所代表的“法学和经济学的双向校验互动研究”；其中第三条进路没有得到国内学术界的足够重视，国内学术界应该加强第三条进路的研究和重视。湖南大学法学院的刘崔峰以历史脉络为线索，总结了犯罪与刑罚的经济分析的四个阶段，即形影相随、冷落隔阂、孕育转机、发展复兴。成都中医药大学的阳李和山东科技大学的伹连涛以《中国法学》和《法学研究》1998 年至 2020 年期间刊发的论文为对象，研究了外部学科知识对法学的影响，认为中国法学学术研究日渐专业化、精细化和规范化的同时，对外部学科知识的借鉴和吸收却并未得到同等程度的重视。法学论文引证外部学科知识的比例越高，相应的被引次数反而越低，学术影响力越小。成都大学法学院的米传振以中国知网上运用社科法学研究方法的 376 篇博士学位论文进行考察发现：从样本容量看，法经济学的学术影响超过了法社会学；法学院培养了大多数有法社会学偏好的博士，社会学专业的博士对法社会学的参与有限；法社会学研究方法的“消费者”形成了“以法学专业为主＋少部分社会学专业”的局面；法学院培养的博士在法经济学博士学位论文中占多数，经管类院系培养的博士次之；与法社会学相比，法经济学研究者的专业出身更多样化；从引证数据看，法经济学博士论文的学术影响力更大；对学术论文创新性的要求会吸引一部分博士运用法经济学方法；从产出趋势看，运用社科法学方法在博士学位论文在2010年左右达到高峰；很难说使用了社科法学方法就能帮助学者提高学术产出的质量和数量。

对法经济学的基本理论问题进行研究，也取得了重要进展。中山大学岭南学院的黄晓光在不完全契约理论的基础上，通过数理模型分析了担保债务合同最优结构的决定因素，发现最优担保比例是权衡企业生产经营能力于偿付可置信性的结果；资产的性质以及债权人对资产的控制权差异决定了担保物权的形式；当破产清算程序的交易费用较高或破产财产具有高度专用性时，担保权利会变得十分重要；担保债务的期限结构取决于担保权利产生的事后可证实收益与债务人私人收益之间的比例和时间分布。南方医科大学法学院的冯曦对公司法经济学解释的路径进行了反思，认为“经济人”假设、机会主义等前提假设与公司这种以“利他”为前提的人类合作典型形式不符，以社会情景、身份认同、信任期望为基础建构合作理论可以较好地解释公司行为（包括信息披露、议事制度等）。陕西师范大学国际商学院的姚宇和王玮从制度自发演化的视角构建了一个以公共品博弈为基础的实验，探讨了正式制度与非正式制度的结合能否在社会发展中自发形成并促进社会合作。研究发现：在社会正式制度已经存在的社会背景下，非正式制度将随着社会进程与正式制度相结合，从而形成一种对社会合作推进更为有利的新社会制度。湖南大学法学院的刘崔峰基于法经济学视野研究了赔命价制度的内在逻辑，认为“可置信的复仇威胁”“理性选择与帕累托改进”“对犯罪的威慑效用与惩罚效率”是赔命价习惯法的内在合理逻辑，也是国家法应当为适用赔命价习惯法创造空间、允许当事人自愿申请依赔命价习惯法解纷的重要原因。山东大学经济研究院的厚鑫以“经济人”的理性自利和不完全信息假设为基础构建了一个个人疫情相关信息汇报者与有关部门的信号博弈模型，通过求解均衡，认为瞒报情况的出现除了取决于汇报者瞒报的预期收益和可能接受的惩罚力度外，还与病毒的威力、有关部门的防疫和信息获取成本等相关，通过设置一个高的瞒报惩罚或降低风险者如实汇报风险的成本可以达到不存在瞒报的信号有效的分离均衡；在引入了委托代理问题后，瞒报现象虽被有效杜绝，但社会福利与上述分离均衡相比下降了。天津财经大学法学院的刘莹以新冠疫情为例研究了突发公共卫生事件中防疫物资的配置路径，认为鉴于防疫物资的初始权利配置具有复杂性，此时是否仍应坚持市场机制作为导向，而政府机制下的权利配置模式是否定然符合社会效益最大化特征，不能一概而论。

对法经济学的理论命题或假说进行检验，也是推动法经济学理论发展的重要途径。山东大学的魏建教授和山东管理学院的田燕梅博士基于2015～2020年的著作权侵权司法判决书数据信息，研究了策略性诉讼的维权威慑效率问题，他们发现策略性诉讼虽然可能维持较高的胜诉率，但是赔偿金额会下降。山东大学经济研究院的王希和陈言基于中国私营企业2016年调查数据研究了企业社会资本与社会责任的关系问题，发现：结构型社会资本（社会网络广度）会激发企业主的社会责任意识，资源型社会资本（实际获取的资源）对企业的社会责任行动影响明显。天津财经大学法学院的冯博和赵博通过查阅浙江省419份法律文书，提取放贷次数、进入诉讼次数、对象是否特定、营利性、是否存在套路贷手段、资金来源、格式条款、是否加入职业放贷人名录等指标判定职业放贷人，分析了职业放贷行为的营利性、反复性与不特定性以及对象的不特定等。天津财经大学的王楠和孙雄佳以“孙杨案”为例，以最小防范成本者负主责为基本原则，运用汉德公式对“孙杨案”中双方当事人的防范成本进行分析，构建了纳什均衡博弈模型，验证双方当事人的最优策略，提出“兼顾公平与效率”的世界反兴奋剂处罚的归责原则。

二、产权、侵权与犯罪

在证券市场、债券融资、银行借贷等领域存在着纠纷、侵权等各种问题，法经济学提供了问题解决的一种思路。山东科技大学文法学院的王琳基于演化博弈研究了证券群体纠纷化解方式，以寻找引导当事人理性选择纠纷化解的合理路径，提出采用单一的特别代表人诉讼制度、建立证券侵权纠纷群体调解制度以及完善证券欺诈的民事赔偿制度。河北英陆律师事务所的杨媛运用信息不对称理论和激励约束理论研究了私募股权基金投资工具的法律制度，认为由于投融资双方信息不对称，私募股权基金处于信息弱势的一方，优先股、可转债、认股权、AB股（差异表决权制度）能够对目标企业及其原创始股东、管理层股东起到激励约束作用、控制其道德风险、减少委托代理成本的投资工具，自然就成为私募股权基金的首选，用于控制投资风险、保障投资收益。山东财经大学统计学院的董骥等基于投资者关注研究了股票价格的同行业外溢效应，结果表明：不论是收益率还是波动率，投资者关注对其自身有显著的正向作用，同时对同行业其他公司也存在显著的正向外溢效应；相对于规模较小行业，规模较大行业公司的投资者关注的收益率的正向外溢效应更加显著，波动率的外溢效应正好相反；投资者关注收益率的外溢效应显著存在于国有企业，而波动率外溢效应在国有企业与非国有企业均并不明显。

借贷融资是重要的融资手段，然而与借贷相关的担保、违约、犯罪等问题都是重要的法律和司法问题。中山大学法学院的王睿基于制度变迁理论视角研究了担保法对金融创新的不兼容性，认为金融创新中出现的非典型担保措施属于诱致性制度变迁理论中的非正式制度，是对正式制度的修正、补足以及延拓，能够提升制度的经济绩效，符合经济理性，调和了担保法对金融创新的不兼容性；对这种自下而上自发形成秩序应当予以尊重，但也应警惕当中存在的违反法律法规强制性规定，引发金融风险，增加社会成本的交易设计。重庆大学公共管理学院的周丹琪以中国2013年失信被执行人名单制度的建立作为中国强化信用环境建设的刻画，运用双重差分模型证实了政府可以通过声誉惩戒这一规制手段提高社会信用环境，减少企业失信行为，提高企业声誉以促进企业银行借款。浙江科技学院经管学院的刘可馨和叶斌基于民间借贷利率上限调整的自然实验研究了民间借贷利率管制对刑事犯罪的影响。结果表明，提高利率管制上限会增加破坏金融管理秩序类犯罪和侵犯财产权类犯罪，减少侵犯人身权类犯罪，这种影响效应的传导路径很可能是高利民间借贷，同时，受到监管的民间借贷主体具有遏制民间借贷次生犯罪的效果。天津工业大学经济与管理学院的秦海林等研究了混合所有制改革对国有企业的债务期限结构和财务风险的影响。对债务期限结构影响的研究结果表明，混合所有制改革不仅没有起到优化债务期限结构的作用，反而恶化了国有企业的债务期限结构；对财务风险的影响的研究结果表明，国有企业混合所有制改革，不仅可以直接通过非国有股东的加入来矫正资源错配，还可以间接通过改善公司治理结构，抑制公司代理成本，提升公司资金运营效率，降低财务风险。中山大学管理学院的滕飞等基于破产法庭的逐步试点，使用多期DID模型探究我国破产法庭的设立对债券市场的影响效果，基于2018～2020年债券发行数据的实证研究结果表明：破产法庭设立后，债券发行信用利差显著提高；破产法庭设立后，债券发行数量显著增加、新发债券主体评级降低，债券发行利差对资产规模、盈利能力和破产风险的敏感性显著提高。重庆大学公共管理学院的李雅梦和吴馨童以中国知识产权“三审合一”改革作为准自然实验，采用渐进式双重差分方法实证评估了知识产权保护强化对高科技企业商业信用融资的影响。结果表明，知识产权保护强化可以促进高科技企业的商业信用融资，只有在知识产权保护较强地区，高科技企业的创新能力对企业商业信用融资的引致作用才显著。

针对侵权和诉讼问题的法经济学问题，山东大学经济研究院韦倩和韦祎研究了知识产权法院对专利质量和技术创新的影响。他们利用中国2014年开始设立知识产权法院（法庭）这一准自然实验，运用30个省级行政区2006～2019年的面板数据和双重差分方法，对专利质量影响的研究发现：知识产权法院（法庭）能够剔除我国专利池中部分低质量、有问题的实用新型和外观设计专利，减少实用新型和外观设计等非发明专利在总专利中的比重，提升我国整体的专利质量。对技术创新影响的研究表明：设立知识产权法院（法庭）可以有效促进地区技术创新；知识产权法院和法庭的创新促进作用受其组织形式的影响，相比于知识产权法庭，知识产权法院对创新的促进效果更加明显。天津财经大学法学院的李艳婷等针对《食品安全法》加大惩罚性赔偿力度所滋生的职业打假人问题，基于北京地区 2016～2020 年食品领域惩罚性赔偿案件，实证分析发现职业打假人身份与多次重复购买、一次性大量购买和多次重复起诉等行为特征具有显著相关性，职业打假人获得惩罚性赔偿并没有提升食品安全水平。天津财经大学法学院的于晓淳和冯博以街电诉来电不正当竞争案为例，运用法经济学对大量同类诉讼行为进行福利分析，探讨识别该类行为构成不正当竞争应当纳入考量的要素。

另外，厦门大学王亚南经济研究院的张晓柯和孟祥旭研究了流动人口对传染病传播的影响，研究发现：流动人口对传染病传播有显著的正向促进作用；在人口流入地，该影响更为显著，而在流出地该影响不显著。浙江大学经济学院郑朝鹏等利用空气流动系数作工具变量，估计了空气污染对房价的影响，发现，社交媒体上污染信息的披露和传播加剧了空气污染对房价的影响。

三、制度与治理

制度包括正式制度和非正式制度，都是治理的手段。山东大学经济研究院的李若辰和孙涛从市场分割和社交外部性的角度研究了社交商品真伪并存的原因，认为社交商品给消费者带来的效用除取决于商品质量外，还取决于商品的稀缺程度，这种特性会促使消费者在真伪并存的市场上购买仿冒品；从执法的角度看，当政府部门对出售仿冒品行为处以没收的处罚时，执法力度与消费者剩余呈现“J 形”关系、与社会福利呈现“U 形”的关系。西南医科大学法学院的羊海燕研究了税收征管诚信制度的构建，认为征纳主体之间的利益博弈和个人利益最大化的理性选择，税收征管的诚信制度嵌入成为征纳博弈均衡的弥合剂和减震器，诚信原则理念之借用自然成为税法公平正义之实质保障。西南政法大学经济学院的于文超等以市场纠纷治理的视角研究了传统宗族文化在营商环境构建中的作用，认为宗族文化能显著减少企业面临的市场纠纷，即在宗族文化氛围越浓厚的城市，企业与上下游客户产生纠纷的概率和次数更低。陕西师范大学国际商学院的姚宇等采用公共品实验研究了正式惩罚制度和非正式制度对维护行业声誉的作用，发现：相比正式惩罚制度，正式惩罚与非正式制度的结合能够显著地提高公共品合作水平，非正式制度借助内部信息优势提升了对于搭便车行为惩罚的指向性、加大了惩罚力度并增加了对向公共品投资行为的奖励；进一步比较非正式制度间差异，相比正式惩罚与非正式惩罚结合制度，正式惩罚与非正式惩罚/奖励结合制度不仅同样可以实现对搭便车行为的抑制还能显著提升被试平均收益。

规制、反垄断等问题是治理的重要内容。浙江大学经济学院的陈佳慧研究了放松机票价格规制对机票价格的影响，结果表明，取消机票价格上限规制政策显著提高了航空公司层面的平均机票价格，但涨幅不大，在市场竞争越充分的航线上，机票价格上升幅度越小。浙江万里学院的曾凡宇研究了对垄断行为入刑的必要性，认为在经济性垄断中，应当仅将对市场竞争具有强烈损害的横向垄断协议之实施者和滥用市场支配地位之实施者入刑；而在行政性垄断案件中，应当考察行政性垄断的案件类型与参与者在特定案件中的主观心态与客观作用，以此确认处罚范围。香港中文大学经济学院的耿浩和史册研究了跨国公司在不同国家给消费者提供不同服务对消费者的损害，以中国汽车市场为对象，比较中国和美国汽车召回的记录，发现中国要求汽车生产商加强对汽车召回信息的披露，提高了中国汽车在美国被召回后在中国也被召回的概率，缩小了服务歧视。上海交通大学凯原法学院詹馥静和林雨晓以版权市场的竞争监管为视角研究了反垄断执法和解的制度基础与应用逻辑，认为，相较于欧美积极主动的执法实践，我国反垄断和解制度的实践应用尚付阙如。执法案例的空白导致实践应用模板匮乏，而软性执法经验的欠缺又进一步加剧了和解制度的适用难度。反垄断和解制度有其特殊的适用背景和应用价值，其制度展开首先要立基于制度本身的逻辑机理，澄清现有理论分歧；其次，通过与反垄断和解制度特性相契合的版权市场的深度观察，构建特定行业市场分析框架的同时梳理出制度应用的操作路径；最后，提高制度适用于特殊行业的匹配度，以市场特点和制度优势为导向，鼓励在市场环境变动频繁以及现有监管僵化的行业市场中率先适用和解制度，从而补缺现有反垄断执法体系刚性有余、软性欠缺的结构性矛盾。

谣言治理非常重要，尤其是在突发事件爆发的时候。复旦大学法学院的黄城认为，在治理公共风险谣言的过程中，政府要更偏向于对公民言论自由权的保护，对公共秩序做更多的限制性解释，可以从两个路径对公共风险谣言进行治理：一是以事后治理方式审慎认定与处罚公共风险谣言行为；二是基于人民主权和公民知情权加大政府的信息公开以应对公共风险谣言。中南大学法学院的陶文泰和宁波大学法学院的谢小瑶立基于权利稀缺性分析思路构建了言论规制化约主义框架，通过结构性障碍廓清“待证规制”的谣言，考量言论的机会集与由稀缺性权利成本、分配错误成本、证伪率组成的约束集之相关关系，以达到恰切规制谣言的目的。

另外，山东大学经济研究院的李增刚和姜凯以“一带一路”国家为样本研究了制度质量差异对中国OFDI区位选择的影响，结果表明：政治制度质量差异和经济制度质量差异对中国OFDI有显著的抑制作用；“一带一路”倡议可以显著地缓解制度质量差异对中国OFDI的抑制作用，在利用2SLS解决了内生性问题后这一结论依然稳健；以地理距离为门限值，距离中国地理距离越大，“一带一路”倡议的调节效应越显著。

四、数字经济及其治理

数字经济发展迅速，对数据的保护、网络平台等的治理成为广受关注的问题。

在数据保护方面，华东政法大学的陆瑶基于数据财产利益保护的视角研究了金融数据治理路径的优化，认为在数据财产利益的场域，物权法、合同法、知识产权法、竞争法是现有的四种主要部门法保护路径，难以仅凭一种进路对企业数据财产利益达成圆满自洽的保护。作为数据要素市场和资本要素市场之间全新的结合点，金融数据治理有能力通过保护数据财产利益来拉动全要素生产率对我国经济发展的贡献度，推动创新活水持续泉涌。西安财经大学法学院的韩欣悦研究了日本企业数据保护立法模式，指出日本《反不正当竞争法》增设“限定提供数据”条款，将数据的内涵具体化、将侵权的行为类型化，在稳定与变革、守护与创新之间寻求平衡。天津财经大学法律经济分析与政策评价中心的刘玉斌等利用Python编程对283个常用手机APP隐私协议合计270余万字符的样本进行文本分析，结合法律法规和协议文本内容对APP重新分类并建立词库，选取隐私协议长度、消费者授权、信息储存时间和是否存在过度搜集作为衡量协议有效性的关键指标，发现APP过度搜集个人信息屡禁不止的原因有隐私协议条款设置不合理、消费者维权举证门槛高、平台企业违法成本低等。厦门大学法学院的王海洋研究了被遗忘权问题，认为被遗忘权所涉的公开个人信息是介于公共物品与私人物品的俱乐部物品，无法完全取决于信息主体。被遗忘权架构下的信息主体还面临着有限理性、跨期选择、责任配置等方面的困境，如果赋予信息主体被遗忘权，则可能带来公地悲剧，最终受损的还是个体利益。

在平台规制方面，清华大学社科学院的谢丹夏等将非对称平台假设（平台对消费者的吸引力存在差异性）和内生化的平台“二选一”行为引入双边市场理论，构建了一个新的双边市场竞争与反垄断经济学分析框架，研究双边市场排他性协议；分析表明：（1）当优势平台在吸引消费者上的优势较大时，优势平台对商家实施“二选一”能够增加其利润；（2）优势平台对商家实施“二选一”总会使得劣势平台利益受损；（3）当优势平台在吸引消费者上的优势较小时，优势平台的“二选一”行为会导致消费者剩余以及社会福利均降低。浙江财经大学经济学院的汪晓辉重点考虑平台商家和消费者的多归属情形，同时考虑平台间的竞争，对平台的“二选一”行为是否促进效率提升还是抑制竞争进行理论上的验证。中南财经政法大学法学院的刘大洪研究了数字经济平台的支配地位问题，认为数字经济平台处于动态市场结构中，难以适用趋于静态考察的市场份额推定方法，同时，数据的竞争属性也在市场支配地位认定实践中被忽略。在《中华人民共和国反垄断法》修订的大背景下，对数字经济平台市场支配地位的认定与阐明需要调整原有路径，重点从市场进入壁垒与扩张壁垒角度来衡量，同时应强化对竞争相关数据获取及运用能力的分析。中国政法大学民商经济法学院的张佳红研究了平台的封禁行为是否违法性以及应当用何法予以规制的问题，认为平台封禁行为的出现，为《中华人民共和国反垄断法》和《中华人民共和国反不正当竞争法》的适用带来了挑战，适用传统的竞争法分析路径将不能满足数字时代的新要求，因此，需要在遵循传统竞争法分析框架的基础上，充分考虑平台经济的特征，对传统的竞争法进行创新，针对平台封禁行为形成明确的分析思路和规范路径。

互联网金融的发展及其影响也是学者们关注的重点问题。山东大学经济研究院的王典以博弈论为工具研究了互联网金融众筹融资模式。西南政法大学经济学院的肖忠意研究了发展数字普惠金融对企业员工福利的影响，研究发现：双重差分 DID 检验结果发现，国家政策层面的促进数字普惠金融的发展对于企业员工福利具有显著的政策效应；计量分析结果也显示数字普惠金融对企业员工福利改进表现显著的正向驱动效应，其中不同维度的数字普惠金融因素的影响存在差异；中介因子效应机制识别检验发现，数字普惠金融的发展能够通过降低债务融资成本和生产效率中介因子对企业员工福利改进形成有效的促进作用。中山大学政治与公共事务学院的江鸿泽和梁平汉研究了数字金融发展对犯罪治理的影响，实证结果表明，数字金融水平每增加一个标准差，则当地盗窃犯罪率显著下降 0.58 个标准差；数字金融发展通过提升支付便利性降低了盗窃行为的预期收益，并通过促进了市场就业提高了盗窃犯罪的机会成本。山东财经大学法学院的周煜基于央行目的性考量研究了我国法定数字货币的法律属性，发现数字货币与现存法定货币的内涵与外延存在较多的冲突与模糊之处，突出的表现在物债属性争议、法偿性、风险控制等层面。为了弥合冲突并化解其中存在的问题，不但需要从技术层面，更需要基于货币基础原理进行深入探析。

五、研发与创新

对于创新，核心问题是影响因素的研究。山东大学经济研究院的王凤荣等主要关注了网络舆论对创新的影响，他们以2014～2016年的中国A股上市公司为样本，通过手工整理东方财富网股吧论坛与企业专利申请等相关数据，实证研究了网络舆论关注与企业技术创新之间的关系。结果表明，网络舆论关注激励了企业技术创新，验证了网络舆论对企业技术创新作用的“公司治理效应”。山东师范大学经济学院的辛大楞等研究了一体化政务服务能力对企业创新的影响，研究发现，一体化政务服务能力的提高显著促进了企业创新水平的提升。渠道检验表明，一体化政务服务主要是通过降低企业财务成本和企业财务杠杆以及提高企业效率，进而显著促进了企业的创新投和创新产出。山东财经大学国际经贸学院的李泽鑫等考察了贸易便利化对中国企业创新的影响与作用机制，研究发现：在2000～2015年，我国城市贸易便利化水平稳步提升，城际间差距逐渐扩大，呈现出“东高西低”与“南高北低”的态势；城市贸易便利化显著提高了当地企业创新水平，在竞争性行业、非中心城市和成熟期企业中更为突出。山东大学经济研究院的孙锦萍从社会互动的视角关注大企业创新的“引领”作用，研究发现：大企业创新存在显著的示范效应，且这种示范效应在拥有相同所有制性质企业间更明显，竞争性动机和高管声誉动机是示范效应的发生动机，交流式学习和观察式学习是示范效应的产生机制。河北经贸大学商学院的窦智考察了担保风险补偿试点政策对战略性新兴企业创新活动的影响，研究发现：担保风险补偿试点政策显著提升了试点地区融资约束较高企业的创新水平，该政策是通过增加企业研发投入而促进其创新产出增加的；良好的金融契约环境是完善担保风险补偿机制，激发市场主体创新活力的重要保障；完善担保风险补偿机制有赖于良好的市场竞争环境、完善的技术市场法规作保障，才能进一步促进融资担保风险补偿试点政策对战略性新兴产业创新激励作用的发挥。山东大学经济研究院的李欣泽等研究了人力资本错配对创新发展的影响，结果表明，在地区层面上，人力资本错配导致区域创新水平下降，同样地，在企业层面上，人力资本错配也降低了企业创新水平。北京大学经济学院的李亚飞从信息效应和资源效应两类机制视角发现企业社会责任显著促进了企业创新，同时企业社会责任可以通过信息效应和资源效应促进企业创新，而在不同政府资源和资本市场资源方面，资源效应存在明显异质性特征。山东师范大学经济学院的宁静波等研究发现外商直接投资对本土企业创新有着显著的促进作用，但是知识产权保护水平的提升对外资利用所产生的创新效应，存在一定程度负向的调节效应，这种负向影响在国有企业、非专利密集型企业、东部地区尤其显著。浙江大学经济学院的曹静研究了消费者的感知风险与企业创新的关系，研究表明，当下游技术购买者所面临的市场需求由于消费者感知风险增加而发生变化时，上游技术供应者的创新行为也会因此受到影响，当技术购买者与技术供应者的技术距离更近时，这种影响会更强烈。

还有学者关注了创新政策或制度所产生的影响。中山大学自贸区综合研究院的麦景琦研究了绿色技术创新对省域人均生态足迹的影响及其作用机制。研究发现绿色技术创新能够有效抑制人均生态足迹的增长；环境立法、政府环境治理投资显著促进了地区绿色技术创新，而绿色技术创新进一步推动地区产业结构绿色转型降低地区整体的资源占用水平。南京大学商学院的张润泽阐释了由事件污名演变为核心污名的传染效应，并利用信号理论、归因理论和组织认同理论解释了企业社会责任对企业污名的修复作用。结果表明：企业社会责任可以作为一种信号，通过提升利益相关者的认同感来提高企业行为的合法性，从而对被污名化的企业产生声誉修复作用；地域文化多样性可以影响企业社会责任对被污名化企业的修复作用，且较高的文化多样性可以正向影响该修复作用；这种自救行动的作用在不同地区、不同企业性质、不同文化环境中存在差异。

六、农村、资源与环境

在农村问题上，主要关注农地、农村工业化等问题。浙江大学经济学院的赖振皓基于浙江省 47 个县的历史面板数据，通过构建双重差分模型研究了知识青年“上山下乡”运动中的“厂社挂钩”政策对农村工业化的影响。结果显示，在 1974 年推行“厂社挂钩”以后，知青密度更大的县取得了更显著的农村工业增长，而各县在知青密度上的差异所导致的农村工业增长的不同趋势在 1974 年之前并不显著。西南医科大学法学院的韩作轩运用博弈模型分析农地经营权规模流转双方的缔约行动策略。研究表明，在农地经营权规模化流转中，由于双方信息不对称，少部分农民可能采取钉子户策略，拟流转农地的公司为规避钉子户风险，将承担额外交易成本；公司与农户因没有共同利益导致合作机制缺失，进行非合作博弈；因公司与农户逐一谈判交易成本过高，公司将退出农地规模流转缔约。山东大学经济研究院的张荣杰和经济学院的柳杭娟考察了“宽带中国”政策及互联网使用对于城乡收入差距的影响，研究发现：相对于对照组城市，“宽带中国”政策整体拉大城乡收入差距 5% 左右；城乡收入差距的扩大主要是由于互联网对于城乡居民收入增长带来的分化效应，以及互联网与人力资本之间的弥合效应。山东财经大学金融学院的陈华等采用中国家庭金融调查的调查数据进行研究，发现大学生毕业后短期内非但不能改善家庭消费水平，甚至会出现“致贫”作用；但是，长期内却会显著改善家庭生活状况，实现“反哺”家庭。

环境问题也受到越来越多的重视，各种制度的效果和影响是法律制度改革和完善的重要依据。吉林大学的魏益华和高翔对排污权交易制度的理论逻辑和现实发展进行了梳理，并利用中国 31 个省级工业行业 2011 ~ 2018 年的面板数据，对排污权交易试点政策影响产业结构高级化及产业结构高级化对排污产出率是否存在因果影响及影响效应进行实证检验和量化分析。结果表明，交易试点政策能够推进产业结构高级化，排污权交易制度通过产业结构高级化这一传导机制可以提升排污产出率。西南政法大学经济学院的陈屹立等关注了环境规制的经济影响。一是关注了新环境保护法的实施对上市公司人力资本水平的影响，研究发现：新环境保护法的实施显著促进了企业的人力资本水平提升，① 但也在一定程度上扩大了企业间的人力资本差距；环境规制的加强可以倒逼企业推动技术创新，实现环境规制的波特效应，同时也导致企业为了转移合规成本而降低员工的工资水平；企业技术创新水平的提升以及工资差距的扩大均有利于促进高水平人力资本形成；企业技术创新与工资水平变动可以对环境规制政策提升企业人力资本水平起到促进作用，且都为部分中介作用。二是关注了环境规制对于我国制造业企业出口 DVAR 有何种影响。结果表明，环境规制在短期内总体而言抑制了我国制造业企业总体出口 DVAR，具有异质性特征：环境规制对污染行业企业、东部地区企业、资本密集型企业出口 DVAR 的负面影响表现得尤为显著，显著促进了加工贸易企业的出口 DVAR 提高。广东金融学院的张一帆等研究了绿色信贷政策对空气质量的影响，结果表明，绿色信贷政策能够有效改善空气质量，环节环境污染问题。浙江大学经济学院的张小茜和黄彬研究了新环境保护法对重污染企业融资行为的影响。研究发现：新环境保护法对重污染企业的有息负债、流动负债和长期借款具有显著的抑制作用；新《环境保护法》对企业融资的抑制作用在东部地区、空气污染程度更高的地区更为显著；缺少政治关联的非国有重污染企业，在更为严格的环境管制下，会获得更少的融资。山西财经大学法学院的郅宇杰和曹霞运用我国 285 个城市 2015 ~ 2019 年的面板数据，实证检验了作为“命令—控制”型环境政策工具的环境民事公益诉讼对地区空气污染减排与提升空气质量的效应，并以检察机关、环保组织与行政机关三类异质性主体为视角，分别研究了不同主体提起环境民事公益诉讼对空气污染减排的效应。研究发现，环境民事公益诉讼显著提升了地区空气质量，而且检察机关提起的环境民事公益诉讼效果要优于环保组织与行政机关，

① 本文提到的“新环境保护法”指的是《中华人民共和国环境保护法》(2014 年修订)。

行政机关提起的环境民事公益诉讼效果并不显著。

在 19 日的闭幕式上，黄少安教授和史晋川教授共同为浙江大学法律与经济研究中心奖励基金资助下评选出的 13 篇“第十九届（2021 年度）中国法经济学论坛优秀论文奖”作者颁奖。最后，黄少安教授作会议总结。他表示，本届论坛论文数量多，有 110 多篇；质量明显提高；所选择的问题重要，话题广泛，体现了法经济学的影响在不断扩大；年轻学者是主角，无论是论文作者还是主旨演讲者都是如此，体现出论坛培养新人的价值追求；论文汇报者准备充分，评议认真，讨论热烈，学术含量不断提高。

中国法经济学论坛自 2003 年黄少安教授和史晋川教授创办以来，已经连续举办了 19 届，参加人数越来越多，质量越来越高，有效地推动了法学和经济学的融合、法经济学学科发展和人才培养，对中国的立法司法体制和经济体制的改革完善都起到了积极的推进作用。

后　　记

《制度经济学研究》为中国社会科学引文索引（CSSCI）来源集刊，已经加入中国知网全文数据库（www. cnki. net）、中国台湾·华艺数位股份有限公司中文电子期刊服务数据库（www. ceps. com. tw），成为中国人民大学书报资料中心、《中国社会科学文摘》等收录来源书刊。为进一步规范格式，要求所有来稿必须符合以下体例：

1. 除海外学者外，稿件一律使用中文。应将打印稿一式三份寄至：山东省济南市山大南路 27 号山东大学经济研究院《制度经济学研究》编辑部，邮编：250100；或者通过电子邮件发送至：zdjjxyj@ 126. com 或者 casslzg@ 126. com。

2. 稿件第一页应包含以下信息：（1）文章标题；（2）作者姓名、单位以及通信地址、电话和电子邮箱；（3）感谢语（如果有的话）。

3. 稿件的第二页应提供以下信息：（1）文章标题；（2）200 字左右的文章摘要；（3）三个中文关键词；（4）中图分类号；（5）文献标识码；（6）文章的英文标题；（7）200 字左右的英文摘要；（8）三个 JEL（Journal of Economic Literature）分类号（注："中图分类号""文献标识码""JEL 分类号"可以直接从 http：//www. cer. sdu. edu. cn 中"制度经济学"栏目中查询）。

4. 稿件一律用 Microsoft Word 软件编辑。文章正文的标题、表格、图、等式必须分别连续编号；注释一律采用脚注，不得采用尾注，并请采用自动格式，按页编号；大标题居中，用中文数字一、二、三等编号，字体为四号、加粗、宋体；小标题左对齐，用中文数字（一）、（二）、（三）等编号，字体为五号、加粗、宋体；正文字体采用五号、宋体；其他编号一律使用阿拉伯数字；正文行距为单倍行距，页边距采用自动格式（上下各为 2. 54 厘米；左右各为 3. 17 厘米）。

5. 正文中的外国人名、地名翻译成中文。在文章中第一次出现时，在中文译名后用括号标出外文，以后再出现时直接采用中文，参考文献除外。

6. 文章的参考文献必须一律放在结尾处，按照先中文文献、后英文文献根据作者姓名的汉语拼音（或英文字母）顺序排列。以下为参考体例：

［1］黄少安，《关于制度变迁的三个假说及其验证》，载于《中国社会科学》2000 年第 4 期。

［2］张军，《"双轨制"经济学：中国的经济改革（1978 - 1992）》，上海三联书店、上海人民出版社 1997 年版。

[3] Alchian, Armen A., 1950, Uncertainty, Evolution, and Economic Theory, *Journal of Political Economy*, Vol. 58, No. 3, June, pp. 211 – 221.

[4] Tullock, Gordon, 1998, *On Voting: A Public Choice Approach*, Northampton, MA: Edward Elgar Publishing, Inc.

7. 译文须注明原文出处，是否取得原文作者授权（投稿时同时提供作者或原出版单位的授权许可）；译文可以不提供中英文摘要，参考文献不必译成中文。

8. 《制度经济学研究》不采用已经发表过的学术成果；稿件一经发表，未经允许不得转载或在其他地方再次发表。所有稿件自发出后三个月若无回音，请自行处理，恕不退稿；作者也可以在稿件发出两个月之后，通过 E-mail 或电话询问审稿信息，联系电话：0531 – 88364050。

山东大学经济研究院